固定收益證券

(第二版)

楊韌 主編

崧燁文化

第二版前言

金融的基本功能就是幫助資金從擁有閒置資金的人那裡轉移到資金短缺者手中，諸如債券市場和股票市場等金融市場，通過實現這種從沒有生產用途者向有生產用途者的資金轉移，極大地提高了整個社會的經濟效率。根據國際清算銀行近幾年的統計數據，從全球金融市場的總體發展來看，債券市場的規模約為股票市場的兩倍，約占金融市場總量的65%。美國擁有全球最大的債券市場，且品種結構多元、流動性較好。截至2014年年底，美國債券市場存量規模為39萬億美元，是美國當年GDP的2.2倍，是美國當年股票市值的1.5倍。此外瑞銀在2017年6月22日最新發布的一份報告中表示，未來5年中國債券市場的規模將從現在的9萬億美元擴大一倍，從而超過日本，成為僅次於美國的全球第二大債券市場。報告指出，越來越多的中國實體將在國內債券市場籌集資金，因為中國國內市場已經足夠大，而且流動性充裕，足以吸引新投資者。

由此可見，債券市場始終保持快速增長發展的態勢，是一個相對成熟且又充滿創新與激情的投融資平臺，是金融從業者和市場投資者必須關注和瞭解的領域。希望本書能充當這樣一個普及債券市場基本知識和投資技能的管道，為國內債券市場的發展和金融專業教育盡綿薄之力。

距離本書第一版面世，不知不覺已經過去了6年的時間。經過幾年的使用，第一版的弊病已經比較明顯，如市場環境的改變導致書中的數據過時或缺漏，也存在文理上詞不達意甚至錯誤的情況。自2015年下半年開始，筆者就在出版社同仁的幫助下著手修訂。全書在框架上基本沒有改動，主體內容也大致保留，刪除了一些贅餘的文字，新增了一些必要的背景資料，對圖表進行了全面勘誤，文理方面也盡可能修訂，以方便讀者更流暢更精準地掌握核心知識。

楊韌

前 言

作為證券類別中的一個大家族，固定收益證券（Fixed Income Securities）以其回報現金流相對穩定為主要特徵。從傳統意義上講，這些證券以國債、公司債券為代表。自19世紀60年代末以來，特別是在近20年的時間裡，隨著經濟的發展，市場環境的不斷變化，投資者和籌資者對固定收益證券市場產品和交易提出了各種各樣的要求，全球金融市場上新的固定收益證券品種不斷應運而生。傳統固定收益證券及其衍生品占據了當前全球金融市場半壁江山，是政府及商業性機構重要的融資渠道，也是備受機構和個人青睞的投資對象並發揮著日益重要的風險控制和管理職能。

本書內容涵蓋多種具有代表性的固定收益證券（零息債券、息票債券、含權債券、指數化債券、抵押支持證券等）和相關衍生品（互換、各類期貨、期權等），分析它們的風險和現金流特性、定價和市場應用；著重於債券組合管理和風險管理的各種分析工具（久期、凸性、期限結構理論等）和策略；對發展滯後的國內市場也有一定介紹。

本書的框架和內容以編者多年在本科及研究生課程——「固定收益證券」講授中的經驗為主，使用對象是金融及相關專業成人教育學生和本科及以上的全日制在校學生。考慮到適用層面，編者對固定收益產品涵蓋領域和相關理論深度進行了取捨，著眼於基本面和實用性。此外，在課程講授及教材的編寫中參考了大量國內外前輩和同仁的資料和信息，本書沒有一一羅列，在此一併致謝，並敬請指正。

編者

目 錄

第一章　固定收益證券簡介 ……………………………………………………（1）
　　第一節　固定收益證券市場概覽 …………………………………………（1）
　　第二節　固定收益證券的基本特徵 ………………………………………（4）
　　第三節　固定收益證券的風險 ……………………………………………（16）
　　第四節　固定收益證券的種類 ……………………………………………（23）
　　本章小結 ……………………………………………………………………（41）
　　練習題 ………………………………………………………………………（41）

第二章　債券的收益率 ……………………………………………………（43）
　　第一節　收益率 ……………………………………………………………（43）
　　第二節　收益率、收益率曲線及利差 ……………………………………（47）
　　第三節　利率的期限結構理論 ……………………………………………（57）
　　本章小結 ……………………………………………………………………（61）
　　練習題 ………………………………………………………………………（62）

第三章　債券的估值 ………………………………………………………（64）
　　第一節　貨幣的時間價值 …………………………………………………（64）
　　第二節　債券估值法 ………………………………………………………（78）
　　本章小結 ……………………………………………………………………（82）
　　練習題 ………………………………………………………………………（84）

第四章　債券的風險及其衡量 ……………………………………………（86）
　　第一節　債券的風險 ………………………………………………………（86）
　　第二節　債券利率風險的衡量 ……………………………………………（93）
　　本章小結 ……………………………………………………………………（100）
　　練習題 ………………………………………………………………………（102）

第五章　通脹指數化債券 …………………………………………………（103）
　　第一節　通脹指數化債券的特徵 …………………………………………（103）
　　第二節　通脹指數化債券的設計 …………………………………………（107）

1

第三節　通脹指數化債券的交易價格——以 TIPS 為例 ································ (113)
本章小結 ··· (118)
練習題 ··· (118)

第六章　住房抵押貸款支持證券 ·· (120)

第一節　住房抵押貸款 ··· (120)
第二節　提前償付 ··· (125)
第三節　抵押貸款支持證券 ··· (130)
本章小結 ··· (138)
練習題 ··· (139)

第七章　資產支持證券 ·· (141)

第一節　資產證券化概述 ·· (141)
第二節　資產支持證券的種類 ·· (148)
本章小結 ··· (154)
練習題 ··· (154)

第八章　固定收益證券組合管理 ·· (156)

第一節　消極債券管理 ··· (156)
第二節　免疫策略 ··· (165)
第三節　積極的債券組合管理 ·· (174)
本章小結 ··· (181)
練習題 ··· (182)

第九章　固定收益衍生工具 ·· (186)

第一節　遠期利率合約 ··· (186)
第二節　利率期貨 ··· (190)
第三節　利率互換 ··· (198)
第四節　利率期權 ··· (207)
本章小結 ··· (218)
練習題 ··· (220)

參考文獻 ··· (222)

附　表 ··· (224)

附表1　1元複利終值系數表（FVIF 表）··· (224)
附表2　1元複利現值系數表（PVIF 表）··· (227)
附表3　1元年金終值系數表（FVIFA 表）··· (230)
附表4　1元年金現值系數表（PVIFA 表）··· (233)

第一章　固定收益證券簡介

本章學習目標：
　　本章主要介紹固定收益證券的基本品種、特徵、風險類別。通過本章的學習，學生應該對固定收益證券的概念、品種和市場交易有一個大致的瞭解和掌握。

第一節　固定收益證券市場概覽

一、全球固定收益證券市場

　　固定收益證券是指承諾在未來按照設定的時間產生穩定貨幣收益的金融產品。傳統的固定收益類產品是各種債券，也包括非借貸類的產品如優先股，而隨著金融市場的發展，各種利率衍生品也被囊括其中。就交易規模和品種來看，固定收益證券市場遠超股票市場，是國際金融市場最重要的組成部分。

　　目前的固定收益市場是全球性市場，絕大多數固定收益證券發行於歐、美、日等發達國家和地區。圖 1-1 展示了按照流通在外的債券名義量遞減的方式排序的發行人所在國家或地區。到目前為止，最大的固定收益證券市場是美國、歐元區、日本和英國。

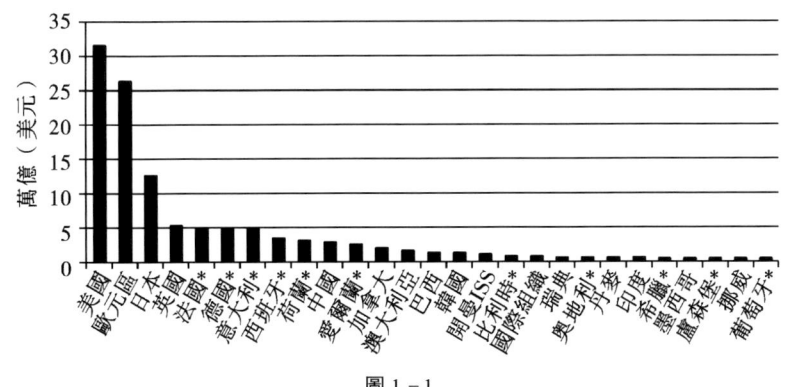

圖 1-1

加 * 的為歐元區國家。

　　衍生證券的場外交易市場按照幣種來統計各種不同的利率衍生品的名義數量，主要是以歐元、美元、日元、英鎊為計價單位的合約（見圖 1-2）。至於交易所內的衍生產品，表 1-1 顯示歐洲和北美幾乎涵蓋了所有的流通交易量。

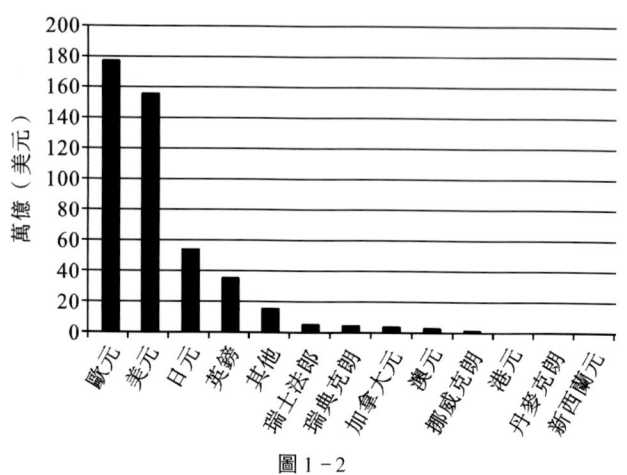

圖 1-2

表 1-1　　　　　　2010 年 3 月交易所交易的利率衍生產品　　　　單位：10 億美元

地區	名義數量
歐洲	27,807
北美	22,604
亞太	10
其他	934

　　如果對歐美及日本的固定收益證券主要是債券市場進行一個大致分解的話，如圖 1-3 所示，在美國和歐元區，由政府、金融機構和公司發行的債券比例差不太多，日本債券市場主要由政府主導，而在英國，債券主要由金融機構發行。

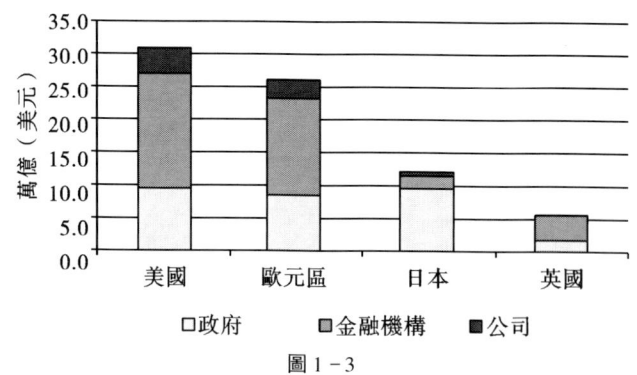

圖 1-3

　　所以，無論是現實還是本書的理論學習中，固定收益證券市場都是以歐美、日本為主的，當然與全球市場有密切聯繫的國內債券市場雖然在規模、品種和制度完善等方面與發達市場仍存在明顯差距，但是作為國內金融市場不可或缺的重要組成部分，仍值得我們加以關注。

二、國內固定收益證券市場發展概述

中國債券市場從1981年恢復發行國債至今，經歷了曲折的探索。1996年末建立債券中央託管機構後，中國債券市場進入快速發展階段。目前，中國債券市場已形成了銀行間市場、交易所市場和商業銀行櫃臺市場三個子市場在內的統一分層的市場體系。中央國債登記結算有限公司（以下簡稱「中央結算公司」，英文簡稱「CCDC」）作為債券中央託管機構，對中國債券實行集中統一託管，根據參與主體層次的不同，又相應實行不同的託管結算安排。

在中國，銀行間市場是債券市場的主體，其債券存量約占全國市場的95%。這一市場參與者主要是各類機構投資者，屬於大宗交易市場（批發市場），實行雙邊談判成交，其典型的結算方式是逐筆結算。中央結算公司為銀行間市場投資者開立證券帳戶，實行一級託管；中央結算公司還為這一市場的交易結算提供服務。

交易所市場是另一個重要部分，它由各類社會投資者參與，屬於集中撮合交易的零售市場，其典型的結算方式是實行淨額結算。交易所市場實行兩級託管體制，其中，中央結算公司為一級託管人，負責為交易所開立代理總帳戶；中國證券登記結算公司（以下簡稱「中證登」，英文簡稱「SD&C」）為債券二級託管人，記錄交易所投資者帳戶。中央結算公司與交易所投資者沒有直接的權責關係，交易所交易結算由中證登負責。

商業銀行櫃臺市場是銀行間市場的延伸，也屬於零售市場。櫃臺市場實行兩級託管體制，其中，中央結算公司為一級託管人，負責為承辦銀行開立債券自營帳戶和代理總帳戶；承辦銀行為債券二級託管人，中央結算公司與櫃臺投資者沒有直接的權責關係。與交易所市場不同的是，承辦銀行日終需將餘額變動數據傳給中央結算公司，同時中央結算公司為櫃臺投資人提供餘額查詢服務，成為保護投資者權益的重要途徑。

交易品種分市場情況如下：

銀行間債券市場的交易品種：現券交易、質押式回購、買斷式回購、遠期交易、債券借貸。

交易所債券市場的交易品種：現券交易、質押式回購、融資融券。

商業銀行櫃臺市場的交易品種：現券交易。

中國債券市場的投資者主要分類如下：

（1）特殊結算成員：包括中國人民銀行、財政部、政策性銀行等機構。

（2）商業銀行：包括四大國有及國有控股商業銀行、股份制商業銀行及其他商業銀行。

（3）信用社：包括城市信用社和農村信用社。

（4）非銀行金融機構：包括信託投資公司、財務公司、租賃公司和汽車金融公司等金融機構。

（5）證券公司。

（6）保險機構。

（7）基金。

(8) 非金融機構。
(9) 非法人機構投資者。
(10) 個人投資者。

根據市場、債券類別和業務環節不同，國內債券市場的監管進行分別監管。

(一) 不同市場的監管（見表1-2）

表1-2

市場類別	監管機構
銀行間債券市場	中國人民銀行
交易所債券市場	中國證監會

中央結算公司接受三方監管，在業務上受中央銀行和財政部監管；在資產與財務管理上受財政部監管；在人事和組織機構上受銀監會領導，並接受其定期審計。

(二) 不同債券類別的監管（見表1-3）

表1-3

債券類別		監管機構
政府債券		中國人民銀行、財政部、證監會
中央銀行債		中國人民銀行
金融債券	政策性銀行債、特種金融債券	中國人民銀行
	商業銀行債券、非銀行金融機構債券	銀監會、中國人民銀行
	證券公司債、證券公司短期融資券	中國人民銀行、證監會
短期融資券、中期票據		交易商協會（自律管理）
資產支持證券		銀監會、中國人民銀行
企業債		國家發改委、中國人民銀行、證監會
國際機構債券		中國人民銀行、財政部、國家發改委、證監會
可轉換債券		中國人民銀行、證監會
上市公司債		證監會
中小企業私募債		交易所（自律管理）

第二節 固定收益證券的基本特徵

固定收益證券，按字面的意思理解，就是持券人按照約定可以在特定的時間內取得固定的收益並預先知道取得收益的數量和時間。一般認為固定收益證券包括國債、

公司債、優先股和結構化產品等，一些含權產品如可贖回債券、可轉換債券甚至利率互換協議也都可以劃歸為這一類產品。固定收益類產品是資本市場重要的投融資工具，與政府、企業、金融機構、家庭等主體的經濟活動息息相關。

固定收益證券包括如下的基本特徵：

一、債務契約條款

債務工具應就發行人的承諾或義務及債券持有人的權利做出詳細規定，這就是債務契約（Indenture）。儘管如此，很多投資者仍然難以準確把握契約的有關規定，更難有效地監督債券發行人是否信守契約。為了減少債貸雙方信息不對稱的影響，債務契約中常引入債務信託，在契約中常規定受託方作為投資者的代表，為投資者的利益工作。

為了保護債券投資者的利益，債券契約中通常含有正面條款（Affirmative Covenants）或負面條款（Negative Covenants）。前者是債務人承諾必須做的事，後者是關於禁止債務人某些行為的規定。正面條款主要包括：按期償付本金和利息、維護相關財產安全或保值、支付有關稅負或其他費用、定期向受託人提交信守契約報告。負面條款主要包括：如規定債務人的債務/權益比、流動比率、速動比率等不得高於或低於某個值的限制，甚至對債務人的業務領域或業務形式加以限制性規定。

二、到期條款

債券的到期條款（Term to Maturity），指對債權清償日期、條件等加以規定的條款。多數條款有固定的到期日（Maturity Date），即債務人承諾償還本息的日期。對同一債務人的債券，人們經常以其到期日的不同加以區別，如福特公司2010年9月20日到期的債券。

根據距到期日的時間長短，債券可以分為短期（1～3年）、中期（3～10年）及長期（10年以上）債券。典型的長期債券期限可達30年，但也有更長的，如迪士尼公司在1993年7月發行的債券到期日就為2093年7月15日，期限長達100年。也有債券沒有到期日的，如英國的英格蘭銀行就有無到期日的永續債券，只無限期付利息，而不償還本金。

債券的到期條款的主要功能是：一是給投資者就收回本息的時間以確切的預期；二是債券的收益率與債券的期限直接相關，債券的收益率曲線描述收益率與債券期限的關係；三是債券的價格在契約期限內會隨著市場利率的變化而不同。債券價格的利率敏感性常與其期限長短成正比。

債券的到期條款通常是非常明確的，即對債券的到期日有著明確的界定。但這並不意味著所有的債券都一定是只有在到期日才會終結相應的債權債務關係。債券的其他一些條款，如贖回條款、回售條款、提前償付條款等，都會影響債券的實際到期時間。

三、票面價及美國媒體上的債券報價

票面價（Par Value）是發行者承諾在債券到期時償付給債券持有人的金額，有時也稱為本金（Principal）、面值（Face Value）、贖回值（Redemption Value）或到期值

（Maturity Value）。

由於不同債券的面值可能很不一樣，比如100元、500元或1,000元、5,000元等，為了報價或計價的方便，通常用面值的百分比來表示債券的價格。表1-4是2004年9月2日從Yahoo Finance中摘錄的美國美林公司2004年11月15日到期、息票為6% AA級債券的報價。請仔細觀察：到期收益率為什麼是負的？

表1-4　　　　　　　　Yahoo Finance 提供的美林公司債券報價

美林公司（MERRILL LYNCH & CO. INC)		2004年9月2日
概覽		報價信息	
價格（美元）	101.19	數量（美元）	500
息票利率（%）	6.00	最低交易量（手）	1
到期日	2004年11月15日	起息日	1998年11月24日
到期收益率（%）	-0.394	交割日期	2004年9月8日
當期收益率（%）	5.929		

美林公司（MERRILL LYNCH & CO. INC)		2004年9月2日
評級		AA
利息支付週期		半年
首次付息日		1999年5月15日
類型		企業債券
產業		金融

其中對債券的報價就是採用的百分比形式，即該債券按面值的101.19%要價，如果債券的面值為1,000美元，則該債券的要價是1,011.90美元；如果面值為5,000美元，則其要價是5,059.50美元。另外，債券的價格如果是用貨幣價值表示，對企業債券，小數位一般是以1美元的1/8表示。例如，某債券如果報價為99-1/8th，則表示其價格為面值的99.125%，假如債券的面值為1,000美元，則債券的實際報價為991.25美元。美國的政府債券，小數位一般用1/32nds表示，而市政債券的報價，既可直接以美元報價，也可以到期收益率報價。債券的價格高於其面值交易時，被稱為溢價交易（Trading at Premium）；當其價格低於面值交易時，則稱為折價交易（Trading at Discount）。

美國報紙等媒體上的債券報價如表1-5所示。

表1-5　　　　　　　　美國報紙上的債券報價釋義

1	2	3	4	5
Bonds （債券名稱）	Cur Yld（%） （到期收益率）	Vol（手） （成交量）	Close（美元） （收盤價）	Net Change （淨變動）
Chiquits 10, 1/2, 04	10.7	144	98, 1/4	+3/8
K Mart 6. 2s97	ev	50	91	+1/4
Disney zr05	…	414	45, 3/4	+3/4

其各欄的含義分別是：

第一欄為債券名稱、息票利率及到期日。如第二行表示的是由 K Mart 發行的，1997 年到期、息票利率為 6.2% 的債券，其中的 s 表示 1997 年債券到期時，其息票利息與本金是分離的。另外，這只債券的標價方式使用的小數點，即 1/10 而不是 1/8。其中，Disney 債券的 zr 表示債券不支付年息，即債券為零息債券。

第二欄表示債券的到期收益率，是以當日的債券價格為基礎計算出來的、每年不變且一直持有債券到期時的內含收益率。如 Chiquits 債券的到期收益率為 10.7%，其含義是，按當日的價格，每 100 美元的投資，可以在以後各年每年獲得 10.7% 的複利收益。K Mart 債券價格中的 ev 表示該債券為可轉換債券。

第三欄表示當日各債券的交易量，如 Disney 債券當日的交易量為 414,000 份，這裡的交易量表示的單位為 1,000 份。

第四欄表示的是債券當日的收盤價。

第五欄表示的是債券價格在收盤時的淨變動額，如 K Mart 債券在當天上漲了 1/4 美元，即 0.25 美元。

中國的債券的面值一般為 100 元人民幣，在報價時也相對簡單，一般直接使用債券的實際價格報價。2016 年 6 月 23 日，由上海證券交易所提供的國債報價（節選）見表 1-6。

表 1-6　　　　　　　　　　　中國國債報價

證券代碼	名稱	收盤價（元）	收益率（%）	應計利息額（元）	全價（元）
019429	14 國債 29	105.52	3.03	0.06	105.58
019505	15 國債 05	105.32	2.95	0.76	106.08
019512	15 國債 12	100.27	2.58	0.1	100.37
019517	15 國債 17	109.01	3.45	1.6	110.61
019522	15 國債 22	101.09	2.41	2.18	103.27
010107	21 國債（7）	107.82	2.61	1.68	109.5
010213	02 國債（13）	100.18	2.44	0.68	100.86
010303	03 國債（3）	103.41	2.84	0.63	104.04
010504	05 國債（4）	108.66	2.99	0.45	109.11
010512	05 國債（12）	103.6	2.77	0.4	104

可以看到表 1-4 中不僅報出了國債的淨價，即不含當期應計利息的價格，還提供了債券的收益率及含息的全價，這些信息對交易是非常有用的。

四、息票利率

息票利率（Coupon Rate）是債券的發行者承諾按期支付利息的利率。給債券持有人定期支付的利息額，被稱為當期票面利息或息票（Coupon），金額大小取決於息票利率、債券面值和付息週期：

$$當期息票利息額 = 息票利率 \times 面值$$

如果債券的面值為1,000美元，年息票利率為5%，則年息票額＝5%×1,000＝50（美元）。

在美國，債券多為每半年付息一次。抵押擔保債券和資產擔保債券通常是按月支付一次利息。而在中國，債券常常是每年支付一次利息。

除了直接影響投資者對債券現金流的預期外，息票利率的高低還影響債券價格對市場利率變化的敏感性。在其他條件相同時，債券息票利率越高，一定市場利率波動產生的債券價格變動率就越小。

（一）零息債券

零息債券（Zero-Coupon Bonds）是指在持有期內不付息的債券。零息債券利息實現的方式通常是在到期時按債券面值支付，到期時的面值中既含有本金，也包含了利息。由於債券到期時的總支付額既定，所以在銷售時零息債券是按面值折價的方式進行的。對於一些期限較長、利率較高的零息債券，其折扣幅度可能會非常高，比如達80%甚至90%以上，稱為深度折扣債券（Deep Discount Bonds）。

要注意將零息債券與另一種不付息的累息債券（Accrual Bonds）區分開來。累息債券本身在其合約中是有息票規定的，但在持有期內暫不付息，而是直到債券到期時連本帶利即包括利息的利息一併付清。累息債券到期支付時，其支付總額是本金（面值）加累計的利息之和。例如，一個3年期、息票利率為8%、面值為1,000美元的累息債券，到期時支付的總額為：

1,000美元（本金）＋265.32美元（利息）＝1,265.32美元

（二）步高債券

步高債券（Step-up Bonds）的特點是息票利率隨時間而增長，這類債券也因此而得名。有些步高債券的利率在整個壽命期內只升高一次，稱為一次性步高債券（Single Step-up Note），如某債券在第1～2年內，其息票利率為6%，以後升為6.5%直至到期就屬於這類。也有些步高債券的利率在整個壽命期內會調高多次，如某8年期債券，第1～3年息票利率為6.5%，第4～5年為7%，第6～7年為7.5%，第8年升為8%，就屬於多級步高債券（Multiple Step-up Note）。

（三）遞延債券

遞延債券（Deferred Coupon Bonds）是指在債券發行後的一定時間階段內不支付利息，而是直到過了某一特定的時間，一次性支付前面累計的利息，然後再在剩下的時間裡和典型的息票債券一樣付息的債券。遞延債券對某些特別需要資金作早期投入，且預計過了一定的早期投入時期後能產生較高收益的企業有重要的實踐意義。

（四）浮動利率債券

浮動利率債券（Floating-rate Bonds）指息票利率定期以約定的基準利率進行調整的債券。由於息票利率是可變的，所以浮動利率債券也經常被稱為可變利率債券（Variable-rate Bonds）。利率調整公式，最常見的如：

$$息票利率 = 基準利率 + 利差$$

上述公式是典型的指數浮動債券（Index Floaters）的利率計算方法，其中的利差（Quoted Margin）是債券發行人承諾支付的、高於基準利率的風險溢價部分。常用的基準利率是倫敦銀行間同業拆借利率（London Interbank Borrowing Rate，LIBOR）及美國1年期國債利率。如某一債券的息票利率被規定為3個月LIBOR+50個基點（基點是百分之一個百分點，即萬分之一點）、每半年調整一次，如果到期利率調整時，3個月LIBOR為4.75%，則新的息票利率為4.75%+0.5%=5.25%。如果到下一次利率調整時3個月LIBOR變為了5%，則新的息票利率為5.5%。根據與基準利率的差異，利差可以為正，也可以為負。比如某信用級別很高的5年期企業債券，以10年期美國國債的利率為基準利率，其息票利率就可能被定義為：10年期美國國債利率-80個基點，當國債利率為6.86%時，則債券的息票利率為6.06%。

除了直接加一定的利差之外，有些債券的息票利率還可以通過在基準利率前加上一個限制因子，以基準利率變動的一定比例界定債券的息票利率，如某債券的息票利率為：

$$息票利率 = \beta \times 基準利率 + 利差$$

如果其中的β是大於0而小於1的，由於這一因子降低了基準利率對息票利率的影響程度，有縮小基準利率槓桿的作用，這時的債券被稱為降低槓桿浮動利率債券（Deleveraged Floating Rate Notes）。如SHSZ公司發行了浮動利率債券，其息票利率為$0.5 \times LIBOR + 3.55\%$，當LIBOR為8.8%時，債券的利率為7.95%。如果其中的β大於1，基準利率對息票利率的影響會大於基準利率本身的變動，這時的債券被稱為槓桿浮動利率債券（Leveraged Floating Rate Notes）。如某債券的息票利率公式為：$1.5 \times LIBOR + 50$個基點，因為β大於1，這是一個槓桿浮動利率債券。降低槓桿和槓桿浮動債券為投資者提供了按收益率曲線變化調整未來收益的機會。

也有些債券同時以兩種基準利率甚至匯率等指數之差來定義其息票利率，因此被稱為雙指數浮動利率債券（Dual-index Notes）。常用的基準利率包括：銀行優惠利率、LIBOR、基金成本指數（Cost of Funds Index，COFI）及恆指國債（Constant Maturity Treasury，CMT）收益率等。這類債券的投資者常常以對收益率曲線的某種估計為決策基礎，無論收益率曲線是趨陡還是趨緩，都可能給投資者帶來機會。有些雙指數浮動債券的息票利率趨於水平化。

在結構債券中，浮動利率債券息票利率的計算公式可能有較大差異，常見的如逆向浮動利率（Reverse Floaters）。與前面的利率計算公式中債券息票利率與基準利率呈正比不同，逆向浮動利率債券的息票利率與基準利率的變動方向相反，所以有時也將這類債券稱為反向浮動利率債券（Inverse Floaters）。這類債券在抵押擔保債券中應用較廣。如某債券的息票利率公式為：

$$債券息票利率 = 25\% - 2.5 \times 3個月LIBOR$$

當3個月LIBOR為5%時，債券的息票利率為12.5%；如果LIBOR變為8%，則債券息票利率為5%；如果LIBOR為4%時，債券息票為15%。可以看到，當LIBOR從4%變為5%、相差1個百分點時，債券的息票利率變動了2.5個百分點。由於這種

形式下息票利率的變動幅度遠大於市場利率變動幅度，為了不至於出現利率太高或太低甚至為負的情況（這裡，當 LIBOR ＞10% 時，公式計算的利率就為負數），逆向浮動利率通常伴隨著利率上、下限的規定，即同時可能是領子利率債券。

根據息票利率變化的具體規定不同，浮動利率債券的利率浮動出現了多種形式。

1. 區間債券（Range Notes）

區間債券，也稱作增長債券（Accrual Notes）。這類債券通常規定了兩個利率水平，較高的水平常是當基準利率處於規定的區間時使用，而較低的利率水平適用於基準利率超出規定的區間時。較低的利率，最低可以為零。大部分區間債券每天調整利率，也就是說這種債券完全可能前一天的利率為 6%，而只要超出了既定的區間，後一天可能就成了 3%。當然，調整時間也可以按周、月、季、年調整，無論以多長的時間間隔為基礎，基準利率只在調整當日與債券有關。一旦購買了這類債券，投資者相當於賣給了發行人一系列的期權，即發行人有權選擇在一定範圍內調整債券利率。

2. 利率上限與利率下限

利率上限（Caps）規定了在利率調整時可能支付的最高利率上限。在這一規定下，即使基準利率出現了較大的上漲，息票利率也不可能超過所規定的最高利率，即利率上限。例如，SHSZ 公司發行了債券，息票利率規定為 LIBOR ＋2.5%，同時也規定了最高利率不得超過 10%。假定現在 LIBOR 為 8%，則按公式計算的利率應為 10.5%，但由於有利率上限的限制，則最高利率不得超過 10%，在這裡也就是 10%。

因為基準利率也可能下跌，為了增強債券對投資者的吸引力，也有設定最低利率的。如某債券的利率計算公式為：5 年期美國國債的收益率 ＋50 個基點，且規定最低利率為 5.5%。當 5 年期美國國債的利率降為 4% 時，按公式計算的利率為 4.5%，但由於有最低利率規定，所以這時採用的利率應是 5.5%，而不是 4.5%，這裡的最低利率就是利率下限（Floor）。也有些債券規定有多個上限或下限，即根據不同的時間，規定不同的利率上、下限。比如，某 5 年期債券規定其第 1、2 年的利率下限為 6.5%，第 3、4 年為 6%，第 5 年為 5.5%。這種規定的好處是在保護投資者的同時，也避免市場利率連續下跌時，發行人的利息負擔過重。

也有債券同時設定利率上限和利率下限的，即既有高限也有低限，這被稱之為領子利率（Collar）。還有些債券規定，當市場利率上漲或下跌到某一利率時，浮動利率債券轉化為固定利率債券，即整個利率計算方式發生改變，這被稱之為上漲鎖定債券（Up－lock Bonds）或下跌鎖定債券（Drop－lock Bonds）。鎖定的利率可能是利率上限和利率下限，也可能是介於兩者之間的某一個利率。鎖定在高利率對投資者有利，鎖定在低利率對發行人有利，鎖定在二者之間的某個利率，就需根據情況判斷。

3. 非市場浮動利率債券

非市場浮動利率債券（Non－Market Floating Rate Bonds），主要是指債券的利率雖然浮動，但浮動的時間、浮動的幅度與範圍等不由市場決定，而是取決於非市場的其他因素，如政府利率調整或各主體間的定期協商等。如中國發行的一部分債券，其利率是通過同期限或不同期限的商業銀行存款利率來確定的。例如，5 年期定期存款利

率+1%，雖然看起來像浮動利率債券，但由於中國商業銀行的存款利率主要是取決於中央銀行的利率政策，而不是由商業銀行自己確定的，所以，這類債券仍屬於非市場浮動利率債券。

4. 棘輪債券

棘輪債券（Ratchet Bonds），這一品種最初是由美國田納西河谷管理當局於1998年6月推出的PARRs，當時發行額度是5.75億美元，初始利率為6.75%，30年期，5年後每年調整一次利率。利率調整方式是：高於30年期CMT94個基點，債券發行時30年期CMT的利率為5.81%，則初始息票利率為6.75%。第5年起，息票利率每年調整一次，如果公式計算的利率低於先前使用的利率，則以新的低利率替代原較高的利率，否則，維持先前的利率不變。即債券的息票利率將只降不升，好像單向的棘輪，只能向一個方向轉動。

與可贖回債券相比，棘輪債券所形成的現金流相當於一系列可贖回債券的現金流。但由於棘輪債券不需要實際贖回債券，加之在會計處理上的不同，以及與特定基準利率間的固定利差能夠得到保證，所以棘輪債券在融資上既能為發行人降低融資成本，也可以為投資者帶來保證高於一定基準利率的收益。要注意的是，由於棘輪債券利率調整的單向性，市場利率波動的方向性即利率上漲與下跌的路徑將會影響債券的價值。例如市場利率先漲後跌、跌了後再漲，與先跌後漲、漲了後再跌，即使每次漲跌的差額一樣，對債券價值的影響也會非常不同。

另外，棘輪債券有時還會同時附有回售權。它與普通債券的回售權不同之處在於：普通債券的回售一般發生在利率上漲的時候，即當市場利率上漲高過一定程度影響到債券持有人收益時（因為債券息票利率固定），持有人將回售債券。而對於棘輪債券，其回售條款是規定當利率下降到一定程度時，持有人有權回售債券。這種設計，將有助於降低發行人在債券回售時承擔的風險，從而降低違約的風險。

5. 利差浮動債券

利差浮動債券（Stepped Spread Floaters），這類債券的利率調整表現在於基準利率間的利差的調整上，具體的調整可以向上也可以向下調整。例如，某5年期債券的利率計算方法：第1、2年為6個月LIBOR+50個基點，第3、4年為6個月LIBOR+75個基點，第5年為6個月LIBOR+100個基點。當然，根據調整的次數，也可分為一次性調整或多次調整。

6. 指數攤還債券

指數攤還債券（Index-Amortizing Notes，IAN），是指存量本金額按約定計劃分期攤還的一種債券。分期攤還計劃常與某一指數，如LIBOR、CMT等有關，其結果是債券未來的現金流、到期收益率及到期日等都不再確定。這類債券一開始有一個最長期限規定，而一旦所有本金和利息支付完成，其壽命也就終止了。投資者在獲得高於市場的初始收益的同時，也賣給了發行人提前結束債券的選擇權。發行人有權根據市場利率的變化調整本金償還計劃。如果債券的利率是浮動的，這類債券還同時可能含有利率上限和利率下限。典型的指數攤還債券設計是：一旦市場利率高於某一觸發點，

債券的壽命就延長，或一旦市場利率低於某一觸發點，則債券的還本時間將顯著縮短。債券本金的存量會按約定的攤還計劃在每個償還日進行調整。

7. 延期調整債券

延期調整債券（Extendible Reset Bonds），是指息票利率可以根據市場變化進行調整，使債券能按事先制定的價格出售的一種債券。其區別於典型的浮動利率債券之處在於，浮動利率債券的利率的調整通常是按既定的公式進行的，而延期調整債券的利率調整則是根據在調整日的市場情況，由發行人或多家投資銀行等決定，利率的高低要能保證債券按面值交易。例如，某債券的利率決定公式是：3 年期國債利率 + 75 個基點，最初發行時市場利率為 5%，剛好等於 3 年期國債利率（4.25%）加上 75 個基點，所以發行時債券以面值交易。到了利率調整日，市場上 LIBOR 變成了 4.75%，而同級別債券的市場利率變成了 5.75%，則新的債券利率計算公式為：3 個月 LIBOR4.75% + 100 個基點，此時新的利率又等於市場利率了，債券仍然可以按面值交易。

8. 非利率指數浮動債券

雖然大多數浮動利率債券的參考指數都是某種利率指數，如 LIBOR 或 CMT 收益率，但也有些債券以匯率、商品價格指數或股票指數為基礎，這些債券就叫做非利率指數浮動債券（Non-Interest Rate Indexes）。事實上，任何指數都有可能成為浮動利率債券的參照物。

五、應計利息（Accrued Interest）

不同債券的付息頻率可能不同，大部分美國的債券是每半年付息一次，抵押擔保和資產擔保債券常是每月付息一次，中國的債券常是一年付息一次。應付利息指在兩次付息日之間出售債券時，本應付給買方的利息因為債權記錄的改變而會付給賣方一部分利息。在美國，國債的報價一般不含應付利息，即債券價格指的僅是債券當時的市場價格，不包含累積的、應付給賣方的利息，這種價格有時被稱為淨價（Clean Price）。但在債券交易和支付時，買方必須同時支付應付利息，這種加上應付利息的價格稱為全價（Full Price）或髒價（Dirty Price）。中國的可轉債券，在企業贖回及投資者回售的過程中，其贖回價和回售價，通常是含息價，即將利息包括在內的價格，這一點與美國是很不相同的。但現在，中國國債報價已經全部改為淨價報價了。如果債券帶息票一起出售，買方必須支付應付利息，這種交易方式稱為附息票（Cum-Coupon）。如果買方放棄下一次息票利息，這種交易稱為除息票（Ex-Coupon）交易。美國的債券交易通常都是附息票交易。但也有例外，最常見的例外就是債券的發行人違約沒有支付利息，這時的無應付利息債券交易稱為貶價交易（Traded Flat）。

一般來說，以半年為付息週期，應計利息公式為：

$$\text{Accrued Interest} = \frac{\text{年息票支付}}{2} \times \frac{\text{距上次息票支付的天數}}{\text{兩次息票支付間隔的天數}}$$

六、本金償還條款

本金償還方式可以是一次性全額償還（Bullet Maturity），這是美國和歐洲最常見的

形式。也可以分期或分批償還，即一次性發行，但按不同的期限到期償還。不同期限的債券利率可能不同。這類債券稱為系列債券（Serial Bonds），企業常見的信託證（Equipment Trust Certificate）就屬於這一類。有些債券，如擔保債券和資產擔保債券，常含有還款計劃，並按計劃分期攤還，稱為分期攤還債券（Amortizing Bonds）。有的債券含有償債基金條款（Sinking Fund Provision），這類條款是有關於設立專門用於清償全部或部分債券本金的基金。

(一) 贖回權與再融資條款

債券，特別是長期債券，發行後市場利率可能會下降，這時如果能提前結束債券，再以較低的市場利率融資，則對發行人有利。當然，對投資者來說，因為其收回的資金面臨較低的市場回報，當然不利。所以，如果發行人要獲得提前清償的權利，就必須在發行債券時以較高的初始收益支付這一期權權利。提前贖回債券的條款就是贖回條款（Call Provision），債券贖回時的價格稱為贖回價（Call Price），通常會高於面值。如20世紀70年代以前發行的長期債券大多具有這方面的條款，但1990年後這一條款用得較少了，僅一些資信條件不是太好的公司仍然在用。一些普通市政債券大多具有這一特徵，但美國的國債幾乎不具有這一特點。贖回時間和贖回價格的具體安排，就是贖回計劃（Call Schedule）。債券的贖回價也不一定高於債券的面值，有時也可能等於面值。第一次按面值贖回債券的時間，也稱為首次面值贖回日（First Par Call Date）。有些債券在發行後的一段時間裡不允許贖回，或沒有贖回權，這種贖回權被稱為遞延贖回權（Deferred Call）。遞延贖回期結束後，第一個可贖回的日期稱為首次贖回日（First Call Date）。

如 Levi Strauss & Co 發行的 2008 年到期的、息票利率為 11.625% 債券，其贖回計劃提前 30 天通知，贖回方式是連續贖回，如表 1－7 所示。

表 1－7　　　　Levi Strauss & Co. 公司可贖回債券贖回計劃

	日期	價格（美元）	收益率（%）
到期日	01－15－2008	105.813	43.898
下次贖回日	01－15－2006	102.906	27.556
面值贖回日	01－15－2007	100.000	22.069

債券可以一次性全部贖回，也可能是分批部分贖回。在部分贖回時，可以分別用隨機贖回或按比例贖回（Pra Rata）的方式。前者通常根據債券的序號，隨機（如用計算機）選擇相應的序列號贖回（如尾數為 5、7 或最後兩位數為 25 等）；對後一種，一般不用在公開發行的債券中，而是用在私募或直接銷售的債券中。

(二) 不可贖回與不可再融資

如果可贖回債券在贖回細節上沒有任何限制，表明該債券是隨時可以贖回的，如果發行人需要，現在就可以贖回。但大部分債券，即使為當前即可贖回的債券，也對早期贖回有各種限制。最常見的限制是鎖定一定期限不得通過再融資贖回。注意不可

贖回（Noncallable）和不可再融資（Nonrefundable）贖回是兩個不同的概念。不可贖回規定的是債券是否可以贖回，沒有任何條件限制，除非有其他強制性的條款，如償債基金等原因，對債券是否可以贖回的限制是絕對的，即無論在什麼條件下，不可贖回債券都是不可再贖回的。而不可再融資贖回是贖回條件中的一種——通過其他債券再融資進行贖回的限制，但並不限制這種贖回方式之外的其他方式。例如，以發行人的營業收入贖回債券等。這一條款的目的是為了防止發行人在市場利率走低的時候，濫用贖回權而有損投資者的利益。

（三）提前償還

資產擔保債券如貸款擔保債券等常設有提前償還的權利，即發行人有權提前清償全部或部分債務，這種在預定到期日之前清償就稱為提前償還（Prepayment）。雖然提前償還看起來與債券贖回相似，但也有不同，其最大的不同之處在於，提前償還沒有事先定好的贖回價格。提前償還的債券，一般是按面值償還。當然，也可能不是按面值償還，而是按高於面值或低於面值償還。其中，以高於面值的情況居多。因為，提前償還的選擇權一般是屬於發行人的，發行人選擇提前償還，通常是在有利於發行人而不利於持有人的時候，按稍高於面值的價格提前償還，可以在一定意義上對債券持有人進行補償。按面值償還的，通常都是在債券發行之初就明確了提前償還的可能性，提前償還選擇權的價值在債券發行時或債券的息票利率中已經被充分考慮，所以即使債券被提前償還，也只是按面值償還。

（四）償債基金

為了保護投資者免受信用風險的損失，有些債券要求發行人每年結束特定比例的債券，這稱為償債基金要求（Sinking Fund Requirement）。這種安排，可以用於一次性償還所有債券，也可以只是部分償還。後一種情況又稱為氣球到期（Balloon Maturity）。具體清償辦法，可以通過隨機抽取的方式直接償還，也可以將資金轉移給某信託機構，由其管理償債基金並辦理有關清償業務。至於每次清償的比例，通常是每次比例一樣，但也有些債券的償還比例隨時間而增加，這時又被稱為加速償債基金（Accelerated Sinking Fund）。

（五）轉換權與交換權

轉換債券（Convertible Bond）是發行人承諾到一定時間可以按約定的價格或比例將債券轉換成發行人公司股票的一種債券形式。這相當於賦予了債券持有人利用公司股票升值機會的選擇權。而與此相似但不同的另一種債券——可交換債券（Exchangeable Bond），則是允許債券持有人按一定的比例將債券轉換成發行人之外的第三方公司的股票的一種債券。嵌有轉換權的債券，稱為可轉換債券。

（六）回售權

回售權（Put Option）是在債券合約中含有允許債券持有人在一定時間按既定價格將債券賣回給發行人的一種權利，其中的價格被稱為回售價（Put Price）。大部分息票債券都是以面值作為回售價，但零息債券的回售價一般都低於票面值。中國的可轉換

債券中設置的回售價,常常不是按面值回售,而是大部分高於面值,而且常常是回售時間越後延回售價越高,甚至對持有到期的可轉債支付較高的補償性利息。回售權的設定有利於債券持有人,特別是當市場利率上漲後,債券持有人可以通過行使這一權利提前收回資金,並將其投資到利潤更高的資產中。但發行人,可能通過其他期權,如可轉換債券的轉股價修正權等,使投資者的回售權受到限制甚至落空。

七、嵌式期權

如前所述,很多債券都帶有期權的功能,比如贖回的權利、回售的權利、轉換或交換的權利等。為了將這類期權與典型的期權相區別,將其稱為嵌式期權(Embedded Options)。有些債券可能同時含有多種嵌式期權,這要根據具體需要進行取舍了。按持權方的不同,債券的嵌式期權主要可以分為發行人嵌式期權和持有人嵌式期權兩大類。

(一)發行人嵌式期權

發行人嵌式期權,是指選擇權屬於債券發行人的期權,即有關期權是否執行取決於債券發行人的期權。常見的有贖回權、利率上限、加速償債基金條款、部分提前還款權等。這些期權賦予了債券的發行人在市場條件或公司財務狀況發生變化時可以選擇靈活處理債券的權利。由於這些權利屬於發行人,而發行人總是只有當期權的執行對其有利時,才會執行期權,所以這些期權的嵌入,將會降低債券的實際價值。同等條件下,嵌有這些期權的債券,其價格也就必然低於沒有這些期權的同等債券。

(二)持有人嵌式期權

與發行人期權不同,持有人嵌式期權的執行與否,將取決於債券的持有人。常見的如轉換權、回售權、利率下限規定、交換權等。這些權利的設置,是為了在特定條件下保護債券持有人的利益或在將來給債券投資者某種可能的額外收入。

(三)嵌式期權對債券價值的影響

期權的嵌入,改變了債券現金流的大小及時間分佈,同時還直接影響到債券的風險,因為有關期權會改變發行人及債券持有人的行為方式和決策變量。對嵌有期權的債券進行價值分析和風險分析,不僅會涉及債券的現金流及預期收益率的估算,同時還必須考慮期權的定價問題,包括在嵌入期權後風險因素的變化等。

八、質押借款債券投資

有些債券投資者可能因為資金不足、資金週轉的需要或為了通過槓桿作用增加盈利,需要向證券公司或銀行融資。最常見的一種安排是,限定資金的用途是用於購買債券,同時在融資合約中約定必須以所購買的債券作為質押,這就是債券質押融資,其最常見的兩種形式是保證金購買和回購。

(一)保證金購買

保證金購買(Margin Buying)通常是由投資者和證券公司或經紀公司協商,經紀公司以較低的經紀人借款利率(Broker Loan Rate)或活期借款(即隨時可能會要求借

款人還款）利率（Call Money Rate）向投資者貸款，同時收取一定的服務費，並要求投資者以買進的債券做質押。

(二) 回購協議

回購協議（Repurchase Agreement）是由債券的出售方承諾在約定的時間按既定的價格將所出售的債券再重新買回的一種協議。所約定的購回價格稱為回購價格（Repurchase Price），所約定的購回時間稱為回購日（Term Repo/Term RP）。有些回購的期限很短，只有一天，稱為隔夜回購（Overnight Repo）。其中，回購方出售債券的價格與回購債券的價格間的價差即為回購業務所支付的利息。這些利息與回購期間的時間長度所隱含的利率，稱為回購利率（Repurchase Rate），這一利率通常比銀行融資利率要低，因為有債券做質押。上面指的回購，通常是由經紀商作為債券的賣出方向其他金融機構借入資金。另有一種逆回購（Reverse Repurchase Arrangement/Reverse Repo），是指非經紀人的投資者使用回購協議借入資金。金融市場上，並無統一的回購利率，因為回購期限的長短、質押資產的價值或市場供給狀況等的不同，回購利率也會不同。有些質押資產在市場上供不應求，或正巧某些投資者需要某種資產填補其頭寸，這類資產被稱為特別質押（Special Collateral）或熱門質押資產（Hot Collateral），這類資產的回購利率低於那些沒有這些特徵的普通質押資產（General Collateral）是不言而喻的。

按2004年5月20日起實施的《全國銀行間債券市場債券買斷式回購業務管理規定》的規定，中國銀行間的買斷式回購協議，指債券持有人（正回購方）將債券賣給債券購買方（逆回購方）的同時，交易雙方約定在未來某一日期，正回購方再以約定價格從逆回購方買回相等數量同種債券的交易行為。根據這一規定，中國的銀行在買斷式回購期間，交易雙方不得換券、現金交割和提前贖回。買斷式回購的期限由交易雙方確定，但最長不得超過91天。交易雙方不得以任何方式延長回購期限。這一規定是為了防止銀行將短期回購業務做成了長期融資。

第三節 固定收益證券的風險

一、風險的含義

「風險」是一個寬泛且常用的術語。隨著經濟形勢的不斷變化、金融體系的演變和金融市場的波動性顯著增強，人們對風險的理解日益具體和深入。在本書中，風險被定義為未來結果出現收益或損失的不確定性。具體來說，如果某個事件的收益或損失的結果已經被事先確定下來，就不存在風險；若該事件的收益或損失存在變化的可能，且這種變化過程及結果事先無法確定，則存在風險。

風險具有以下基本特徵：①風險是對事物發展未來狀態的看法；②風險產生的根源在於事物發展未來狀態所具有的不確定性；③風險和不確定性在很大程度上都受到經濟主體對相關信息的掌握；④風險使得事物發展的未來狀態必然包含不利狀態的成分。形成風險的基本因素，主要包括時間、不確定性、信息的完全性以及潛在損失的

可能性。

二、金融風險的含義

金融風險，是指經濟主體在資金的融通和金融業務與活動中，由於各種事先無法預料的不確定因素而使資金經營者的實際收益與預期收益發生偏差的可能性。從廣義上講，它既包括居民家庭部門、非金融企業部門和金融企業部門從事金融活動所產生的風險，也包括以國家部門為主體所從事的金融活動產生的風險。從狹義上講，金融風險一般指金融企業部門（金融機構）從事金融活動所產生的風險。

金融風險可以按不同的標準分為不同的類別。按風險的成因，可以分為利率風險、匯率風險、價格風險、價格波動風險、收益率曲線風險等；按不同的主體，可以分成國家風險、行業風險、企業風險等。

三、金融風險的特徵

金融風險是以貨幣信用經營為特徵的風險，它不同於普通意義上的風險，具有以下特徵：

（一）客觀性

由於金融業務總是與未來的經濟活動相關，即在當前無法完全確定金融業務在將來的收益，而人們對未來的預知能力是有限的，加上信息不對稱及信息的非完全性等，使金融活動總是與風險密切相關。甚至可以說，只要有金融業務活動存在，金融風險的存在總是不以人們的主觀意志為轉移，且不以人們的主觀意志而消失。這就是金融風險的客觀性。

（二）社會性

金融是經濟運行的核心，在社會經濟中佔有非常重要的地位，有著經濟神經中樞的作用。金融機構、金融行業在金融活動中的風險，常常並不局限於影響這些機構及本行業，而是可能通過信用鏈、資金鏈及貨幣的社會效應等波及整個社會。

（三）擴散性

金融風險的擴散性是指金融風險一旦發生，將不會局限於初始的範圍或行業，而會通過如商業銀行的信用創造等擴散到相關的其他領域和行業，在嚴重的時候，甚至可能導致全社會的信用和經濟危機。

（四）隱蔽性

由於現代金融業務是建立在信用的基礎上，通過信用創造等途徑實現的，於是一些金融機構常常借信用創造，如發行債券、多吸收存款等方式，掩蓋已經出現的風險，使本來已經發生的風險難以及時、充分地暴露並得到治理。金融風險的這種特徵，對金融穩定在短時間內是有益的，但如果金融風險長期得不到有效的治理，就可能積少成多、積小成大，並最終通過更大的金融風險甚至金融危機爆發出來。

四、固定收益證券的風險

(一) 利率風險

債券所面臨的最大風險之一就是利率風險（Interest Risk），即因為利率變動而影響債券價值的可能性。由於債券息票利率的相對固定性，如果市場利率上升，則債券價格會下降；反之，亦然。如果債券的息票利率等於市場利率，則債券將以其面值進行交易；如果債券息票利率大於市場利率，則債券將溢價銷售；如果債券的息票利率小於市場利率，則債券將折價出售。雖然利率對所有的債券都可能產生影響，但因為債券的到期時間、息票利率、嵌入期權等的不同，相同的利率變動，對不同的債券產生不同的影響。

1. 債券期限與利率風險

假設所有其他因素相同，債券價格對利率的敏感性將與債券的期限成正比。例如，息票利率為5%的20年期的平價（面值100元）債券，如果市場利率上漲為6%，則其價格將下降為88.442,6，下降幅度為11.557,4%；如果債券的期限為10年，則價格下降至92.561,3，下降幅度為7.438,7%。

2. 息票利率與利率風險

債券價格對利率的敏感性不僅與期限有關，同等期限下還與債券的息票利率呈反比關係，即：息票利率越高，價格對利率的敏感性越小；息票利率越低，價格對利率的敏感性越大。假設當前市場利率為9%，息票率為9%的5年期國債價格為面值100元，息票率為6%的5年期國債價格為88.130,9元。如果現在利率下降1%，前者的價格上升幅度為4.06%，後者的價格上升幅度為4.26%；如果利率下降1%，前者的價格下降幅度為3.86%，後者的價格下降幅度為4.06%。由於零息債券的息票率為零，所以其價格對利率的敏感性要大於任何息票率非零的、其他條件相同的債券。

3. 嵌入期權與利率風險

債券中可能含有各式各樣的期權，這些期權本身對發行人或債券持有人是有價值的。期權的價值也必須在債券的價格中得到體現。不同的期權對利率的敏感性不同，比如贖回權的價值隨利率下降而升值、隨利率上漲而貶值。正因為如此，相對於同條件的無期權債券，有贖回權的債券在利率下跌時，其漲價的幅度以及利率上漲時其跌價的幅度都要小一些。其他期權，如轉換權或交換權，對利率的敏感性可能小於贖回權，但利率仍然會影響債券的價格。

4. 到期收益率與利率風險

比較息票率為9%的25年期的債券在表1-8中各種收益率水平下的交易情況。第一列給出了債券交易的初始收益率（初始利率），第二列給出了初始價格，第三列表明收益率每變動100個基點時所對應的債券新價格。第四列和第五列是價格變動的金額和百分比。這個表說明：對於既定的收益率變動，當初始市場收益率水平較低時，價格變動率較高；而當初始收益率水平較高時，價格的變動率則較低。

表 1-8　　　　　息票率9%的25年期債券在不同
初始利率水平時，利率每上升1%對價格的影響

初始利率 （%）	初始價格 （元）	波動後的 價格（元）	價格下降 金額（元）	價格下降 百分比 （%）
7	123.46	110.74	12.72	10.30
8	110.74	100.00	10.74	9.70
9	100.00	90.87	9.13	9.13
10	90.87	83.07	7.80	8.58
11	83.07	76.36	6.71	8.08
12	76.36	70.55	5.81	7.61
13	70.55	65.50	5.05	7.16
14	65.50	61.08	4.42	6.75

5. 浮動利率債券的利率風險

雖然浮動利率債券的息票利率會定期重訂，但由於重訂週期的長短不同、風險溢價變化及利率上、下限規定等，仍然會導致債券收益率與市場利率之間的差異，這種差異也必然導致債券價格的波動。正常情況下，債券息票利率的重訂週期越長，其價格的波動性就越大。因為較長的週期導致債券的收益率與市場利率出現差異及出現較大差異的可能性都會增加。一些浮動利率債券的息票利率計算公式中，與基準利率的差值是固定的，但市場要求收益率與基準利率之差卻可能會因為各種因素而改變。如果市場要求的利差大於利率公式中的利差，則債券會跌價；相反，則可能會漲價。同樣，如果市場利率高於債券規定的帽子利率時，債券會跌價；而市場利率低於債券的保底利率時，債券會漲價。

6. 利率風險的度量

可以用單位利率變動帶來的價格變動百分比（Approximate Percentage Price Change）來大致衡量利率風險的大小，即當市場收益率變動100個基點（1%）時，債券價格變動的百分點數，用公式表述如下：

$$價格變動百分比 = \frac{收益率下降後的價格 - 收益率上升後的價格}{2 \times 初始價格 \times 收益率變動百分點數}$$

其中：

收益率變動百分點數，指的是假定市場收益率上升或下降了多少個百分點；

分子上的收益率下降或上升後的價格，指債券市場收益率變動了分母中的百分點數的價格；

初始價格指市場收益率沒有改變之前的價格。

(二) 收益率曲線風險

收益率曲線是由某一時點上不同期限的同一類型金融資產（如無風險資產）的收益率形成的，其風險主要體現在：不同期限的收益率會隨時間的變化而變化；同一債

券會因其到期日的臨近，收益率發生改變；不同期限的收益率變化幅度不同等。

收益率曲線的移動主要有圖1-1中的一些情形。其中A的平行移動，表示不同期限債券的收益率變動的幅度和方向一致，即不同期限債券收益率總是有著相同的變化值。例如，期限為1、5、10、30年期的所有美國國債，其收益率都上升或下降了80個基點就屬於這一類。只有當市場認為債券收益率的上、下波動幅度一致，即與期限無關時，才可能出現這種曲線平移。

B是債券的收益率分別從上或下方接近原始收益率曲線的情形，其含義是在短期債券中，其收益率變動大，而對長期債券來說，收益率變動則較小。這反應了市場認為在短期內市場利率可能會有較大波動，而在未來則會趨於一致。

C則表示短期和長期債券的收益率有較大變化，而在中期波動較小，但整體上債券的收益率會提高。

D表示的是市場預期債券的收益率整體上將會下降，且長短期利率下降幅度較大，中期利率下降幅度較小。

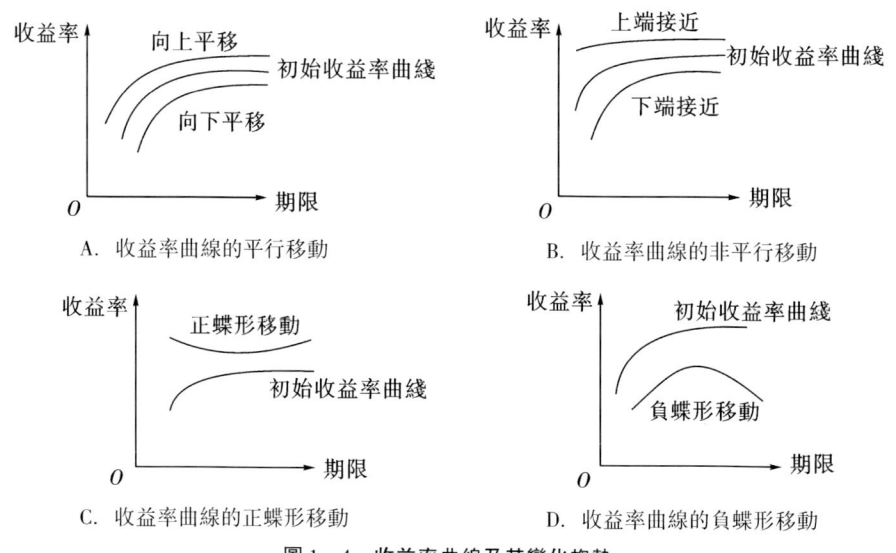

圖1-4　收益率曲線及其變化趨勢

(三) 信用風險

信用風險（Credit Risk）是指債券的發行人違約、信用級別下降或其淨資產數量下降等可能無法或不願意按期支付本息的可能性。狹義的信用風險經常被稱為違約風險，但應該講，違約風險只是信用風險中的一部分，即債券發行人無法履約的可能性。因為各種原因而導致發行人資信級別下降，但不一定就導致違約，卻會損害債券市場價值的風險應該也屬於信用風險。

違約風險（Default Risk）是債券債務人無法按期足額還清本息的可能性，傳統的信用風險就是這個含義。在債券違約時，根據清算的結果，可能還有一部分能夠獲得補償，獲得補償的比例稱為清償比例（Recovery Rate）。違約可能給投資者帶來的損失

占全部投資額的比例則稱為違約比例（Default Rate）。

信用降級風險（Downgrade Risk）是指債務人的信用評級因為各種原因而被調低或降級的風險。信用評級是由一些權威的仲介機構，如標準普爾（Standard & Poor Corporation）、穆迪投資人服務公司（Moody Investors Service Inc.）等根據其自身的指標體系進行綜合考核的基礎上做出的關於相關機構信用可靠性級別的評定。

風險溢價（Risk Premium）是指發行人的債券相對於無風險收益工具，如國債或銀行的存款等而必須多支付的成本部分，其中因為信用因素而必須多支付的部分，則進一步稱為信用利差（Credit Spread）。如果債券的信用利差要求增高，即市場對某債券的要求收益升高，則原債券會貶值。這種因為信用利差升高而帶來的風險，稱為信用利差風險。

（四）流動性風險

流動性風險（Liquidity Risk）指投資者及時並有效地將債券變現的不確定性。衡量流動性風險的指標之一是市場上的要價（Ask Price）與出價（Bid Price）之間有價差（Price Spread），價差越大，表明債券的流動性風險越大；反之，越小。如表 1-9 所示。

表 1-9　　　　　　　　　　　美國債券市場上的流動性

市　　場	價差/價格（%）	
	典型時期	大額拋售時
國債		
短期國債	0.002	0.005
新近發行中長期國債	0.003	0.006
被替代中長期國債	0.006	0.009
企業債券		
A 級金融債券	0.120	0.500
B 級產業債券	0.500	5.000
抵押擔保債券		
固定利率債券	0.006	0.250
市政債券		
Aa 或 Aaa 級長期債券	0.250	0.750

上述流動性的概念是針對某種具體債券的，就市場而言，其流動性的大小包含兩方面的含義：一是市場上要價與出價之間的價差是否足夠小；二是市場是否明顯受到大額交易的衝擊。市場價差可以從個別經紀人的角度來看，也可以從整個市場來看。就整個市場而言，市場的價差等於最低要價減去最高出價，這就是市場價差（Market Bid-Ask Spread）。

1. 流動性與頭寸盯市

有些投資者每天都需要按當日的市場價格調整自己的金融資產以計算其淨資產價值（Net Asset Value，NAV），對流動性風險也就更敏感。即使有些投資者不需要如此頻繁地盯著市場調整自己的資產價值，定期的財務報表等也會要求按市場價格做出調

整。如果市場流動性不足，或市場價差太大，這些投資者所用的市場價格就需要重新估算。典型的做法包括請一些經紀商報價，並通過求這些報價的平均值等方法估算資產價格；或請一些專門的機構或分析研究人員，利用模型等方法估算資產價格。

2. 流動性風險的變化

市場價差會隨時間及市場狀況而變，這主要包括：市場利率變化，如市場利率升高，則債券的吸引力就會受到影響。有時，政策性因素等也可能影響債券的流動性，如政府突然增加對某些投資者如基金、經紀商的特別限制，包括對債券資信級別的規定、債券占投資比例的限制、債券投資期限的要求等，都可能極大地改變某些債券的流動性。

(五) 通貨膨脹或購買力風險

通貨膨脹風險（Inflation Risk）或購買力風險（Purchasing Power Risk）是受物價普遍上漲導致回收資金的實際購買力下降的可能性。例如，債券的收益率為6%，如果債券壽命期內的通貨膨脹率為5%，則債券的實際收益率僅為1%左右，遠低於名義收益率的6%。這是因為投資者收回債券本息時，同等數量貨幣的購買力已經低於投資之初的同等數量貨幣了。

(六) 波動率風險

波動率風險（Volatility Risk）指債券價值因為其市場利率波動性的改變而改變的可能性。對嵌有衍生品的固定收益類產品而言，這是最常見的一類風險，一般無法通過在保險公司進行保險來規避風險。多數情況下，只有通過套期保值等金融措施，才能對風險加以規避。

(七) 匯率與貨幣風險

匯率風險是指金融機構、企業和個人持有以外幣發行或需要以外幣償還的債券，因外匯匯率變動而蒙受損失的可能性。由於融資常常不能在一個時點上完成，而匯率在一段時間內發生的變化，既可能對債券的發行人有利，也可能有利於投資者。匯率的變動，使融資的實際成本和投資的實際收益將不但與債券的利率有關，還與涉及的外幣與投資者或融資方本幣間的匯率直接相關。如一位中國投資者購買了5年期美國國債，5年後投資者的收益將受美元和人民幣間匯率的影響。如果人民幣升值，則投資者的實際收益可能降低；如果人民幣貶值，則其實際收益會更高。這種因貨幣匯率變動使投資者實際收益降低的可能性就是匯率風險（Exchange Rate Risk）或貨幣風險（Currency Risk）。

(八) 特定事件風險

所謂特定事件風險（Event Risk）指的是一些包括自然災害、不可預料的事故、制度變遷、政治因素及企業併購等原因導致債務人無法按期足額清償本息的可能性。中國企業中，制度或政策因素及企業併購等的影響較為突出。作為新興的金融市場，無論是市場主體還是制度方面都還存在很多不健全的問題，特別是對新興債券品種在管理和認識上還有很多問題沒有解決。在解決這些問題的過程中，新的規章制度出抬時，極有可能會導致一些交易品種和市場主體受到限制並因此構成風險。

第四節　固定收益證券的種類

美國市場是全球最大的債券市場，大概可以分為六個部分：國債市場、政府機構市場、市政債券市場、公司債券市場、資產支持債券市場和抵押貸款支持債券市場。圖1-5展示了2013年3月美國市場主要分類和結構的情況。

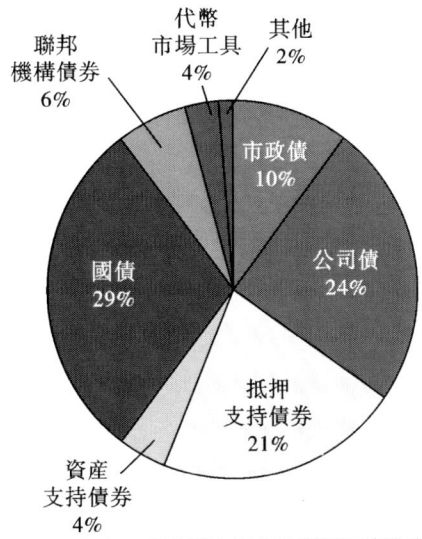

圖1-5　2013年3月美國市場主要分類和結構的情況

資料來源：格上理財研究中心．http://www.zhixuan.com/toutiao/article/51396

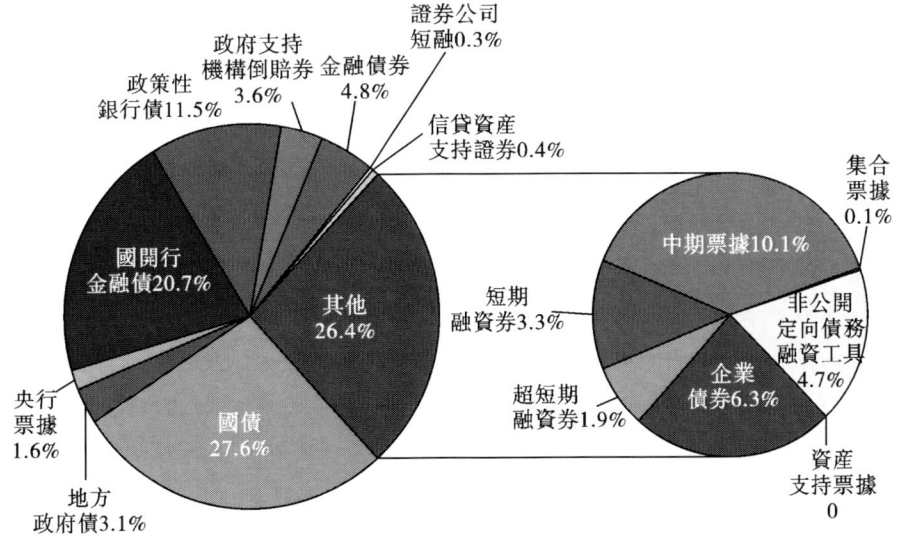

圖1-6　中國固定收益證券市場產品分類

中國國內的固定收益產品以政府信用為主，除了中央政府和地方政府直接發行的債券，各類金融債和公司債大多也有政府信用背景。圖1-6顯示了2014年6月末統計的國內債券市場的產品及存量規模。

現介紹國內外市場上主要的固定收益證券品種。

一、政府債券

（一）國債分類

政府債券是由中央政府發行的債券，就是通常所說的國債。在各種債券中，國債的安全性最高，因此又被稱為「金邊債券」。「金邊債券」一詞最早起源於英國。17世紀，經議會批准，英國政府發行了一種以稅收保證支付本息的政府公債，由於該公債信譽度很高，而且紙質債券帶有金黃色的邊，因此被稱為「金邊債券」。此後「金邊債券」便被用來泛指所有中央政府發行的債券。由於國債是以國家稅收作為還本付息的保證，除非發生不可抗力等毀滅性災難，投資者一般不用擔心國家的償還能力。為鼓勵投資者購買國債，大多數國家都規定國債投資者可以享受國債利息收入方面的稅收優惠或是免稅。由於國債的風險低、安全性和流動性好，因此它的利率一般也低於其他類型債券。

國債按不同的標準，可以分為不同的種類。

（1）按償還期限劃分，可以將國債分為短期國債、中期國債和長期國債。各個國家確定短、中、長期的年限略有不同，如美國把1年以內的國債稱為短期國債；2~10年期的稱為中期國債，10年期以上的稱為長期國債。日本則稱2~5年期的為中期國債，5年以上稱為長期國債。中國則將1年以內的國債稱為短期國債；2~7年期的為中期國債，7年期以上的稱為長期國債。

（2）按發行國債的用途劃分：

①戰爭公債是政府為籌集軍費而發行的債券。戰爭時期，政府開支驟增，戰爭公債是較理想的籌資方式。

②赤字公債。在政府財政收支不平衡，出現財政赤字的情況下，可通過發行赤字公債來平衡財政收支。

③建設公債是政府為了投資於公路、鐵路、橋樑等基礎設施建設而發行的債券。

④特種公債是政府為了實施某種特殊政策而發行的公債。

（3）按資金的來源劃分：

①國內債，即一國政府以本國貨幣為幣種在國內金融市場上發行的國債。其投資者一般為國內的機構、企業和個人。

②國外債，即一國政府以外國貨幣為單位，在國際金融市場上發行的債券。政府在國外發行的外幣債券與國外一般借款一起，共同構成一個國家的外債。

（4）按是否可以流通（交易）劃分：

①可流通國債。指國債可以在二級市場上交易。這種債券在一些國家的國債中占主要部分，如美國的可流通國債約占其國債總額的2/3。

②不可流通國債。指在購買條款上規定不能在二級市場上進行買賣的國債。不可流通國債又可以分為投資者為私人的不可流通國債和投資者為機構的不可流通國債。當不可流通國債的發行對象以私人為主時，籌集的資金主要來自於個人部門的儲蓄，故此類債券可稱為「政府儲蓄債券」。一般投資於非流通國債的機構主要是政府部門。

（5）按債券發行本位劃分：

①貨幣國債。即以貨幣計值亦以貨幣償付本息的國債。商品經濟比較發達的國家，通常發行貨幣國債。我們以上所提的分類主要就是針對貨幣國債而言的。

②實物國債。即以貨幣計值，按事先商定的商品折價，用實物償還本金的國債。這類債券通常在通貨膨脹率很高，幣值不穩定的情況下發行。

③折實國債，又稱折實公債，該種債券的募集和還本付息均以實物作為折算標準。購買時，按照每一單位實物的折合金額用貨幣購買；還本付息時，仍按付款時每一單位實物的折合金額用貨幣支付，它實際上是把國債面值與物價指數相掛勾，以增加國債的吸引力。

(二) 中國國債

新中國成立以後，中央政府曾在1950年發行過人民勝利折實公債，並於1956年11月30日全部還清本息。1954—1958年，中國又發行了經濟建設公債，於1968年底全部還清。這之後的10多年裡，中國成為無債國。但是隨著改革開放的深入發展，中國政府於1981年起又開始發行國債。現行國債的相關內容有：

1. 零息債券

零息債券指只有在到期日才能領取本金和利息的債券，也可稱為到期付息債券。中國居民手中持有的絕大部分債券是零息債券。付息特定，其一是利息一次性支付，其二是國債到期時支付。要注意這裡的零息國債概念與美國零息國債概念有所不同：美國的零息國債通常就是指期限在1年以下，以折扣方式發行的無息債券。而中國的零息國債則不僅包括美國零息國債的基本含義，而且包括期限在1年以上不附息票的債券。所以，美國的零息國債一般就是到期時按面值兌現的一種償還形式，而中國的零息國債除了那種形式外，還包括到期時一次性支付利息和償還本金的形式。

如果n年期零息債券的到期收益率為y，現值PV = 面值（Par Value）/ $(1+y)^n$。

2. 附息債券

附息國債指債券面上附有息票，定期（一年或半年）按息票利率支付利息。中國自1993年第一次發行附息國債以來，已成為中國國債的一個重要品種。

附息國債也有規定的票面利率，每次的利息額（以按年取息為例）等於面值與票面利率的乘積。需要指出的是，附息國債票面利率與相同期限的零息國債相比要低些。

3. 貼現國債及其收益的計算

貼現國債，指國債券面上不附有息票，發行時按規定的折扣率，以低於債券面值的價格發行，到期按面值支付本息的國債。貼現國債的發行價格與其面值的差額即為債券的利息。比如說，你以80元的發行價格認購了面值為100元的5年期的貼息債券，那麼，在5年到期後，你可兌付到100元的現金，其中20元的差價即為債券的利息。

要注意的是，上面的債券，通常人們說折扣率為80%，或打8折，而這並不代表債券的真實收益率。

貼現國債一般期限較短。財政部1997年規定，期限在1年以內（不含1年）以貼現方式發行的國債歸入貼現國債類別，期限在1年以上以貼現方式發行的國債歸入零息國債的類別。

由於中國使用的是單利計息，貼現國債的收益率計算公式是：

利率＝［（面值－發行價）/（發行價×期限）］×100%

如投資者以80元的發行價格認購了面值為100元的5年期國債，那麼，在5年到期後，投資者可兌付到100元的現金，其中20元的差價即為國債的利息，即：［（100－80）/（80×5）］×100%＝5%，年息平均為5%。如果採用按年的複利計息方式，則實際的收益率為：$\sqrt[5]{100/80}-1=4.564\%$。如果要把它算成可比的債券相當利率，即假定利息是每半年支付一次，復息的頻率為半年一次，則實際的收益率應為：$(\sqrt[10]{100/80}-1)\times 2=4.513\%$。

（三）美國國債

美國有全球最大的國債市場，美國國債（Treasury Securities of United States Department of the Treasury）是由美國財政部發行的，以美國政府的全部信用擔保的債券。在目前，市場普遍認為美國國債不存在信用風險。其主要種類包括無息票短期國債和附息票的中、長期債券。美國的國債市場，包括一級拍賣市場和二級流通市場。美國國債在品種上，主要包括以時間劃分的短期和中長期國債；按息票利率規定方式劃分的無息票債券、附息票債券和通貨膨脹保護債券等。

1. 無息票短期美國國債

無息票短期美國國債（Treasury Bills）沒有息票，以折扣的方式發行，期限為1年或1年以下，到期時按票面值清償。美國的短期國債按一定的時間順序定期發行，如91、182和364天等。由於節假日的影響，上述期限可能有1天之差。通常將上述期限的國債稱為3個月、半年和1年期國債。91天和182天到期的債券，每周發行一次。1年期的債券，每4周發行一次。這些債券由聯邦儲備銀行及其分行以拍賣的形式出售。

由於這些債券沒有息票利率，投資者的收益隱含在債券的折價金額中，其真實的收益率，需要根據折價金額進行推算。例如，投資者對一張1年期的債券出價93.458，一旦這個出價被接收後，投資者只要付出9,345.80美元，就可以買到面值為10,000美元的債券。這樣，1年後，投資者能實現的貨幣收益額為654.20美元，可以很容易地計算出，該筆投資的年收益率為：

(10,000－9,345.80)/9,345.80＝7%

美國的財政部有時也不定期地發行一些現金管理短期債券（Cash Management Bills），這些債券通常是在每個季度末，即3、4、6及9月末，當一些大額稅收即將徵收還未徵收的時候發行，期限從幾天至6個月不等。在美國，個人可以直接到聯邦儲備銀行及其分行購買新發行的短期國庫券，也可以通過銀行或經紀人間接購買新發國債。個人還可以通過政府債券交易商，到二級市場買賣舊債券。

2. 中長期美國國債

中期國債（Treasury Notes）是指1年以上至10年內到期的債券，票面金額大多為1,000美元。這類國債附有息票，規定利息額，通常每半年付一次利息。期限超過10年的稱為長期國債（Treasury Bonds），兩者合稱為財政附息證券（Treasury Coupon Securities）。中長期國債目前採用的是定期拍賣發行，中長期債券的期限分別為2年、5年、10年和30年不等，其中中期國債後附有「n」字母以區別於沒有標註的長期國債。

3. 剝離債券

美國國債的剝離最早開始於1985年1月，STRIPS這一單詞雖有剝離的意思，但並不是這種債券形式的原意，只是登記債券利息與本金分別交易（Separate Trading of Registered Interest and Principal of Securities）的簡稱，即這一詞在原意上，指的是一種特殊的交易方式，其特點是允許投資者將合法財政債券的本金和利息分別進行交易。如圖1-7所示。

當固定利率或浮動利率債券被剝離後，債券每筆利息及本金都變成了一個零息債券，且每一部分都有其特定的編號，既可以持有投資也可以單獨交易。例如，10年期、息票利率為5%、面值總額為1,000萬美元的固定利率債券，有每半年一次共20期的利息現金流和到期時的本金回流，共21筆現金流。這21筆現金流可以分別作為一種零息債券進行交易。如圖1-7所示。

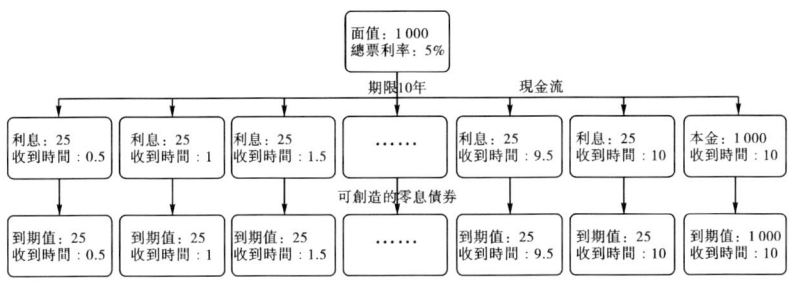

圖1-7　附息票國債的剝離過程（金融單位：萬美元；時間單位：年）

以息票為基礎設立的剝離債券，被稱為息票剝離債券（Coupon Strips），而以本金為基礎設立的債券被稱為本金剝離債券（Principal Strips），每一被剝離的系列（Tranches）都將被賦予一個標準識別碼，即統一證券識別程序委員會編碼。

二、政府機構債券

除了美國聯邦中央財政之外，美國政府的其他機構或由美國政府主辦的機構也會發行債券。與聯邦政府直接相關的，如政府全國抵押協會「基尼美」（Government National Mortgage Association, Ginnie Mae）、學生貸款行銷機構「薩利美」（Student Loan Marketing, Sallie Mae）等，這些機構發行的債券最重要的共同點是，以美國政府的信用為擔保，由美國政府作為最後的債務清償人。另一些債券是由美國政府主辦機構（Government Sponsored Enterprises, GSE）發行，這些機構可以是私有的，也可以是上市公司。這些機構是由國會批准設立的，其目標是降低某些經濟領域有關機構的資本

成本。如聯邦農業信貸體系（Federal Farm Credit System）、聯邦住房貸款銀行系統（Federal House Loan Bank System，FHLB）、聯邦全國抵押協會「房利美」（Federal National Mortgage Association，Fannie Mae）、聯邦家庭貸款銀行「房地美」（Federal Home Loan Bank Corporation，Freddie Mae）等。美國政府並不為這些機構提供全額擔保，因此這類貸款還是有風險的。

（一）機構信用債券

機構信用債券（Agency Debenture）指由前述機構發行的無擔保的債券，其清償可能性完全取決於發行機構是否能產生足夠的現金流以償付債券。如 Fannie Mae 就發行了許多短期信用債券，也包括一些折扣債券、中長期債券、基準中長期債券和國際債券。其中的短期信用債券，有些是可贖回的，而有些則不能贖回。

1. 短期基準債券

美國聯邦全國抵押協會成立於 1968 年，其宗旨是向中低收入家庭提供住房融資。自 1968 年到現在，該協會已經成功地幫助 5,800 萬個家庭圓了住房夢。其成功不僅表現在這一結果上，同時其金融運作也對美國債券市場產生了深刻的影響。它所發行的短期基準債券（Fannie Mae Benchmark Bills）可以有效地幫助投資者將公司的短期債券轉換為流動性更強、更容易組織和管理的貨幣市場工具。基準債券嚴格且程序化的發行方式、靈活的期限、較好的流動性和在信用方面極高的透明度等，可以很好地滿足眾多投資者的要求。基準短期債券的市場價差一般僅在半個或一個基點之間，這足以證明這種證券的流動性非常好。

聯邦全國抵押協會的債券發行週期一般是：期限為 3～6 個月的債券，每星期發行一次；期限為 1 年的短期債券每兩個星期發行一次。發行全部採用單一價格的荷蘭式拍賣。協會通過電子拍賣系統，每星期對不同期限的短期債券舉行一次拍賣，競拍方式既包括競爭性競價，也包括非競爭性競價。協會的短期基準債券只有 3 個月、6 個月和 1 年三種期限的債券。它也發行一些每次公布利率的折扣債券，同時還在短期基準債券之外作一些特殊期限的融資，期限從隔夜到 360 天不等。在某些短期基準債券拍賣的同時，協會還設有「鎖定期」，即在拍賣該種債券的那一個星期，協會不會發行期限為該債券前一星期或後一星期的折扣債券。在以兩星期為基礎的拍賣中，除了新發行外，協會還可能重發或再次發行已經通過拍賣發行過的債券品種。聯邦全國抵押協會的短期基準債券是通過聯邦儲備銀行體系發行的無擔保的普通債務，且均為無息票折扣債券。

聯邦全國抵押協會每星期舉行一次荷蘭式一價拍賣，協會每個星期一公開宣布發行規模和到期時間。具體的宣布時間為華盛頓 D.C. 時間的午夜。星期三，協會在美國東部時間 9～10 點之間接受出價。最後，協會將公布拍賣結果。正因如此，所有 3 個月和 6 個月的短期基準債券的到期日都在星期三，即名義上的 3 個月、6 個月，實際是 13 星期和 26 星期的債券。拍賣結果的清算，可以是同一天用現金清算，或在星期四按常規清算法結算。除非有節假日打破了上述星期一、三、四的節奏，或市場情況不允許，協會總是按上述程序運作。如果這一程序有任何變動，協會都會至少提前一星期宣布，並向投資者提供現金結算或常規結算的選擇。

任何經授權的經銷商都可以參與競拍，經銷商既可以為自己競拍，也可以代客戶競拍。競價方式以折扣利率為基礎，最低競拍金額為 50,000 美元，在此金額基礎上按最低 1,000 美元的額度增加。協會可以限定給任何一個經銷商的最高額度不超過總拍賣額的 35%，這一限制的原因是為了保證債券在二級市場上具有充分的流動性。另外，協會分配給非競爭性競拍者的最高份額不得超過 20%，非競爭性競拍者之間則是按出價的先後次序分配。

聯邦全國抵押協會規定 3 個月期限的短期基準債券的最低拍賣額為 40 億美元，6 個月為 15 億美元，1 年期的則為 10 億美元，具體數額在每個星期一的拍賣公告日宣布。

基準債券的最低面值為 1,000 美元，且按 1,000 美元遞增，即債券的面值為 1,000 美元的整數倍。基準債券投資的一個重要的好處是，幾乎所有的證券公司和清算機構都接受該債券作為保證金存款。且從 2003 年 1 月 1 日起，所有新發行的 3 個月和 6 個月及 1 年期的短期基準債券都已經列入基準回購貸款計劃（Benchmark Repo Lending Facility），可以作為回購融資的工具。要注意的是，聯邦全國抵押協會的債券以及其利息，並不直接由美國政府或協會之外的任何其他機構提供擔保，唯一的債務人是聯邦全國抵押協會本身。

2. 中長期基準債券

聯邦全國抵押協會的中長期基準債券（Benchmark Notes & Bonds），其期限從 2 年至 10 年不等。這類債券具有非常好的流動性，其常規性的發行使其已經成了投資者進行套期保值和資產組合中常用的交易工具。中長期債券按事先宣布的日期發行，2 年、3 年、5 年及 10 年期的債券是按季發行。每次發行的最低額度為 40 億美元，並可根據投資者及市場流動性的需要再次發行。這種大額度的發行極大地便利了隔夜和回購市場。

協會每個月會通過交易商或新聞機構宣布下一期的中長期基準債券發行信息，包括新發行或重新發行信息。債券的息票利率通常在宣布發行後幾天確定，具體時間一般是早上，在價格宣布 10 分鐘後即可以開始交易。中長期債券的付息日和到期日通常是每個月的第 15 天。與短期基準債券一樣，中長期基準債券的最低票面值和最低增幅也是 1,000 美元。2000 年 4 月 1 日之前，新發行的中長期基準債券都是在盧森堡交易所上市的。其交易清算則通過聯邦儲備銀行體系完成，其中包括間接通過歐洲清算系統（Euroclear）或稱清算流系統（Clearstream）進行。該債券計算的時間標準為每年 360 天，每個月按 30 天計算，簡記為 30/360。

可贖回中長期基準債券（Callable Benchmark Notes），是按發行日曆每月發行一次，並根據市場反饋調整其到期時間和贖回鎖定時間。這類債券為一次性贖回或稱歐式贖回（European Call），主要的期限結構為 5 年期 2 年內不得贖回型和 10 年期 3 年內不得贖回型。中長期贖回基準債券的最低發行額度為 20 億美元，最低重發規模為 5 億美元。

3. 短期參照債券

短期參照債券（Reference Bills），是由聯邦住宅貸款銀行系統發行的。該機構成立於 1970 年，其目的是為住宅抵押貸款及住宅租賃機構服務。聯邦住宅貸款銀行系統通過購買住宅抵押貸款和抵押證券然後再在資本市場發行一次性償付抵押證券的方式為

住宅抵押貸款機構融資。

中長期參照債券（Reference Notes and Bonds），是由聯邦住宅貸款銀行系統發行的中長期債券。

4. 歐元中長期參照債券

歐元中長期參照債券（Euro Reference Notes Securities）是聯邦住宅貸款銀行系統2000年9月19日推出的，專門針對歐洲投資者的一種新工具。當時在歐洲融資的債券還很少，聯邦住宅貸款銀行系統及時抓住了機遇，擴大了其歐元融資。這樣既能吸引非美元區投資者，又分散了其債務的貨幣或匯率風險。同時，這一債券也是第一只在歐元政府交易系統（Euro MTS）交易的非政府證券。這一系統最初是專門設計用於政府證券交易的。通過這一系統的交易，極大地增強了市場透明度，從而降低了市場價差，提高了債券的流動性。

5. 次級債券

2001—2003年，聯邦住宅貸款銀行系統每年發行兩次次級債券（Subordinated Debt），並認為其發行有助於提高其資本充足性，增強自律和增加市場透明度。債券的發行額度為：核心資本＋貸款損失儲備＋次級債券存量＞資產負債表中資產數額的4%＋表外業務中與抵押相關債券總額的0.45%。推出這一債券的主要目的之一是為了滿足國際銀行業對銀行資本充足性的要求及對表外業務管理的需要。相對於美國債券市場上其他次級債券的較低評級，聯邦住宅貸款銀行系統推出的這一品種為次級債券市場增加了一個重要的高質量次級債券投資工具。聯邦住宅貸款銀行系統的次級債券的平均期限在5年左右，下一步可能會進一步推出一些短期和長期的品種，使期限範圍變為2~30年。這種次級債券的一個重要特徵是設有利息遞延條款。這一條款規定，在債券付息日前5天，如果出現以下情況時將遞延債券的利息：一是其核心資本低於「臨界資本」（Critical Capital）的125%時。聯邦住宅貸款銀行系統的核心資本低於「最低資本」要求，美國財政部正在考慮是否根據聯邦住宅貸款銀行系統法案（Freddie Mac Act）第306（c）條款決定購買銀行債務的問題。利息的遞延可能會長達5年，但不會超過債券的到期日。如果出現利息遞延，債券的應計利息仍然會繼續計算並按半年一次計算複利。一旦不再受上述條件的約束，或已經付清了其他債務時，聯邦住宅貸款銀行系統將及時付清所遞延的利息及利息本身的利息。在聯邦住宅貸款銀行系統遞延次級債券利息的時候，不能向普通股和優先股發放股息，也不能贖回、買進普通股和優先股。由於這一特徵，次級債券被認為是市場對聯邦住宅貸款銀行系統資本充足性與其風險性的綜合反應，而不僅僅是反應了債務本身。相對於沒有利息遞延特徵的次級債券，這種債券也更能綜合反應出聯邦住宅貸款銀行系統的風險。

另外，對於這些次級債券，如果遞延利息的標準一旦達到，債券支付將自動被暫停；聯邦住宅貸款銀行系統不能決定是否遞延利息支付。利息遞延及清償上的次級特徵，使這一債券的風險與普通債券或優先債券的風險具有明顯差異。雖然聯邦住宅貸款銀行系統沒有要求對其參照債券進行評級，但對於次級債券卻作了評級。次級債券的風險與其優先級債券相比，存在明顯的風險差異。

(二) 聯邦機構抵押擔保債券

　　聯邦機構抵押擔保債券（Agency Mortgage－Backed Securities）是由聯邦支持的機構發行的，以其所購買的貸款為擔保的債券。由於這些債券都是以某種資產作為擔保的，所以又被稱為資產擔保證券（Asset－Backed Securities）。其中以固定資產抵押借款擔保的債券常被稱為抵押擔保證券，包括抵押—擔保過手證券（Mortgage－Backed Passthrough Securities）、抵押債權質押證券（Collateralized Mortgage Obligations，CMOs）以及抵押擔保證券的剝離等，後兩種是以抵押傳遞證券為基礎的衍生形式。

　　抵押過手證券（Mortgage Passthrough Securities）或稱簡單傳遞證券（Simply Passthrough Securities），其特點是以一筆或多筆抵押借款資產集合為基礎發行的證券。集合中的抵押借款資產可以由少數幾筆，也可以由成千上萬筆借款資產組成。如圖1－8所示。這些被用於作擔保的抵押借款資產被稱為證券化資產（Securities）。不是什麼借款都能作為擔保資產的，能夠被用作擔保資產的借款通常具有很高的信用級別，或很低的風險，必須符合有關的標準，即所謂的合格借款（Conforming Loans）才能作為擔保資產。抵押過手證券區別於標準的息票債券之處在於：一是本金的償還方式不同，標準息票債券在到期前並不償還本金，只付利息，但過手證券在到期前會按期支付本金；二是付息和本金的時間不同，標準息票債券一般是每半年付款一次，過手證券則是每月付一次；三是標準的息票債券一般不會提前清償，但過手證券有可能被提前贖回。當貸款被提前償還時，債券發行人也可能會提前贖回債券，所以從這一點上看，過手證券相當於含有贖回期權。設有1,000筆借款，每筆貸款每月的本息款均為1,000元，則每月總的本息現金流總量為100萬元。假定過手證券的月利率為0.5%，則理論上可以發行的過手證券總額為：$1/0.005 = 2$（億元）。當然實際的發行額可能會低於這一數字，因為要考慮到提前清償的風險、貸款本身的風險、發行債券的費用等。見圖1－8。

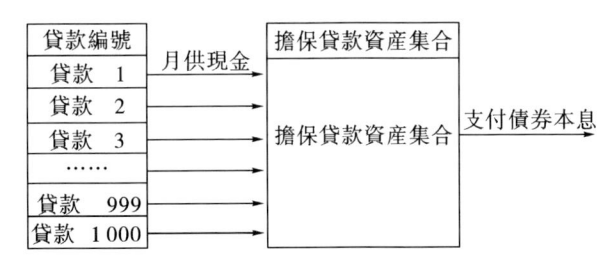

圖1－8　抵押過手證券的現金流

　　抵押貸款質押債券（Collateralized Mortgage Obligations，CMOs）是以一定抵押擔保債券為擔保發行的債券，有時也直接以抵押貸款為擔保發行。通過將抵押貸款的現金流分成不同的部分，並使債券的期限盡可能地與現金流相吻合，前面過手證券所面臨的提前清償風險可以顯著降低。所以，其利率通常比過手證券要低得多，但其流動性更好。分成不同期限的債券分別被稱為不同的系列（Tranches），因為常用A～Z的字母來表示不同的系列，所以也常稱為「A～Z債券」。不同債券系列，利率不同且還款方式也可能會有差異，比如還本方式可以攤還，也可能是到期時一次性償還；也可能

是先還本，後付息。有些系列可能有最高的優先級，從而最先被清償。常見的系列形式包括：僅含利息現金流、僅含本金現金流、浮動利率、逆向浮動利率、計劃攤還、順序償還、目標攤還、零利息與累計利息等。擔保資產相同的 CMO 在提前償還方面可能非常不同，這是因為雖然這些債券有「既定的」到期時間，但如果貸款人出售其住宅、進行再貸款或再融資、違約或提前清償其貸款等，都會使 CMO 被提前清償。由聯邦住宅貸款銀行系統和聯邦全國抵押協會等發行的這些債券，因為有美國財政的「道義支持」（Moral Obligation），加之其擔保資產的質量較高，所以常被評為最高信用級別並具有很強的流動性。但必須注意，美國財政只是提供道義支持，並沒有對這些債券進行直接擔保。

三、市政債券

市政債券（Municipal Securities）是由美國州和地方政府及其設立的機構發行的債券。市政債券是以地方政府的稅收或特定收入為基礎發行的，由於稅收和收入的不穩定性等原因，市政債券仍然可能有較大的信用風險。雖然市政債券被廣泛認為是免稅債券，但事實上也有許多市政債券是不免稅的，而且有些免稅債券也不是完全免稅的。

市政債券主要分為三類，即稅收擔保債券、收入擔保債券和混合債券。

（一）稅收擔保債券

稅收擔保債券（Tax-Backed Debt）是由州、縣、特別行政區、市或鎮、學區等以其稅收收入為擔保發行的債券。具體可以分為普通市政債券、撥款型債券以及由公共信用強化機構支持的債券等。

1. 普通市政債券

普通市政債券（General Obligation Debt）是使用最廣的一種市政負債形式，又可以分為無限和有限稅收擔保債務。無限稅收擔保債務是以發行者的全部稅收來源和發行人的全部信用作擔保的。即任何稅收來源都可能作為清償債務的資金來源，沒有任何限制，比如企業稅、銷售稅、財產稅以及其他市政收入來源。有限稅收擔保債務是指還款稅源存在某些限制，如限制只能來源於某些稅種或限制了稅率不得高於多少等。由於普通市政債務還款來源的多樣性，或至少是包括普通稅收和特別費用等來源管道，所以人們也經常將這類證券稱為雙管證券（Double-Barreled Security）。

2. 撥款型市政債券

撥款型市政債券（Appropriation-Backed Obligations），是指以發行人的道義和法定撥款程序為擔保的一類市政債務，這些債務不一定與政府的稅收直接聯繫，但有關這些債務款項的使用和撥款必須是已經得到法定機構的認可和批准。例如當某款項的使用已經得到批准，但政府資金暫時短缺，一時無法支付這筆撥款時發行的債務。有關政府並不保證債務的清償，但如果政府違約，政府只是承擔信用損失，因此這類債券也被稱為道義支持債券（Moral Obligation Bonds）。

3. 公共信用強化機構支持債券

公共信用強化機構支持債務（Debt Obligations Supported by Public Credit Enhancement Programs）。這類債券是以某些公共信用強化機構如州或聯邦機構保證還款為條件發行的債務，這裡的保證是法定可以強制執行的、硬性的保證。

（二）收入債券

收入債券（Revenue Bonds）是以某些特定項目的收入為保證發行的債券，這些項目可以是該筆債券資金資助的，也可能不是卻被指定其收入將用於償還債券持有人的。根據收入來源，收入債券常被劃分為公共事業收入債券、高等教育收入債券、衛生保健收入債券、效能收入債券、港口收入債券、工業收入債券等。特別要注意的是，如果指定項目的收入不足以清償債務時，這類債券將面臨無法收回本息的可能，因而有較高的風險。

（三）混合市政債券

某些市政債券同時具有債券和一些其他金融工具的特徵，常被稱為混合型債券（Hybrid Bonds）或特殊結構債券（Special Structured Bonds），如保險債券和事先再融資債券等。

1. 保險債券

保險債券（Insured Bonds）是一類以商業保險公司保證到期時支付債權人未清償部分的債券。債券一經保險公司保險，保險公司就必須承擔可能的義務，不能要求發行人退保。這是將保險和債券相結合的一種混合型債券。其最大的特徵就是債券的最後清償以商業保險公司的理賠為保證。

2. 事先再融資債券

事先再融資債券（Prerefunded Bonds）先前是以普通市政債券或收入債券的形式發行，再轉為以美國國債的現金流作為還款保證，同時去掉先前的稅收或項目收入保證後形成的。

（四）市政債券的衍生證券

雖然市政債券的主要形式是固定利率的普通債券，但近年美國證券市場上湧現了許多以此為基礎的衍生形式（Municipal Derivative Securities）。其中最引人注目的是剝離市政債券（Municipal Strip）。與美國國債的剝離一樣，剝離市政債券是將市政債券的本金和利息等現金流分離成不同的系列銷售。不同的系列在期限、利率等方面與基礎市政債券完全不同，且也可以上市交易。

四、企業債務工具

企業債務工具（Corporate Debt Instruments）是在清償次序上先於優先股和普通股的一種資金融通形式，包括中長期債券和商業票據，也包括由非聯邦機構發行的抵押擔保債券和資產擔保債券。企業債券工具可以公開發行也可以私募方式發行。兩者在美國的最大區別是私募債券在兩年的持有期內不得公開上市交易。不過，證券與交易委員會的第144條A款已經放寬了這一限制，規定只要是在私募投資者之間進行交易，則沒有上述兩年持有期的限制，且不需要向證券與交易委員會註冊。

(一) 企業債券

　　企業債券可以分為有保護（Secured Debt）和無保護債券（Unsecured Debts）。前者是以債務人某些資產，如固定資產、房地產或者金融資產等作為還款保證，並賦予債權人在債務違約時可以通過處理抵押或質押財產而優先受償的權利。雖然在實際生活中，像這樣通過拍賣抵押品還債的情況並不多，但財產抵押卻可以給投資者更多信心，並使他們在企業破產時能處於更有利的地位。其中，以金融資產作質押（Collateral）與用固定資產作抵押有些不同，那就是金融資產必須定期按市場價格進行調整，一旦其價值下降到低於債務本息時，債權人會要求在一定期限內補充新的質押資產，使其達到要求的數額，否則就可能賣掉質押物並要求贖回債券或收回貸款。

　　由於受某些貸款合約中對初級抵押借款數額的限制等原因，一些企業不得不增加次級抵押貸款甚至三級抵押貸款，其間的區別在於用抵押物拍賣後的款項償債時的受償次序，這些二級或三級抵押貸款被稱為普通再融資抵押債券（General and Refunding Mortgage Bonds，G&R）。企業發行抵押債券、增加抵押債務的總量是有限的，這取決於其抵押物是否能達到保證清償的標準，即通過發行測試（Issuance Tests）和盈利能力測試（Earnings Tests）。

　　企業除了有保護債務之外，也經常有無保護的債務，如信用債券（Debenture Bonds）。這些債券沒有明確規定債權人在哪些財產上有優先受償權，但除了次級信用債券在受償權上次於普通（優先）債務外，都享有在尚未指定的財產上的優先受償權。

　　由於企業可能違約，無法按期足額清償債務，所以企業債券的價值取決於違約率和違約損失率與違約獲賠率。債務違約率（Default Rate）有兩種計算方法：一是按發行人違約比例，即違約發行人/總發行人（一般是以年初的數據計算），比如穆迪就是用這種方法，其背後的邏輯是投資者的信用決策與規模無關；二是按發行金額計算，即違約金額/發行金額。綜合各方面研究的結果來看，企業的違約率，無論是發行人違約率還是發行金額違約率，都與其信用評級之間有很強的關係，即評級越差，違約的可能性越大。按穆迪的方法，以違約方的交易價格作為理賠額除以債務本金額為獲賠率（Recovery Rate）。按其統計的結果，美國企業債券違約時的獲賠率約為38%，當然這與債券的優先級和企業的信用水平等有關。

(二) 中期債券

　　中期債券（Medium-Term Notes，MTN）雖然被稱為中期債券，但事實上其期限可以從9個月、1年、1年半、2年等直到30年，甚至更長。發展至今，中期債券的最主要特徵已經不是其期限，而是通過美國證券與交易委員會第415規則註冊，並以上架註冊（Shelf Registration）方式連續發行的債券。另外，中期債券在利率上，既可以是固定的也可以是浮動的；貨幣選擇上，既可為美元，也可以為其他貨幣，甚至本金和利息分別是不同的貨幣等。

(三) 中期結構債券

　　中期結構債券（Structured Medium-Termed Notes）的定義就是，債券的發行人在

發行債券的同時，參與衍生金融工具市場的交易，通過互換等將債券變得更加符合某些投資者的要求，特別是滿足那些被禁止從事衍生交易的投資者如養老金基金公司等的需要。

五、商業票據

商業票據（Commercial Papers）是由債務人發行的無保護的短期債務，一般不帶息票。在美國，商業票據的期限一般在 50 天左右，最長一般不超過 270 天。1933 年證券法規定，如果商業票據期限超過 270 天，就必須向證券與交易委員會註冊。由於這一限制，企業經常通過發行新的商業票據償還到期的票據，這一過程即所謂「滾動負債」（Rolling Over）。這樣做的企業，一旦新的票據發行不出去，就可能違約，這就是滾動負債風險。為了保護投資者不受滾動負債的影響，商業票據常常要求以授信額度等作為擔保。

商業票據的二級市場交易很少，因為持有商業票據的公司常常將其持有到期。有的企業也用商業票據到銀行貼現，而貼現銀行可以轉讓商業票據或向中央銀行申請再貼現。那些直接由簽發人給投資者的商業票據又稱直接商業票據（Direct Paper），利用仲介或承銷商等銷售的商業票據則稱為經銷商商業票據（Dealer Paper）。前者主要是銀行等金融機構簽發的，而後者主要是大型公司為了擴大其銷售能力而簽發的。商業票據與債券一樣，也需要評級，主要指標和方法與債券也相似。

六、資產擔保債券

除了住房抵押貸款可以被證券化成為資產擔保債券外，其他資產與貸款及應收帳款等也可以作為資產擔保債券的擔保資產（見圖 1-9）。

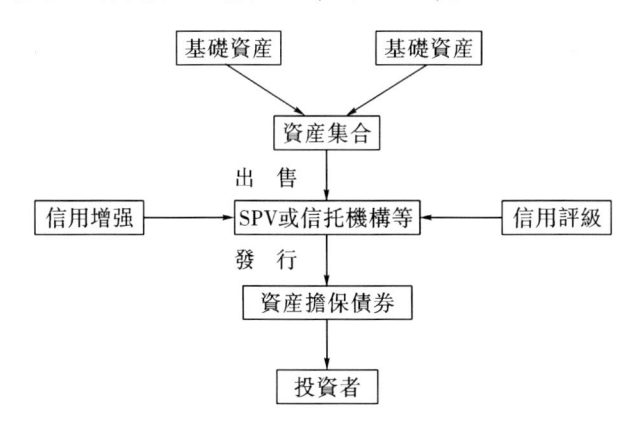

圖 1-9　資產證券化與資產擔保債券的形成

（一）特殊目的機構

特殊目的機構（Special Purpose Vehicles，SPV）或稱特殊目的實體（Special Purpose Entity，SPE），是專門為了某些特殊目的而建立的法律實體，如經信託、股份及合

夥制等途徑建立的公司。它們通常作為公司管理資產或債務的渠道。在資產證券化過程中，其主要的功能是持有原資產所有人轉移的、用於擔保債券發行的資產，並與原資產持有人在信用評級時分開，使其避免因為部分資產出現質量問題而影響整個資產集合的信用評級，或因為原資產持有人的經營變化而影響所發債券的信用級別。SPV只能按相關法律文件規定的範圍開展其活動，且必須是完全獨立經營。比如，必須有其自身的董事會、自付成本，不能替資產出售公司支付成本，其資產也不能與原資產出售公司相混淆。一旦資產被轉移給了SPV，這些資產就從法律上已經與原資產出售公司完全隔離開，完全不再屬於原來的所有者，也不再歸其經營管理。這些資產唯一的用途只能是用於清償所發行的、由其擔保的債券。由於SPV的經營範圍非常有限，且被嚴格控制和監督，又與原資產出售公司完全隔離，所以一般認為其破產的可能性很小。正因為如此，才能達到強化證券信用的目的。

(二) 信用強化機制

信用強化機制（Credit Enhancement Mechanisms）是指債券發行人通過內部和外部的不同方式，增強發行債券的信用級別的過程。從內部信用增強方式來看，主要包括設立儲備基金、超額質押、設立優先與次級債券結構以及以次級債券向優先級債券提供信用支持等。從外部來看，主要是借助於第三方企業（也可能是資產出售企業），由這些第三方企業開出信用證、提供債務保險及提供擔保等方式達到提升債券信用級別的目的。外部信用強化雖然常用，但有其固有的弱點，那就是對第三方信用強化機構的依賴。有時，即使資產擔保債券本身運作良好，但由於第三方企業出現信用級別下降，債券的信用級別也會跟著下降。

七、優先股

優先股是指由股份有限公司發行的、在分配公司收益和剩餘資產方面比普通股具有優先權的股票。可見，優先股是相對於普通股而言的。

優先股是特別股票的一種。特別股票是股份有限公司為特定的目的而發行的股票，它包含的股東權利要大於或小於普通股票。因此，凡權利內容不同於普通股票的，均可統稱為特別股票。特別股票當中，最具有代表性的是優先股。

由於優先股的價格容易受到利率變動的影響，較少受到公司利潤變動的影響，因此，優先股的價格增長潛力要低於普通股。然而由於優先股股東享有普通股股東不可比擬的優先權，這就使優先股仍能受到普遍而廣泛的歡迎。優先股的特徵表現在以下方面：

（1）約定股息率。優先股在發行時即已約定了固定的股息率，且股息率不受公司經營狀況和盈利水平的影響。按照公司章程的規定，優先股股東可以優先於普通股股東向公司領取股息，所以，優先股的風險要小於普通股。不過，由於股息率固定，因此，即使公司經營狀況良好，優先股股東也不能分享公司利潤增長的利益。

（2）優先分派股息和清償剩餘資產。當公司利潤不夠支付全體股東的股息和紅利時，優先股股東可以先於普通股股東分取股息；當公司因解散、破產等進行清算時，

優先股股東又可以先於普通股股東分取公司的剩餘資產。

（3）表決權受到一定限制。優先股股東一般不享有公司經營參與權，即優先股不包含表決權，優先股股東無權過問公司的經營管理。然而，在涉及優先股所保障的股東權益時，如公司連續若干年不支付或無力支付優先股的股息，或者，公司要將一般優先股改為可轉換優先股時，優先股股東也享有相應的表決權。

（4）股票可由公司贖回。優先股股東不能要求退股，但可以依照優先股上所附的贖回條款，由公司予以贖回。大多數優先股都附有贖回條款。發行可贖回優先股的公司贖回股票時，要在優先股價格的基礎上再加上適當的加價，使優先股的贖回價格高於發行價格，從而使優先股股東從中得到一定的利益。

設立和發行優先股，對於股票發行公司來說，其意義在於能便利公司增發新股票，也有利於公司在需要時將優先股轉換成普通股或公司債券，以減少公司的股息負擔。而且，由於優先股股東一般沒有表決權，這又可以避免公司經營決策權被分散。

對投資者來說，優先股的意義在於投資收益有保障，而且投資的收益率要高於公司債券及其他債券的收益率。

優先股的種類：

(一) 累積優先股和非累積優先股

累積優先股是一種常見的、發行範圍非常廣泛的優先股。它指的是可以將以往營業年度內未支付的股息累積起來，和以後營業年度的盈利一起支付的優先股。它具有股息率固定、股息可以累積計算的特點。如果股份有限公司當年經營狀況不佳，沒有盈利而不能分派股息，或盈利不夠支付全部優先股股息，公司就應對未分派的股息累計計算。而在以後營業年度的利潤增加時，累積優先股的股東有權要求公司補付累計股息。

非累積優先股指的是按當年盈利分派股息，對累積下來的未足額的股息不予補付的優先股。該種股票雖然股息固定，但只能在本營業年底盈利之內分派。公司本年度如有經營盈利，則優先股股東可以優先於普通股股東分取股息；如果本年度的盈利不夠支付全部優先股股息，所欠部分也不累積計算，也不再從以後年度的營業盈利中予以補發。

對投資者來說，累積優先股比非累積優先股更有吸引力。因此，累積優先股發行量大、發行範圍廣，而非累積優先股發行量則相對較小。

(二) 參加分配優先股和不參加分配優先股

參加分配優先股指的是那種不僅可以按規定分得當年的定額股息，而且還有權與普通股股東一起參加公司利潤分配的優先股。也就是說，在股份有限公司的利潤增加時，優先股股東除了按固定股息率取得股息之外，還可分得額外紅利。根據優先股股東參與公司利潤分配方式和比例的不同，參加分配的優先股，又可分為全部參加分配的優先股和部分參加分配的優先股。前者指的是在優先取得股息後，還有權與普通股股東共同等額分享本期剩餘利潤的優先股；後者指的是股東有權按規定額度與普通股股東共同參加本期利潤分配的優先股。

不參加分配優先股指的是只按規定股息率分取股息，不參加公司利潤分配的優先股。無論公司的剩餘利潤有多少、普通股股東分取多少紅利，持有這類股票的股東，

除了領取固定股息外，不能再參加分配。

優先股還可以根據需要組合成累積的參加分配優先股和累積的非參加分配優先股、非累積的參加分配優先股和非累積的非參加分配優先股。

(三) 可轉換優先股和不可轉換優先股

可轉換優先股，是指持股人可以在特定條件下把優先股轉換成普通股或公司債券的優先股。這類股票與普通股或公司債券有密切的聯繫，其價格易受普通股及公司債券價格的影響。一般說來，對這類股票都規定了轉換的條件和轉換的比例。轉換比例事先根據優先股和普通股或公司債券的現行價格確定。持有這類股票的股東可以根據公司的經營狀況和股市行情自行決定是否將其轉換成普通股或公司債券。通常情況下，在公司前景和股市行情看好，盈利增加時，股東願按規定的條件和價格，將優先股換成普通股；在公司前景不明朗，盈利明顯減少，支付股息有困難時，則會將優先股換成公司債券，這時，投資者就由公司股東變成了公司債權人。

不可轉換優先股則是指不能變換成普通股或公司債券的優先股。

國際上目前較為流行的是可轉換優先股，發行這種股票可以吸引更多的投資者。

(四) 可贖回優先股和不可贖回優先股

可贖回優先股指的是股票發行公司可以按一定價格收回的優先股。大多數優先股是可贖回的。可贖回優先股的贖回價格在股票上的有關條款中即已規定，贖回價格一般略高於票面價值。雖然公司有權收回可贖回優先股，但是否贖回最終由公司決定。贖回股票的目的主要是為了減輕利息負擔。所以，公司往往在能夠以股息較低的股票取代已發行的優先股時予以贖回。

不可贖回優先股指的是股票發行公司無權從股票持有人手中贖回的優先股。

(五) 股息可調優先股和股息不可調優先股

股息可調優先股指股息率可以調整的優先股。也就是說，這種股票的股息率不是固定的，而是可以變化的。不過，股息率的變化是隨其他證券價格或存款利率的變化而進行調整的，與公司的經營狀況無關。這種優先股是為適應近年來國際金融市場動盪不安，各種有價證券的價格和銀行存款的利率經常波動的特點而產生的，其目的在於保護股東的權益，擴大公司的股票發行量。

股息不可調優先股，就是股息率不能調整的優先股。經濟活動中常見的優先股一般都是股息不可調優先股。

八、金融債券

金融債券是由銀行和非銀行金融機構為籌措資金而發行的債務憑證。金融機構通過發行金融債券，有利於對資產和負債進行科學管理，實現資產和負債的最佳組合。

與其他工具相比，金融債券具有如下特徵：

(1) 金融債券與公司債券相比，具有較高的安全性。由於金融機構在經濟中有較大的影響力和較特殊的地位，各國政府對於金融機構的營運都有嚴格的規定，並且制

定了嚴格的金融稽核規定。因此，一般金融機構的信用要高於非金融機構類公司。

（2）與銀行存款相比，金融債券的盈利性比較高。由於金融債券的流動性要低於銀行存款，因此，一般來說，金融債券的利息率要高於同期銀行存款，否則，人們便會去存款，而不是購買金融債券。

從不同的角度出發，金融債券可有不同的分類。

（一）按利息的支付方式分類

（1）附息金融債券，是指在金融債券上附有多張息票的債券。此種債券期限一般為3年或5年，其利息支付以及本金償付辦法同一般息票債券。

（2）貼現金融債券，是指期限為1年的短期金融債券，折價發行，對利息收入進行課稅。貼現金融債券不能在證券交易所上市，經過批准，可以在金融仲介機構進行櫃臺交易。

（二）按照發行條件分類

（1）普通金融債券是一種定期存單式的債券，期限有1年、2年和3年三種，到期一次還本付息，平價發行，不計複利。普通金融債券在形式上類似於銀行定期存款，但利息率要高些。

（2）累進利息金融債券是一種浮動期限式、利率與期限掛勾的金融債券。其期限最短為1年，最長為5年。債券持有者可以在最短和最長期限之間隨時到發行銀行兌付，其利率也按照債券的期限分為不同的等級，每一個時間段按相應利率計付利息，然後將幾個分段的利息相加，便可得出該債券總的利息收入。

（3）貼現金融債券。它是指債券發行時按規定的折扣率，以低於票面價值的價格出售，到期按票面價值償還本金的一種債券。

九、可轉讓定期存單

可轉讓定期存單（Negotiable Certificate of Deposite），簡稱定期存單（CD），指銀行發行對持有人償付具有可轉讓性質的定期存款憑證。憑證上載有發行的金額及利率，還有償還日期和方法。如果存單期限超過1年，則可在期中支付利息。在紐約貨幣市場，通常以面值100萬美元為定期存單的單位，有30天到5年或7年不等的期限，通常期限為1～3個月。一律於期滿日付款。

從本質上看，存單仍然是銀行的定期存款，但存單與存款也有不同：

（1）定期存款是記名的，是不能轉讓的，不能在金融市場上流通；而存單是不記名的，可以在金融市場上轉讓。

（2）定期存款的金額是不固定的，有大有小，有整有零；存單的金額則是固定的，而且是大額整數，至少為10萬美元，在市場上交易單位為100萬美元。

（3）定期存款雖然有固定期限，但在沒到期之前可以提前支取，不過損失了應得的較高利息；存單則只能到期支取，不能提前支取。

（4）定期存款的期限多為長期的；定期存單的期限則多為短期的，從14天到1年不等，超過1年的比較少。

(5) 定期存款的利率大多是固定的；存單的利率則有固定的也有浮動的，即使是固定的利率，在次級市場上轉讓時，還是要按當時的市場利率計算。

十、國際債券

國際債券是一國政府、金融機構、工商企業或國際組織為籌措中長期資金而在國外金融市場上發行的、以外國貨幣為面值的債券。國際債券的發行者與發行地點不在同一國家，因此它的發行者與投資者分屬於不同的國家。國際債券是一種在國際上直接融通資金的金融工具。

國際債券分為外國債券和歐洲債券兩大類。

外國債券是一種傳統的國際債券。即由一國政府、公司企業、銀行或非銀行金融機構及國際性組織為借款人在另一國的債券市場上發行的債券。此種債券的票面金額和利息都以債券發行市場所在國家的貨幣表示。有的債券發行者屬於一個國家，債券面值的貨幣和債券的發行地屬於另一個國家。比如，美國的揚基債券、日本的武士債券都是外國債券。一般來說，外國債券償還期限長，所籌資金可以自由運用，但是由於其發行會引起兩國之間的資金流動，發行時一方面要受到本國外匯管理條例的制約，另一方面還要得到發行地所在國貨幣當局的批准，遵守當地有關債券的管理規定，因此手續比較繁瑣，限制也比較多。外國債券的發行方式主要有兩種：公募發行與私募發行。公募債券發行後可以上市流通；私募債券被特定有限的投資者購買後，不能上市流通，或在一定期限內不能轉讓。目前，大多數的外國債券都是公募債券。

歐洲債券是由一國政府、金融機構、工商企業及國際性金融組織在另一國金融市場發行的，不以發行地所在國貨幣，而以另一種可以自由兌換的貨幣為面值的債券。它的發行者屬於一個國家，發行地則屬於另一個國家，而面值貨幣又屬於第三個國家。當然，歐洲債券的面值貨幣，除了用單獨的貨幣發行外，還可以用綜合性的貨幣單位發行，如用SDR等。

歐洲債券具有吸引力的原因來自以下六個方面：

（1）歐洲債券市場不屬於任何一個國家，因此債券發行者不需要向任何監督機關登記註冊，可以迴避許多限制，因此增加了其債券種類創新的自由度與吸引力。

（2）歐洲債券市場是一個完全自由的市場，無利率管制，無發行額限制。由於籌措的是境外貨幣資金，所以不受面值貨幣所在國法律的約束，市場容量大而且自由靈活，能滿足發行者的籌資要求。

（3）債券的發行常由幾家大的跨國銀行或國際銀團組成的承銷辛迪加負責辦理，有時也可能組織一個龐大的認購集團，因此發行面廣；同時，它的發行一般採用不經過官方批准的非正式發行方式，手續簡便，費用較低。

（4）歐洲債券的利息收入通常免繳所得稅，或不預先扣除借款國的稅款。另外，歐洲債券以不記名的形式發行，並可以保存在國外，可以使投資者逃避國內所得稅。

（5）歐洲債券市場是一個極富活力的二級市場。債券種類繁多，貨幣選擇性強，可以使債券持有人比較容易地轉讓債券以取得現金，或者在不同種類的債券之間進行選擇，規避匯率和利率風險，因此其流動性較強。

（6）歐洲債券的發行者主要是各國政府、國際組織或一些大公司，它們的信用等級很高，因此安全可靠，而且收益率也較高。

本章小結

● 證券是指各類記載並代表一定權利的法律憑證。它是用來證明證券票據持有人享有的某種特定權益，如股票、債券、本票、匯票、支票、保險單、存款單、借據、提貨單等各種票據都是證券。按證券的性質不同，證券可以分為有價證券和憑證證券兩大類。

● 廣義的有價證券包括商品證券、貨幣證券和資本證券。有價證券的特徵：產權性、收益性、流通性、風險性。有價證券具有籌資、投資、配置資本和風險管理等功能。

● 證券市場是證券投資品種的交易市場，是股票、債券、基金、金融衍生產品等有價證券的交易場所。證券市場的分類：一級市場（初級）、二級市場（次級）。

● 固定收益證券的持券人按照約定可以在特定的時間內取得固定的收益並預先知道取得收益的數量和時間。固定收益證券的基本特徵包含債務契約條款、到期條款、票面價格、息票利率、應付利息、償還條款、轉換權與交換權、回售權、質押借款債券投資。

● 風險被定義為未來結果出現收益或損失的不確定性。金融風險，是指經濟主體在資金的融通和金融業務與活動中，由於各種事先無法預料的不確定因素而使資金經營者的實際收益與預期收益發生偏差的可能性。金融風險不同於普通意義上的風險，具有客觀性、社會性、擴散性、隱蔽性。

● 固定收益證券具有的風險有：利率風險、收益率曲線風險、信用風險、流動性風險、通貨膨脹或購買力風險、價格波動風險、匯率與貨幣風險、特定事件風險。其中最顯著的風險是利率風險。

● 按照中國現在已有的固定收益證券的品種，可以把它們分為四類：①信用風險可以忽略的債券，包括國債、中央銀行票據、金融債和有擔保的企業債；②無擔保企業債，包括短期融資券和普通無擔保企業債；③混合融資證券，包括可轉化債券和分離型可轉換債券；④結構化產品，包括信貸證券化、專項資產管理計劃和不良貸款證券化。

● 以美國為代表的發達國家固定收益證券市場，主要的品種包括政府債券、政府機構債券、市政債券、企業債務工具、商業票據、資產擔保債券、優先股、金融債券、可轉讓定期存單、國際債券等。

練習題

1. 某8年期債券，第1~3年息票利率為6.5%，第4~5年為7%，第6~7年為7.5%，第8年升為8%，該債券就屬於（　　）。

　　A. 多級步高債券　　B. 遞延債券　　C. 區間債券　　D. 棘輪債券

2. 風險具有的基本特徵是（　　）。
   A. 風險是對事物發展未來狀態的看法
   B. 風險產生的根源在於事物發展未來狀態所具有的不確定性
   C. 風險和不確定性在很大程度上都受到經濟主體對相關信息的掌握
   D. 風險使得事物發展的未來狀態必然包含不利狀態的成分
3. 固定收益產品所面臨的最大風險是（　　）。
   A. 信用風險　　　　　　　　　　B. 利率風險
   C. 收益率曲線風險　　　　　　　D. 流動性風險
4. 如果債券的面值為 1,000 美元，年息票利率為 5%，則年息票額為（　　）。
5. 固定收益市場上，有時也將（　　）稱為深度折扣債券。
   A. 零息債券　　B. 步高債券　　C. 遞延債券　　D. 浮動利率債券
6. 試結合產品分析金融風險的基本特徵。
7. 分析歐洲債券比外國債券更受市場投資者歡迎的原因。
8. 金融債券按發行條件分為（　　）。
   A. 普通金融債券　　　　　　　　B. 累進利息金融債券
   C. 貼現金融債券　　　　　　　　D 付息金融債券
9. 目前中國最安全和最具流動性的投資品種是（　　）。
   A. 金融債　　B. 國債　　C. 企業債　　D. 公司債
10. 請判斷浮動利率債券是否具有利率風險，並說明理由。

第二章　債券的收益率

本章學習目標：

本章學習需要掌握債券收益的構成、收益率的分類以及相關計算；在此基礎上瞭解即期利率和遠期利率的定義、相互關係和相互換算；收益率曲線的定義、形狀、特點，以及利差的定義、種類、計算。深刻理解四種主要利率的期限結構理論，包含每個理論的基本命題和對期限結構形狀的解釋等。本章的學習將為下一章學習債券定價打下基礎。

第一節　收益率

一、收益率（Yield）的含義

投資者投資債券的目的是為了獲得利息收入或資本增值或兩者兼得。簡單地說，投資債券的總收益等於利息收入加資本的收益或損失。為何收益率的計算如此重要？原因有以下兩點：第一，收益率是測量投資者財富增長或下降的尺度。第二，它是衡量債券投資的收益是否符合投資人目標的標準。總收益率的計算公式如下：

收益率 = [（期末價值 − 期初價值）+ 利息收入］/初始購買價格

交易手續費也應該被考慮在上述計算公式中。例如，如果年初債券總的購入價格是 850 美元，年末出售的價格為 950 美元，減掉手續費 25 美元，利息收入為 50 美元，則該債券的收益率為：

收益率 = [（925 − 850）+ 50］/850 = 14.71%

上式的答案並不是最精確的收益率，因為它忽略了貨幣的時間價值。更嚴謹的收益率計算方法是到期收益率，該收益率考慮了貨幣的時間價值。時間價值是一個概念，指的是現在的 1 美元比未來的 1 美元更值錢，因為（現在的）貨幣投入使用能（在將來）產生潛在的收益。比如，如果按 5% 的年利率投資 1 美元，則一年後該 1 美元的價值是 1.05 美元。同樣，在年底得到的 1 美元，其價值要低於年初的 1 美元。

此外，上例中 14.71% 的平均收益率沒有考慮債券利息的獲利能力。也就是說，50 美元的利息收入還可以用來再投資並獲得收益，這就會使得投資的實際收益率高於 14.71%。

那為什麼還要介紹這種計算收益率的方法呢？主要是考慮到這種計算方法比較簡單，一般投資者可以先用這種方法粗略地計算一下債券投資的收益情況。這種方法比

較適合於投資量不大的中小投資者，因為投資的量小，這種方法計算出來的結果和用精確的方法計算出來的結果相差並不大。

債券投資的收益來源包括以下幾個方面：

（1）利息，一般半年或一年支付一次，它是債券投資最重要的收益來源之一。

（2）資本利得或損失，是指投資者購買債券後，到期時債券的面值或到期前賣出的價格與原始的買進價格的差額。若差額大於0，則為資本利得；若差額小於0，則為損失。

（3）再投資收入，是指在到期日前，投資者將獲得的期間現金流進行再投資所獲得的收入。

二、到期收益率（Yield to Maturity）

（一）到期收益率的含義

到期收益率是指使得從債券上得到的所有回報的現值與債券當前價格相等的貼現率。用這種貼現率折現債券的各期所得收益到現在時刻，求這些各期收益現值的和，然後令這個和等於債券的當前價格，如此倒算出貼現率。它反應了投資者以當前的價格投資某個債券，得到未來各個時期的貨幣收入，如果利息按照此利率複利增值，此項投資的收益率是多少。到期收益率的計算需要對包括價格、利率和時間的複雜方程求解，其用途在於將一種債券的完全價值與另一種債券相比較。

（二）到期收益率的計算

1. 用金融計算器計算到期收益率

從上面的介紹中我們可以看出，債券的到期收益率是指通過數學計算出債券的利息及本金現金流的現值等與其價格的折現率，即債券的內部收益率。投資者可以用內置金融方程的金融計算器，輕而易舉地計算出到期收益率。例如，一種10年期的債券，票面利率為5%（每年支付50美元利息），購買價格為770.36美元，該種債券的到期收益率為8.5%。

使用金融計算器的計算步驟為：

（1）購買價格770.36美元輸入PV（Present Value）鍵；

（2）利息收入50美元輸入PMV（Payment）鍵；

（3）到期價格（1,000美元的面值）輸入FV（Future Value）鍵；

（4）距到期時間輸入n鍵（每年支付利息次數乘以年數）；

（5）按I（Interest/Yield to Maturity）鍵。

2. 用估算法估算到期收益率

如果你沒有金融計算器，你可以使用下面的計算公式計算出到期收益率（YTM）的近似值：

$$到期收益率 = \frac{利息 + \dfrac{面值 - 購買價格}{剩餘期限}}{\dfrac{面值 + 購買價格}{2}}$$

把上面的數字帶入公式後可以得到估算出的到期收益率，結果為8.24%，低於金融計算器得到的實際到期收益率。

3. 用等式求解的方法求出到期收益率

到期收益率還可以通過使用紙、筆和金融運算表計算得出。投資者可以通過求解下面的等式得出到期收益率：

$$\text{債券的購買價格} = \sum \frac{\text{票面利息}}{(1+\text{到期收益率})^{\text{付利時距離債券到期的時間}}} + \frac{\text{債券面值}}{(1+\text{到期收益率})^{\text{距離債券到期的時間}}}$$

具體的計算結果需要查表，或者用試錯法（首先選取一個到期收益率，然後用這個到期收益率帶入等式進行計算。如果該值不正確，不能使等式的左右相等，則選擇另外的數值進行試錯，直到找到正確答案為止）求解。

(三) 到期收益率的缺陷

到期收益率包含了債券收益的各個組成部分，但它離不開兩個假設條件：

（1）投資者持有債券至到期日；

（2）投資者以相同的到期收益率將利息收入進行再投資。

如果債券沒有到期，可以用出售價格代替到期價格來計算債券的內部收益率。同樣，如果債券有贖回條款，投資者可在公式中利用贖回價格代替到期價格來計算贖回收益率。

在計算到期收益率的過程中，我們假設：投資者會將利息所得以相同的收益率進行再投資。如果情況不是這樣的話，投資者的實際收益率會與到期收益率有所不同。例如，利息收入被用於消費而不是用於再投資，利息收入便不會產生任何的利息，那麼投資者的實際收益率將低於到期收益率。同樣，如果公式的到期收益率為8%，並且投資者將利息所得以更高的或更低的利率進行再投資，那麼最後的實際收益率也不會是8%。

在實際的運行中，由於利率是不斷變化的，所以很難使利息投資收益率與到期收益率相一致。通常情況下，利息收入會以不同的收益率進行再投資。

到期收益率並沒有向投資者解釋不同期限債券價格的波動情況。當投資者對不同期限的債券進行比較時，他們想知道：當利率上升時，哪些債券的價格跌幅比較大。

此外，計算到期收益率也忽略了債券發行人還本付息的信用風險。

三、票面收益率（Coupon Rate）

票面收益率也稱債券票面利率或息票率，是指債券票面上所載明的債券發行人承諾支付給債券持有人的利息率，一般在債券到期以前的整個時期都按此利率計算和支付債息。在通貨膨脹率不變的前提下，債券的票面利率越高，則債券持有人所獲得的利息就越多，所以債券價格也就越高；反之，則越低。

債券持有人每年或者每半年都可以獲得按照票面價值和息票率計算得到的收益。

如果年息票率是5%，意味著債券發行人承諾每年就每份債券付給債券持有人50美元的利息（5%×1 000美元）。許多債券每半年支付一次利息。如果債券發行人按年

息5%、每半年支付一次利息，債券持有人每6個月就能在其每張債券上得到25美元的利息收入。

一些老債券很細心地製作了可以按虛線撕下的息票，以兌換付息。不過，較為普遍的形式是每半年利息直接支付給登記的投資者，而不使用紙質的息票。

有些債券的利息率是根據某一特定的指數進行調整或浮動的，這說明利息支付將會隨著某個基準指數的波動而發生變動。

四、當期收益率（Current Yield）

當期收益率是經債券價格調整過的息票率。如果投資者以900美元買入債券，息票率為10%，同樣每半年獲得50美元的利息，但此次購買的當期收益率為11%。

當期收益率＝未來1年內的利息／價格

嚴格地說，當期收益率是基於當前市場價格的，只有那些想進行買賣的投資者會對它感興趣。

息票率、當期收益率、到期收益率和債券價格之間有如下的關係：
對價格為面值的債券而言，

$$息票率 = 當期收益率 = 到期收益率$$

對溢價債券而言，

$$息票率 > 當期收益率 > 到期收益率$$

對折價債券而言，

$$到期收益率 > 當期收益率 > 息票率$$

五、持有期收益率（Holding Period Return）

持有期收益率是指從購入到賣出這段特有期限裡所能得到的收益率。一般地，持有期收益率的計算採用單利形式

$$HPR = [持有期利息 + (期末價格 - 期初價格)] / 期初價格$$

例如，投資者買入有10年剩餘期限的某債券，息票率為8%（半年複利），當前到期收益率YTM為8%，則其當前價格為面值1,000美元。如果6個月後市場利率下降到7%，債券的期末價格通過未來現金流貼現得到1,068.55美元，那麼在這6個月的持有期中，投資者的持有期（半年）收益率為：

$$HPR = [40 + (1,068.55 - 1,000)] / 1,000 = 10.85\%$$

六、贖回收益率（Yield to Call）

債券到期一般是以票面價值償還給債券擁有者，但是債券也有可能被發行人提前贖回，即發行人在債券到期前歸還債券的面值。發行人利用市場利率較低的時機，提前贖回其發行的高成本債券，贖回價一般等於或高於面值。老債券被贖回和償還，新發債券的成本就會降低一些。這顯然是對債券發行人有利的，因為新債券的低利率就會使債券發行人以較低的成本融到貨幣資金。然而對於債券持有人來講，債券的提前

贖回或收兌就是一種損失，因為他們投入的貨幣資金只獲得了較少的收益。

贖回收益率除了以贖回日期代替到期日之外，與到期收益率完全相同。贖回日期是指發行人被允許收兌債券並償還本金的日期。當利率下降時，常會使用這種方式。發行人贖回高利率債券而發行低利率債券，類似於個人將其房產抵押貸款提前償還，然後再融資。

七、回售收益率（Yield to Put）

當市場利率較高時，債券會出現折價交易。如果債券合約包含回售（Put）條款，這時候投資者就有可能選擇將債券按面值回售給發行人。這種回售權顯然是對債券持有人有利的，因為他們可以提前收回貨幣資金，投資到收益較高的其他產品上。然而對於債券發行人來講，提前支付本金就是一種損失。

回售收益率的計算與到期收益率的計算相似，只是需要以回售日期代替到期日。回售日期是指債券持有人向發行人回售債券，提前收回本金的日期。

八、稅後收益率（After-tax Yield）和應稅等價收益率（the Tax-equivalent Yield）

應稅證券的稅後收益率計算公式為：

$$稅後收益率 = 應稅收益率 \times (1 - 邊際稅率)$$

例如某公司債券的收益率為10%，投資者的邊際稅率為40%，計算稅後收益率。

稅後收益率 = 10% × (1-40%) = 6%

免稅證券（Tax-exempt Security）的應稅等價收益率是指該將證券收益率作為稅後收益率的等價稅前收益率。其計算公式為：

$$應稅等價收益率 = \frac{免稅收益率}{1 - 邊際稅率}$$

如某市政債券的收益率為4.5%，假設某投資者考慮購買該市政債券，還是購買收益率為6.75%的應稅財政債券。在投資者的邊際稅率是35%的條件下，應該購買哪種債券？

市政債券一般是免稅的，並且其應稅等價收益率為：

$$應稅等價收益率 = \frac{4.5\%}{1-35\%} = 6.92\%$$

由於免稅債券的應稅等價收益率高於應稅債券的稅前收益率，所以應該選擇市政債券。注意：此題也可以反過來計算財政債券的稅後收益率，然後與免稅債券的收益率相比較。

第二節　收益率、收益率曲線及利差

一、即期利率（Spot Rate）的定義以及計算

即期利率指無違約風險的零息債券的到期收益率。在美國，聯邦政府發行的財政

證券通常被認為沒有違約風險，因此，人們常常將各種期限的零息財政債券（包括期限為1年以及以下的國庫券，以及期限超過1年的零息財政債券）的到期收益率看成即期利率，因此，即期利率常常也被稱為國債即期利率（Treasury spot rate）。但是美國政府只發行1年期以下的零息債券，不發行1年以上的零息債券。為了計算1年期以上的即期利率，需要利用附息國債的價格信息，這種人為計算的即期利率又被稱為理論國債即期利率（Theoretical Treasury Spot Rate），或理論即期利率。理論即期利率應該被用來折現不存在違約風險的現金流。計算理論的即期利率採用的方法被稱為步步為營法（Bootstrapping）。

流通中的證券的發行通常被用來決定理論上的即期利率。流通中的證券被認為具有公平的價格。實際上，流通中的證券通過票面利息調節定價，一般按面值發行。調節後的流通中的附息證券以面值發行，其票面利率等於到期收益率，這樣的收益率曲線稱為票面收益率曲線。6個月以及1年期的到期收益率也是即期利率，如表2-1所示。

表2-1　　　　　　　　　　票面收益率曲線

時期	年份（年）	年到期收益率(%)	價格（美元）	即期利率(%)
1	0.5	6.00		6.00
2	1.0	6.20		6.20
3	1.5	6.40	100	6.408
4	2.0	6.80	100	6.828
5	2.5	7.30	100	7.358
6	3.0	7.70	100	7.796
7	3.5	7.90	100	8.010
8	4.0	8.00	100	8.168

得到國庫券的理論即期利率時，需要從構成國庫券的一系列的附息債券中，計算出一年半、兩年以及更長期限的即期利率。下一個未知的即期利率的計算基於證券的調節價格、現金流入，以及到前一期為止的已知的和估算的即期利率。

比如期限為1年半的債券調節後的發行價格即面值為100美元，則該時期的到期收益率即息票率為6.4%，半年付息的現金流為$(0.064/2) \times 100 = 3.2$（美元）。為了得到期限為1年半的即期利率，我們可以列出下面的方程：

$100 = 3.2/(1+Z_1)^1 + 3.2/(1+Z_2)^2 + 103.2/(1+Z_3)^3$

$100 = 3.2/(1.03)^1 + 3.2/(1.031)^2 + 103.2/(1+Z_3)^3$

$Z_3 = 0.032,04 = 3.204\%$

期限為1年半的即期利率為$3.204\% \times 2 = 6.408\%$。

如果繼續求2年期的即期利率，計算如下：

利用2年期債券的到期收益率，得到現金流為$(0.068/2) \times 100 = 3.4$（美元）

$100 = 3.4/(1+Z_1)^1 + 3.4/(1+Z_2)^2 + 3.4/(1+Z_3)^3 + 103.4/(1+Z_4)^4$

$100 = 3.4/(1.03)^1 + 3.4/(1.031)^2 + 3.4/(1.032,4)^3 + 103.4/(1+Z_4)^4$

$Z_4 = 0.034,14 = 3.414\%$

2 年期即期利率為 3.414% ×2 =6.828%。

使用步步為營法，你可以計算出所有期限的即期利率。

一旦確定市場上的即期利率，則債券的價值就很容易確定了。即期利率用來折現單個時期的現金流，每一個特定的時期都會有特定的即期利率。

息票率為 6.8% 時，2 年期的計息債券價格計算如下：

$3.4/(1.03)^1 + 3.4/(1.031)^2 + 3.4/(1.032,4)^3 + 103.4/(1.034,14)^4$

$= 9.592,65 + 90.407,24$

$= 99.999,9 = 100(美元)$

如果債券息率為 6%，則每半年利息為 3 美元，債券的價格為：

$3.0/(1.03)^1 + 3.0/(1.031)^2 + 3.0/(1.032,4)^3 + 103.0/(1.034,14)^4$

$= 8.464,1 + 90.057,5$

$= 98.52(美元)$

二、遠期利率（Forward Rates）與即期利率

遠期利率是指隱含在即期利率中的，並且在將來某個時刻開始起息的未來一定期限的利率，包含投資者對於將來利率預期的信息。它和即期利率是相對的概念，因為即期利率表示從現在開始的一定期限的利率。

一般用 $_mf_n$ 表示遠期利率，其中 m 表示遠期利率的期限，n 表示遠期利率的起息時間。$_1f_2$ 表示兩年後的 1 年期利率。

$_1f_0$ 表示零年後的 1 年期利率，也就是 1 年期的即期利率。

從貸款的成本來講，在即期貸一個 3 年期貸款與在 3 年中每年貸一個 1 年期貸款的成本應該是相同的。

用公式表示就是：

$(1 + y_3)^3 = (1 + {_1f_0})(1 + {_1f_1})(1 + {_1f_2})$

上面的等式也可以寫成：

$y_3 = [(1 + {_1f_0})(1 + {_1f_1})(1 + {_1f_2})]^{\frac{1}{3}} - 1$

如果一年期即期利率為 2%，$_1f_1$ 為 3%，$_1f_2$ 為 4%，計算 3 年期的即期利率：

$y_3 = [(1 + {_1f_0})(1 + {_1f_1})(1 + {_1f_2})]^{\frac{1}{3}} - 1$

$= [(1 + 0.02)(1 + 0.03)(1 + 0.04)]^{\frac{1}{3}} - 1 = 2.997\%$

用圖 2-1 表示就是：

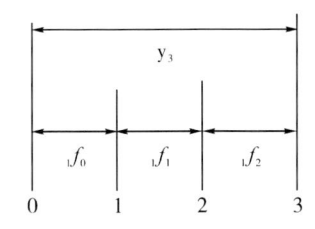

圖 2-1 即期利率與遠期利率的關係

有了上面的公式和圖形，我們既可以從遠期利率算出即期利率，也可以從即期利率算出遠期利率。

要計算 m 年末至 n 年末的遠期利率，記住下面的這個公式：

$$\frac{(1+y_n)^n}{(1+y_m)^m} - 1 = {}_{n-m}f_m$$

必須注意的是：應用此公式時要注意利率對應的期限（是半年支付還是一年支付）。

例如某 2 年期的即期利率為 8%，1 年期的即期利率為 4%。計算 1 年以後的 1 年期遠期利率，即 ${}_1f_1$。

根據上面的公式得：

$$_1f_1 = \frac{(1+0.08)^2}{(1+1.04)} - 1 = \frac{1.166,4}{1.04} - 1 = 12.154\%$$

三、收益率曲線（Yield Curve）的含義

債券收益率曲線是描述在某一時點上（或某一天）一組可交易債券的收益率與其剩餘到期期限之間數量關係的一條趨勢曲線。即在直角坐標系中，以債券剩餘到期期限為橫坐標、債券收益率為縱坐標而繪製的曲線。一條合理的債券收益率曲線將反應出某一時點上（或某一天）不同期限債券的到期收益率水平。通常，我們從市場上可以獲得零息債券的價格，據此計算出零息債券的到期收益率。

例如，一個 2 年期的零息債券的到期收益率，即 $y_2 = 0.089,95$，可由下式得出：
$841.75 = 1,000/(1+y_2)^2$

同理也可以得到 y_1、y_3、y_4，見表 2-2。

表 2-2　　　　　　　　零息債券的到期收益率

到期時間	價格（美元）	到期收益率（%）
1	925.93	8.000
2	841.75	8.995
3	758.33	9.660
4	683.18	9.993

如果把各期收益率連接起來，就可以得到收益率曲線，如圖 2-2 所示。

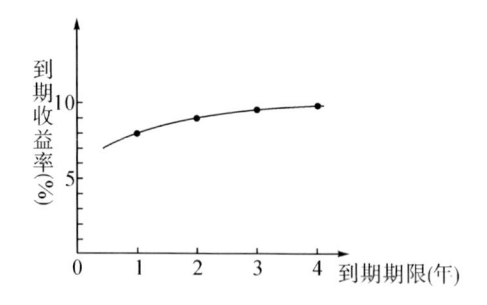

圖 2-2　零息債券的收益率曲線

我們可以看出，收益率曲線就是債券的到期收益率曲線，而全部由即期利率組成的收益率曲線又叫純收益率曲線。

收益率曲線描述的是，在風險相同的情況下債券的收益率與期限的關係，反應了不同期限的貨幣資金供求關係，揭示了市場利率的總體水平和變化方向，為投資者從事債券投資和政府有關部門加強債券管理提供了可參考的依據。

研究債券收益率曲線具有重要的意義：對於投資者而言，可以用來作為預測債券的發行投標利率、在二級市場上選擇債券投資券種和預測債券價格的分析工具；對於發行人而言，可為其發行債券、進行資產負債管理提供參考。

儘管債券收益率曲線是債券市場投資與分析非常有用的指標，但是它和其他經濟變量指標一樣，只提供有限的信息，所以應該與其他指標以及包括經濟新聞和債券市場動態在內的信息聯合起來使用。

四、收益率曲線的形狀

債券收益率曲線的形狀可以反應出當時長短期利率水平之間的關係，它反應市場對當前經濟狀況的判斷及對未來經濟走勢預期（包括經濟增長、通貨膨脹、資本回報率等）的結果。

債券收益率曲線可能是任意形狀的，但有四種常見的形態：

（一）正向收益率曲線（Normal Yield Curve）

債券市場上不同期限債券的收益率與其期限是正相關的關係，表明在某一時點上債券的投資期限越長，收益率越高，也稱正常型收益率曲線，如圖2－3a所示。正常的收益率曲線被認為是健康穩定經濟的信號，經濟增長緩慢但非常穩固，股票和債券市場也同樣趨於穩定。但應注意的是，收益率曲線只是一個指標，並非預言家。當收益率曲線看上去非常正常時，熊市也許會突然降臨。

其實在正向的收益率曲線中還有一種特殊的形狀，那就是陡峭向上的收益率曲線。有時，收益率曲線會變得非常突兀，從而暗示經濟將發生波動。這樣的曲線暗示了長期債券持有人認為經濟在不遠的將來會有所增長。陡峭的收益率曲線一般頻繁地出現在經濟衰退之後的穩定並開始復甦之時。短期投資者賣出自己現在持有的債券，而鎖定長期債券的高收益率。

（二）反向收益率曲線（Inverted Yield Curve）

債券市場上不同期限債券的收益率與其期限是負相關的關係，表明在某一時點上債券的投資期限越長，收益率越低，也就意味著社會經濟進入衰退期，也稱逆向收益率曲線，如圖2－3b所示。這是與擴張相反的信號，到了該收縮的時候了。由於經濟處於生產過剩階段，可能會引發衰退，這時就必須對迅速擴張的經濟加以有效控制。利率被推高導致企業擴張所貸貨幣資金的成本更高。如果行動夠快，可以減少衰退的影響甚至會防止其發生。

（三）水平收益率曲線（Flat Yield Curve）

債券市場上不同期限債券的收益率幾乎是趨於水平的，表明收益率的高低與投資

期限的長短無關，也就意味著社會經濟出現了極不正常的情況，也稱平坦型收益率曲線，如圖2-3d所示。在向逆向形態轉變的過程中，收益率曲線會變得平坦。儘管平坦形態被認為是發生逆向形態的早期警告，但收益率曲線有時會迴歸到正常狀態而不會發生逆向。平坦曲線之後所跟隨的一些經濟衰退是不正常的。平坦的收益率曲線在其中部地帶也會有小駝峰，但在短期和長期證券的收益率趨勢中它是平坦的或是趨於平坦的。

（四）波動收益率曲線（Humped Yield Curve）

債券市場上不同期限債券的收益率隨期限呈波浪式變動，也就意味著社會經濟未來有可能出現波動，如圖2-3c所示。

大多數情況下，在市場和經濟中沒有絕對「正常」的情形出現。每天、每星期、每個月都有其獨特的性質。在一般情況下，債券收益率曲線通常是一個有一定角度的正向曲線，即長期利率應在相當程度上高於短期利率。這是由投資者的流動性偏好引起的：由於期限短的債券其流動性要好於期限長的債券，作為流動性較差的補償，期限長的債券收益率也就要高於期限短的收益率。當然，當貨幣資金緊俏導致供需不平衡時，也可能出現短高長低的反向收益率曲線。

a. 正向收益率曲線　　　　b. 反向收益率曲線

c. 波動收益率曲線　　　　d. 水平收益率曲線

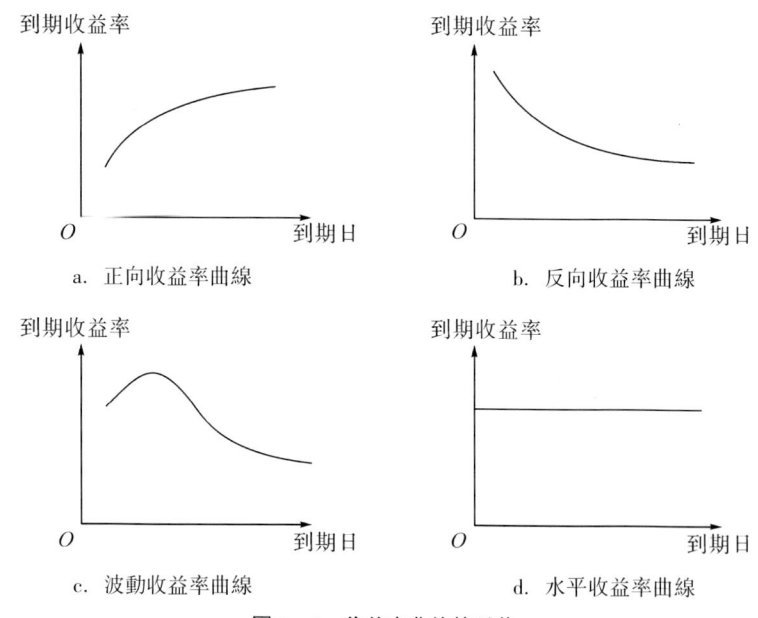

圖2-3　收益率曲線的形狀

五、貨幣政策對利率水平的影響

利率由經濟運行中的各種條件決定，但中央銀行經常採取一些措施來影響短期利率，以使經濟更健康地運行。中央銀行經常採用的影響利率的工具包括：

（1）存款準備金率（Bank Reserve Requirements）。存款準備金率是在國家法律所

授予的權力範圍內，通過規定和調整商業銀行交存中央銀行的存款準備金率，控製商業銀行的信用創造能力，間接地調整社會貨幣供應量的活動。

（2）再貼現政策（Rediscount Policy）。再貼現政策指中央銀行通過制定或調整再貼現率和條件來干預和影響市場利率及貨幣市場的供給和需求，從而調節市場貨幣供應量的一種金融手段。貼現窗口是商業銀行等金融機構臨時性貨幣資金需求的重要來源，再貼現政策的作用也在於影響信用成本，從而影響商業銀行的準備金，以達到鬆緊銀根的目的。

（3）公開市場業務（Open Market Operations）。它是指中央銀行在公開市場上買進賣出有價證券（主要是政府債券）用以增加或減少貨幣供應量。

（4）道義勸告（Verbal Persuasion）。它是指中央銀行利用其聲望和地位，對商業銀行和其他金融機構經常發出通告、指示或與各金融機構的負責人進行面談，交流信息，解釋政策意圖，使商業銀行和其他金融機構自動採取相應措施來貫徹中央銀行的政策，從而影響企業和消費者的信貸供給。

六、收益率曲線的投資分析功能

（一）怎樣利用投資收益率曲線做投資分析

債券收益率曲線反應出某一時點上，不同期限債券的到期收益率水平。利用收益率曲線可以為投資者的債券投資帶來很大幫助。

個人投資者在進行債券投資時，可以利用某些專業機構提供的收益率曲線進行分析，作為自主投資的一個參考。如中央國債登記結算公司在中國債券信息網上提供的收益率曲線，該曲線是根據銀行間債券市場所選取的一些基準債券的收益率而形成的。該網提供的每日以基準債券的市場價格繪製成的收益率曲線，可為投資者分析在銀行櫃臺債券市場交易的債券的價格提供參考。投資者在其收益率曲線界面上，只要輸入債券的剩餘到期期限，就可得到相應的收益率水平。通過該收益率水平可計算出相應債券的價格，由此可作為投資者的交易參考。投資者還可以根據收益率曲線不同的預期變化趨勢，採取相應的投資策略的管理方法。如果預期收益率曲線基本維持不變，且目前收益率曲線是向上傾斜的，則可以買入期限較長的債券；如果預期收益率曲線變陡，則可以買入短期債券，賣出長期債券；如果預期收益率曲線將變得較為平坦時，則可以買入長期債券，賣出短期債券。如果預期正確，上述投資策略可以為投資者降低風險，提高收益。

（二）注意事項

在利用債券收益率曲線進行分析時也應該注意一些問題，比如：

（1）注意看收益率曲線能否正確反應債券市場短期、中期、長期利率的基本變化趨勢。反應債券市場短期、中期、長期利率的基本變化趨勢，是收益率曲線最基本的功能。即使你不用收益率曲線作任何計算，你也可以通過看圖，直觀地感受收益率曲線所描繪的利率變化走勢。比如說國債，現在市場上已經出現了15年期的國債，而且將來還會出現更長期限的國債。這樣一來，短、中、長期利率的不同與變化趨勢，就

會表現得越來越明顯。

我們在看圖時，可以先觀察各債券品種到期收益率的散點圖所表現出的利率變化趨勢，再與收益率曲線進行比較，檢驗它是否正確地反應了散點圖的基本趨勢：上升、下降、凸起、下凹，等等。

目前國際國內利率都比較低，因此收益率曲線一定會表現出比較低的短期利率。但是如果市場認為未來15年平均利率水平將高於現在，那麼收益率曲線就一定會有一個上升的趨勢。如果你認為市場對未來利率走勢的看法是錯誤的，那你就有了一個「時間套利」的機會。

（2）看債券收益率曲線能否兼顧曲線的平滑性與債券定價的精確性。收益率曲線是市場總體利率水平的代表，它應該能夠過濾市場價格的偶然波動起伏，反應出真實的利率水平。因此，曲線需要具有足夠的平滑性，而不能呈現出過多的波浪式起伏，特別是不應該有突然的起伏與轉折。否則就可能是模型沒有做好。

收益率曲線是從整個市場所有債券品種（或者某一個具有代表性的品種群體）的價格數據中計算出來的。而有了收益率曲線，就可以反過來對各個債券品種進行定價。這個定價需要和市場實際價格盡可能地接近。如果完全不考慮平滑性，我們可以做到讓所有的定價與市場價格相等。但是這樣的曲線是沒有任何意義的。

一個好的模型，應該能夠很好地兼顧平滑性與定價精確性。就是說用它做出的模型定價一般很接近市場價格，同時在市場價格出現一些偶然性偏離，或者非市場因素引起的偏離時，模型應該能夠反應出這個偏離，讓使用者得到必要的提示，甚至捕捉到重要的套利機會。

而把握好平滑性與定價精確的關係，是衡量模型質量的關鍵。過分平滑，就不能反應短、中、長期利率變化的起伏趨勢。過分精確定價，則會使曲線起伏太多，失去了反應總體的功能。

（3）看債券收益率曲線模型的穩定性如何。穩定性是衡量模型是否成熟的一個試金石。許多經驗不足的研究者，簡單地套用教科書上的公式建立模型，結果用實際數據一算，就出現了各種意想不到的問題，結果時好時壞。數據發生一個較小的變動，曲線就可能出現一個無法解釋的大跳躍、大傾斜等。但是好像又找不出什麼原因。實際上，問題出在建立模型的某些技術環節上。因為教科書主要論述原則問題，一般不會過多涉及太深入的技術環節。但要實現模型的穩定性，需要很多對實際數據進行分析處理的經驗與技巧。一個模型出來以後，需要經過大量的數據檢驗，包括用一些大大偏離正常範圍的數據進行檢驗，保證模型的穩定性。即使市場出現一些大幅波動，模型仍然能夠給出比較合理的結果。

（4）看債券收益率曲線模型是否具有處理不完整數據的能力。成熟的金融市場，債券品種繁多、交易活躍、流動性好，因此市場數據豐富，性能良好，收益率曲線比較容易建構。中國市場上的交易品種相對較少，很多品種交易又不活躍，另外還有一些非市場因素常常導致數據點異常。從做模型的角度來看，會造成計算上的特殊困難。在中國市場現有的數據條件下，能否克服這些困難，做出性能良好且具有實用價值的收益率曲線，是對建模者技術水平的一個考驗。

針對α-債券分析系統（一種債券分析系統），您可以特意選擇一些交易數據殘缺的時間段進行試驗，以檢驗系統處理不完整數據的能力。

（5）注意即期利率的曲線與散點圖的關係。由於收益率曲線描繪的是即期利率的走勢，它應該不同於到期收益率走勢。在利率呈上升趨勢的情況下，即期利率有高於到期收益率的趨勢。因此我們將看到收益率曲線有高於散點圖的趨勢，而不完全與散點圖吻合。越靠近期限長的一端，這個差異就越明顯。這並不是模型不精確，而是模型正確的一個標誌。

用戶在某些國外產品終端上，看到一些收益率曲線圖體現不出上述差異。造成這個現象的原因是系統採用了以「到期收益率」代替「即期利率」等近似方法。美國債券市場目前有大量的 STRIP 產品，相當於期限很長的零息券。而對於零息券，到期收益率＝即期利率，因此這個方法是可行的。

但是對於中國市場來說，長期產品都是附息券，「到期收益率」與「即期利率」是明顯不同的。當然，用「到期收益率」做的曲線作為一種直觀的圖解，也有參考價值。但是需要注意的是，這樣的曲線不能用於定價分析或其他精確計算。國外專業化的收益率曲線模型，一般都不再採用這種近似的方式。

七、利差（Spread）

利差是指具有相同期限的兩種債務工具的收益率之間的差異，可以在不同的債券中間進行收益率大小的衡量和比較。

（一）通常衡量利差的三種方法

（1）絕對利差（Absolute Yield Spread）指直接用期限相同的兩種債務工具收益率進行比較的結果，公式為：

$$絕對利差 = 債券 A 的到期收益率 - 債券 B 的到期收益率$$

（2）相對利差（Relative Yield Spread）是用絕對利差除以低收益債券的收益率所得到的指標，公式為：

$$相對利差 = \frac{債券 A 的到期收益率 - 債券 B 的到期收益率}{債券 B 的到期收益率}$$

（3）收益率比率（Yield Ratio）指期限相同的兩種債券到期收益率的比值，其計算公式為：

$$收益率比率 = \frac{債券 A 的到期收益率}{債券 B 的到期收益率} = 1 + 相對利差$$

有時候投資者更偏好於使用相對利差，而不是絕對利差，這是因為絕對利差具有以下特點：

（1）即使利率上升或下降，絕對利差也可能保持不變。

（2）絕對利差只能表示變化的大小，不能表示相對於基數變化的比例。

（二）名義利差（Nominal Spread）

名義利差指一般債券的到期收益率與期限相等、特徵相似的國債到期收益率之間

的差。

名義利差的局限性在於：

（1）與到期收益率相似，它只使用單一貼現率對未來現金流進行貼現，而沒有考慮即期利率的期限結構，即不同期限的現金流的貼現率是不同的，並不是單一的到期收益率。

（2）對於可贖回債券、可回售債券這樣的含權債券，它們的利息收益有一定的不確定性，所以會影響到現金流，這就決定了名義利差不適合於含權債券。

（三）零波動利差（Zero – Volatility Spread）

零波動利差簡稱Z利差，指假設持有債券至到期日，在整個債券即期收益率曲線上所實現的利差，也被稱為靜態利差（Static Spread）。Z利差與名義利差相比，是一種更好的衡量方法，因為名義利差只是國債收益率曲線上的一個單點，且不考慮即期利率的期限結構。

在確定零波動利差時要使用試錯法，即使用不同的利差來對債券未來現金流按各期的即期利率加上Z利差進行貼現，並最終取貼現值與債券價格相等的利差作為Z利差。然後在國債即期利率曲線的基礎上加上這一利差即得到非國債債券的即期利率曲線。

其他證券的即期利率曲線也可以像國債一樣用來作為債券的Z利差的基準，這些基準對於使用者來說是特殊的。如果以國債即期利率曲線作為基準，則非國債的Z利差包含了信用風險、流動性風險以及期權風險等。

（四）期權調整利差（Option – Adjusted Spread, OAS）

期權調整利差指零波動利差和期權成本的差額。它被用來表示含權債券的收益溢價。它將嵌入期權所帶來的價值得以反應出來，是含權債券和非含權債券之間的價格差轉化成二者之間的收益率差。利率波動性越大，期權調整利差就越低。

零波動利差解決了名義利差的第一個缺陷，但它並沒有考慮到未來利率的波動性所帶來的現金流的波動性。對於含權債券而言，零波動性利差無法反應期權特徵，它無法區分債券溢價是信用風險等因素導致的，還是期權因素導致的。

可贖回債券和大多數擔保抵押債券的期權成本往往是正的，這就表示投資者向債務人出售了期權，發行者必須提供更高的收益溢價，因此OAS < Z利差。有利於投資者的可回售債券，對發行人來說回售期權成本為負，只需提供較低的收益溢價，因此OAS > Z利差。即：

$$Z 利差 - OAS = 期權價值$$

（五）信用利差（Credit Spread）

信用利差指除了信用等級不同，其他所有方面都相同的兩種債券之間的利差，它代表了僅僅用於補償信用風險而增加的收益率。

一般認為，公司債券和財政債券之間的信用利差會因對經濟前景的預期不同而不同，信用利差是總體經濟狀況的一個函數。信用利差在經濟擴張期會下降，而在經濟

收縮期會增加。這是因為在經濟收縮期，投資者信心不足，更願意投資高信用等級債券以迴避風險。而公司收入下降，現金流減少，為了吸引投資者購買公司債券，發行人必須提供較高的利率，因此產生較高的信用利差。經濟擴張期則正好相反。

(六) 嵌入期權（Embedded Option）對利差的影響

債券合約中所規定的嵌入期權條款將影響到投資者對債券價值的評價，進而影響債券收益利差。

如果債券的嵌入期權有利於發行者，如可贖回債券中的贖回期權、可提前償還債券中的提前償還期權，那麼，投資者將要求得到更高的收益率，以補償其所承擔的更高風險，此時利差比同樣的無期權債券要高。

如果債券的嵌入期權有利於投資者，如可回售債券中的回售期權、可轉換債券中的轉換期權，那麼，投資者所要求的收益率將相對較低，因為投資者在期權上已經得到了一定的補償，此時利差比同樣的無期權債券要低。

如果債券的流動性高，其交易成本就較低，出售時發生損失的風險低，因此相對於無風險證券的利差就比較小。

對於其他方面特徵都相同的證券，其利差變動情況要看兩者在流動性上誰高誰低。若該債券相對於其他債券流動性強，那麼該債券流動性提高時，相對於其他債券的利差就會擴大；若該債券相對於其他債券流動性低，那麼該債券流動性提高時，二者的利差就會縮小。

一般而言，證券發行規模越大，二級市場上流動性越好，因為有更多的證券可以買賣，可以吸引更多的投資者參與。即發行規模越大，流動性越好，收益率越低，利差也越小。

第三節　利率的期限結構理論

一、預期假說理論（Pure Expectation Theory）

(一) 預期收益理論的基本命題

預期假說理論或純預期理論提出了一個常識性的命題：長期債券的到期收益率等於長期債券到期之前人們對短期利率預期的平均值，即遠期利率是未來短期利率的無偏估計。例如，如果人們預期在未來5年裡，短期利率的平均值為10%，那麼5年期限的債券的到期收益率為10%。如果5年後，短期利率預期上升，從而未來20年內短期利率的平均值為11%，則20年期限的債券的到期收益率就將等於11%，從而高於5年期限債券的到期收益率。預期假說理論對不同期限債券到期收益率不同的原因解釋在於對未來短期利率不同的預期值。

(二) 預期假說理論的前提假設

預期假說中隱含著這樣幾個前提假定：

（1）投資者對債券的期限沒有偏好，其行為取決於預期收益的變動。如果一種債券的預期收益低於另一種債券，那麼投資者將會選擇購買後者。

（2）所有市場參與者都有相同的預期。

（3）在投資者的投資組合中，期限不同的債券是完全可以替代的。

（4）金融市場是完全競爭的。

（5）完全替代的債券具有相等的預期收益率。

(三) 預期假說理論對收益率曲線形狀的解釋

預期假說理論解釋了收益率隨著時間的不同而變化的原因。

收益率曲線向上傾斜時，是因為短期利率預期在未來呈上升趨勢。此時未來短期利率的平均值預計會高於現行短期利率，因此長期利率水平在短期利率水平之上。

收益率曲線向下傾斜時，是因為短期利率預期在未來呈下降趨勢。此時未來短期利率預期的平均值會低於現行短期利率，因而長期利率水平在短期利率水平之下。

當收益率曲線呈現水平狀況時，是因為短期利率預期在未來保持不變。即未來短期利率預期的平均值等於現行短期利率，長期利率水平與短期利率水平相等。

(四) 預期假說理論對長短期利率一起變動的解釋

預期假說理論解釋了長期利率與短期利率一起變動的原因。一般而言，短期利率有這樣一個特徵，即短期利率水平如果今天上升，那麼往往在未來會更高。因此，短期利率水平的提高會提高人們對未來短期利率的預期。由於長期利率相當於短期利率的平均數，因此短期利率水平的上升也會使長期利率上升，從而導致短期利率與長期利率同方向變動。

預期假說理論可以解釋金融市場上，如果投資者持有固定收益組合的話，其投資組合的內容會隨著它們對市場利率變動的預測進行調整。如果預期利率水平上升，由於長期債券的價格比短期債券的價格對利率更加敏感，下降幅度更大，所以投資人會在其投資組合中，減少長期債券的數量，增加短期債券的數量，從而導致短期債券價格上升，長期債券價格下跌；反之，如果預期利率下降，投資人會在其投資組合中，增加長期債券的數量，減少短期債券的持有數量，從而導致短期債券價格下降，長期債券價格上升。

二、市場分割假說理論（Market Segmentation Theory）

(一) 市場分割假說理論的基本命題

市場分割假說理論將不同期限的債券市場視為完全獨立和分割開來的市場。因此，各種期限債券的預期收益率由該種債券的供給與需求來決定，如圖 2-5 所示，並不受到其他期限債券預期收益率的影響。

图 2-5　市场分割理论

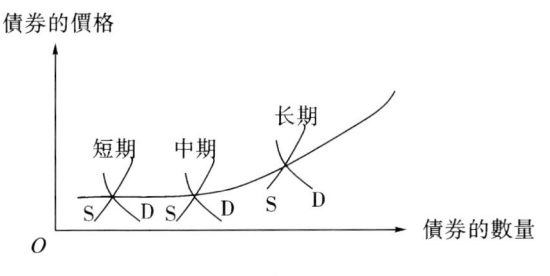

(二) 市场分割假说理论的前提假设

不同投资者对于不同期限的债券具有自己独特的偏好，因此他们只关心自己所偏好的那种期限债券的预期收益率。

在期限相同的债券之间，投资者将根据预期收益水平的高低决定取舍，即投资者是理性的。

理性投资者对其投资组合的调整有一定的局限性，许多客观因素使得这种调整滞后于预期收益水平的变动。

期限不同的债券是不能替代的，这正好与预期假说的假定截然相反。

(三) 市场分割假说理论对收益率曲线形状的解释

根据市场分割假说的解释，收益率曲线的形状之所以会不同，是由于对不同期限债券的供给和需求不同。

收益率曲线向上倾斜表明人们对短期债券的需求相对多于对长期债券的需求，结果是短期债券具有较高的价格和较低的利率水平，长期债券利率高于短期债券利率。

收益率曲线向下倾斜表明人们对短期债券的需求相对少于对长期债券的需求，结果是短期债券具有较低的价格和较高的利率水平，长期债券利率低于短期债券利率。

综合来看，大多数人通常宁愿持有短期债券而非长期债券，因而收益率曲线通常向上倾斜。

因此，在这种理论解释下，收益率曲线的不同形状是由与不同期限债券不相联系的供求差异所造成的。一般来说，如果投资者偏好期限较短、利率风险较小的债券（这看起来相当合情合理），则市场分割理论可以解释为什么长期收益率高于短期收益率，从而导致收益率曲线通常向上倾斜。

三、优先聚集地理论 (Preferred Habitat Theory)

优先聚集地理论是对预期假说理论和市场分割假说理论的进一步发展。按照预期假说的解释，收益率曲线通常向上倾斜意味着短期利率在未来预计会上升，而实际上利率既有可能上升也有可能下降。这样，短期利率变动的市场预期就与其实际变动不一致。因此，预期假说理论不能很好地解释收益率曲线通常向上倾斜的事实。市场分割假说理论由于把不同期限债券的市场看成是完全独立的，一种期限债券利率的变动

並不影響另外一種期限債券的利率。因此，該理論也不能解釋不同期限債券的利率往往是共同變動的這一經驗事實。優先聚集地理論是對預期假說和市場分割假說的進一步完善。

(一) 優先聚集地理論的基本命題

該基本命題是長期債券的利率水平等於在整個期限內預計出現的所有短期利率的平均值，再加上由債券的供給與需求決定的流動性溢價。

(二) 優先聚集地理論的前提假設

優先聚集地理論的前提假設是：期限不同的債券之間是可以互相替代的，一種債券的預期收益率確實可以影響其他不同期限債券的利率水平。

投資者對不同的債券期限具有各自的偏好。如果某個投資者對某種債券期限具有特殊偏好，那麼，該投資者會首先選擇停留在該期限的市場上，表明他優先聚集在這種期限的債券上。

投資者的決策依據是債券的預期收益率，而不是他偏好的某種債券的期限。

不同期限債券的預期收益率的差距並不太大，這樣，在大多數情況下，投資人存在喜短厭長的傾向。

投資人只有能獲得一個正的流動性溢價時，才願意轉而持有長期債券。

(三) 優先聚集地理論理論對收益率曲線形狀的解釋

由於投資者對於持有短期債券存在較強偏好，只加上一個正的流動性溢價作為補償時，投資人才會願意持有長期債券。因此，流動性溢價大於零。即使短期利率在未來的平均水平保持不變，長期利率仍然會高於短期債券利率，這就是收益率曲線通常向上傾斜的原因。

在流動性溢價水平一定的情況下，短期利率的上升意味著，綜合來看，短期利率水平將來會更高，從而長期利率也會隨之上升，這解釋了不同期限債券的利率總是共同變動的原因。

流動性溢價水平大於零與收益率曲線有時向下傾斜的事實並不矛盾。因為在短期利率預期將來會大幅度下降的情況下，預期的短期利率的平均數即使再加上一個正的流動性溢價，其長期利率仍然低於現行的短期利率水平。

當短期利率水平較低時，投資者總是預期利率水平將來會上升到某個正常水平，未來預期短期利率的平均數會相對高於現行的短期利率水平，再加上一個正的流動性溢價，使長期利率大大高於現行短期利率，收益率曲線往往比較陡峭地向上傾斜；相反，當短期利率水平較高時，投資者總是預期利率水平將來會回落到某個正常水平，未來預期短期利率的平均數會相對低於現行的短期利率水平，在這種情況下，儘管流動性溢價是正的，長期利率也有可能降到短期水平以下，從而使收益率曲線向下傾斜。

四、流動性偏好理論（Liquidity Preference Theory）

該理論認為投資者總是傾向於持有短期金融資產，如貨幣、短期債券等，因為這

些金融資產的流動性較好，變現能力較強；相反，那些期限較長的金融資產，如長期貸款、長期債券等，其流動性較弱，變現能力較差，從而風險較大。因此，為了補償長期金融資產持有者的流動性損失及其承擔的較高風險，長期金融資產的收益率應該高於短期金融資產的收益率，這就導致了正的流動性溢價的存在。如圖2-6所示。

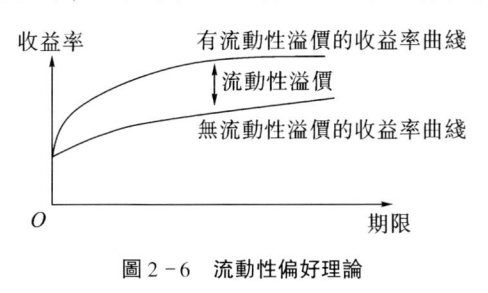

圖2-6 流動性偏好理論

本章小結

- 總收益率的計算公式如下：
  收益率 = [(期末值 - 期初值) + 利息收入] / 全部購買價格
- 債券投資的收益來源包括利息、再投資收入、資本利得或損失。
- 到期收益率是指從債券上得到的所有回報的現值與債券當前價格相等的一種貼現率。
- 債券票面利率，是指債券票面上所載明的債券發行人承諾支付給債券持有人的利息率，一般在債券到期以前的整個時期都按此利率計算和支付債息。
- 當期收益率是經債券支付價格調整過的息票率。
- 持有期收益率是指從購入到賣出這段特有期限裡所能得到的收益率。持有期收益率和到期收益率的差別在於本金回收價值的不同，並且所有利息收入只計單利。
- 回購收益率是指在回購交易中所使用的一種利率。
- 即期利率指無違約風險的零息債券的到期收益率。
- 遠期利率是指在將來某個時刻開始起息的一定期限的利率，包含投資者對於將來利率預期的信息。它和即期利率是相對的概念，因為即期利率表示從現在開始的一定期限的利率。
- 債券收益率曲線是描述在某一時點上（或某一天）一組可交易債券的收益率與其剩餘到期期限之間數量關係的一條趨勢曲線。
- 收益率曲線就是債券的到期收益率曲線，而全部由即期利率組成的收益率曲線又叫純收益率曲線。
- 中央銀行的貨幣政策工具包括再貼現率、公開市場操作、存款準備金率、道義勸告，它們在不同程度地影響市場利率等。
- 利差是指具有相同期限的兩種債務工具的收益率之間的差值。通常衡量利差的方法有絕對利差、相對利差和收益率比率三種方法。

- 名義利差指一般債券的到期收益率與期限相等、特徵相似的國債到期收益率之間的差額。
- 零波動利差簡稱 Z 利差，指假設持有債券至到期日，在整個債券即期收益率曲線上所實現的利差，也被稱為靜態利差。
- 期權調整利差指零波動利差和期權價值的差額，Z 利差 – OAS = 期權價值。
- 信用利差指除了信用等級不同，其他所有方面都相同的兩種債券之間的利差，它代表了僅僅用於補償信用風險而增加的收益率。
- 利率的期限結構理論包括預期假說理論、市場分割假說理論、優先聚集地理論和流動性偏好理論。
- 預期假說理論或純預期理論提出了一個常識性的命題：長期債券的到期收益率等於長期債券到期之前人們對短期利率預期的平均值，即遠期利率是對未來短期利率的無偏估計。
- 市場分割假說理論將不同期限的債券市場視為完全獨立和分割開來的市場。因此，各種期限債券的預期收益率由該種債券的供給與需求來決定，並不受到其他期限債券預期收益率的影響。
- 優先聚集地理論認為長期債券的利率水平等於在整個期限內預計出現的所有短期利率的平均值，再加上由債券的供給與需求決定的流動性溢價。
- 流動性偏好理論認為投資者總是傾向於持有短期金融資產，而為了補償長期金融資產持有者的流動性損失及其承擔的較高風險，長期金融資產的收益率應該高於短期金融資產的收益率，這就導致了正的流動性溢價的存在。

練習題

1. 債券到期收益率計算的原理是（　　）。
   A. 到期收益率是購買債券後一直持有到期的內含報酬率
   B. 到期收益率是能使債券每年利息收入的現值等於債券買入價格的折現率
   C. 到期收益率是債券利息收益率與資本利得收益率之和
   D. 到期收益率的計算要以債券每年末計算並支付利息、到期一次還本為前提

2. 下列哪種情況下，零波動利差為零？（　　）。
   A. 收益率曲線平坦
   B. 對零息債券來說
   C. 對正在流通的財政債券來說
   D. 對任何債券來說

3. 在純預期理論的條件下，下凸的收益率曲線表示（　　）。
   A. 對長期限債券的需求下降
   B. 短期利率在未來被認為可能下降
   C. 投資者對流動性的需求很小
   D. 投資者有特殊的偏好

4. 債券的收益來源包括（　　）。
   A. 利息　　　　　　　　　B. 再投資收入
   C. 資本利得　　　　　　　D. 資本損失。
5. 如果債券嵌入了可贖回期權，那麼債券的利差將如何變化？（　　）。
   A. 變大　　　　　　　　　B. 變小
   C. 先變大後變小　　　　　D. 不變
6. 中央銀行的貨幣政策包括（　　）。
   A. 再貼現率　　　　　　　B. 公開市場操作
   C. 存款準備金率　　　　　D. 道義勸告
7. 假設有兩種債券，債券 A 的到期收益率為 0.05，B 的到期收益率為 0.03，求兩債券的相對利差。
8. 某市政債券的收益率為 2.5%，如果某投資者同時在考慮購買該市政債券和收益率為 5.7% 的應稅財政債券。在該投資者的邊際稅率是 40% 的條件下，應該購買哪種債券？
9. 投資者以 950 元的價格購買 A 債券，並持有到期，債券本金為 1,000 元，投資者獲得的利息收入為 10 元，求該債券的總收益率。
10. 簡述預期假說理論的基本命題、前提假設以及對收益率曲線形狀的解釋。
11. 分析息票率、當期收益率和到期收益率三種指標間的關係和各自的優缺點。
12. 考慮下列債券：
息票利率 = 11%，到期期限 = 18 年，票面價值 = 1,000 元
13 年後首次按面值提前贖回，
5 年內可以被回售，且按面值回售，
假設債券的市場價格為 1,169 元。
a. 證明該債券的到期收益率為 9.077%；
b. 證明首次按面值提前贖回的收益率為 8.793%；
c. 證明回售收益率為 6.942%；
d. 假設該債券的贖回日程表如下：
可在 8 年後按 1,055 元贖回；
可在 13 年後按 1,000 元贖回；
同時假設該債券只能在 5 年內被回售，那麼該債券的最低收益率是多少？

第三章　債券的估值

本章學習目標：

本章分為兩節，包括貨幣的時間價值和債券的估值。第一節主要掌握貨幣的時間價值的基本概念，以及現金流現值、終值的計算，各種年金現值和終值的計算，為下節債券的估值打下基礎。第二節重點掌握債券的兩種估值方法，即現金流貼現法和無套利定價方法，以使大家瞭解債券定價的基本思路，更複雜的固定收益產品的定價留到以後的學習中。

第一節　貨幣的時間價值

貨幣的時間價值是金融理論中的一個重要概念，在企業籌資、投資、利潤分配中都要考慮貨幣的時間價值。企業的籌資、投資和利潤分配等一系列財務活動，都是在特定的時間進行的，因而貨幣資金時間價值是一個影響財務活動的基本因素。如果財務管理人員不瞭解時間價值，就無法正確衡量、計算不同時期的財務收入與支出，也無法準確地評價企業是處於盈利狀態還是虧損狀態。貨幣時間價值原理正確地揭示了不同時點上一定數量的貨幣資金之間的換算關係，它是進行投資、籌資決策的基礎依據。

如果我們將貨幣資金鎖在櫃子裡，無論如何也不會增值。在貨幣資金使用權和所有權分離的今天，貨幣資金的時間價值仍是剩餘價值的轉化形式。一方面，它是貨幣資金所有者讓渡貨幣資金使用權而獲得的一部分報酬；另一方面，它是貨幣資金使用者因獲得使用權而支付給貨幣資金所有者的成本。貨幣資金的時間價值是客觀存在的經濟範疇，越來越多的企業在生產經營決策中將其作為一個重要的因素來考慮。在企業的長期投資決策中，由於企業所發生的收支在不同的時點上發生，且時間較長，如果不考慮貨幣資金的時間價值，就無法對決策的收支、盈虧做出正確、恰當的分析和評價。

一、貨幣時間價值（Time Value）的概念

貨幣時間價值，是指在不考慮通貨膨脹和風險性因素的情況下，貨幣資金在其週轉使用過程中隨著時間因素的變化而變化的價值，其實質是貨幣資金週轉使用後帶來的利潤或實現的增值。所以，貨幣資金在不同的時點上，其價值是不同的，如今天的100元和一年後的100元是不等值的。今天將100元存入銀行，在銀行利息率10%的情況下，一年以後會得到110元，多出的10元利息就是100元經過一年時間的投資所增

加了的價值，即貨幣的時間價值。顯然，今天的100元與一年後的110元相等。由於不同時間的貨幣資金價值不同，所以，在進行價值大小對比時，必須將不同時間的貨幣資金折算為同一時間的價值後才能進行大小的比較。

在公司的生產經營中，公司投入生產活動的貨幣資金，經過一定時間的運轉，其數額會隨著時間的持續而不斷增長。公司將籌集的貨幣資金用於購買勞動資料和勞動對象，勞動者借以進行生產經營活動，從而實現價值轉移和價值創造，帶來貨幣的增值。貨幣資金的這種循環與週轉以及因此而實現的貨幣增值，需要一定的時間。隨著時間的推移，貨幣資金不斷週轉使用，時間價值不斷增加。衡量貨幣資金時間價值大小的通常是利息，其實質內容是社會貨幣資金的平均利潤率。但是，我們在日常生活中所接觸到的利息，比如銀行存、貸款利息，除了包含時間價值因素之外，還包括通貨膨脹等因素。所以，我們分析時間價值時，一般以社會平均的貨幣資金利潤率為基礎，而不考慮通貨膨脹和風險因素。貨幣資金的時間價值有兩種表現形式，即相對數和絕對數。相對數即時間價值率，是指沒有風險和通貨膨脹的平均貨幣資金利潤率或平均報酬率；絕對數即時間價值額，是指貨幣資金在運用過程中所增加的價值數額，即一定數額的貨幣資金與時間價值率的乘積。國庫券利率，銀行存、貸款利率，各種債券利率，都可以看成投資報酬率。然而它們並非時間價值率，只有在沒有風險和通貨膨脹的情況下，這些報酬才與時間價值率相同。由於國債的信譽度最高、風險最小，所以如果通貨膨脹率很低，就可以將國債利率視同時間價值率。為了便於說明問題，在研究、分析時間價值時，一般以沒有風險和通貨膨脹的利息率作為貨幣資金的時間價值，貨幣的時間價值是公司貨幣資金利潤率的最低限度，有時候也會同時考慮風險因素和通貨膨脹因素。

二、貨幣的時間價值的計算

由於貨幣資金具有時間價值，因此同一筆貨幣資金，在不同的時間，其價值是不同的。計算貨幣資金的時間價值，其實質就是不同時點上貨幣資金價值的換算。它具體包括兩方面的內容：一方面，是計算現在擁有一定數額的貨幣資金，在未來某個時點將是多少數額，這是計算終值問題；另一方面，是計算未來時點上一定數額的貨幣資金，相當於現在多少數額的貨幣資金，這是計算現值問題。貨幣資金時間價值的計算有兩種方法：一是只就本金計算利息的單利法；二是不僅本金要計算利息，利息也能生利，即俗稱「利上加利」的複利法。相比較而言，複利法更能確切地反應本金及其增值部分的時間價值。計算貨幣時間價值量，首先引入「現值」和「終值」兩個概念表示不同時期的貨幣時間價值。

現值（Present Value），又稱本金，是指貨幣資金現在的價值。

終值（Future Value），又稱本利和，是指貨幣資金經過若干時期後包括本金和時間價值在內的未來價值。通常有單利終值與現值、複利終值與現值、年金終值與現值。

三、單利終值與現值

單利（Simple Interest）是指只對借貸的原始金額或本金支付（收取）的利息。中

國銀行一般是按照單利計算利息的。

在單利計算中，設定以下符號：

P——本金（現值）；i——利率；I——利息；F——本利和（終值）；t——時間。

（一）單利終值

單利終值是本金與未來利息之和。其計算公式為：

$$F = P + I = P + P \times i \times t = P(1 + i \times t)$$

【例】將100元存入銀行，利率假設為10%，一年後、兩年後、三年後的終值是多少？（單利計算）

一年後：100×（1＋10%）＝110（元）

兩年後：100×（1＋10%×2）＝120（元）

三年後：100×（1＋10%×3）＝130（元）

（二）單利現值

單利現值是貨幣資金現在的價值。單利現值的計算就是確定未來終值的現在價值。例如公司商業票據的貼現。商業票據貼現時，銀行按一定利率從票據的到期值中扣除自借款日至票據到期日的應計利息，將餘款支付給持票人。貼現時使用的利率稱為貼現率，計算出的利息稱為貼現息，扣除貼現息後的餘額稱為貼現值即現值。

單利現值的計算公式為：

$$P = F - I = F - F \times i \times t = F \times (1 - i \times t)$$

【例】假設銀行存款利率為10%，為三年後獲得20,000元現金，某人現在應存入銀行多少錢？

$P = 20,000 \times（1－10\%\times 3）＝14,000$（元）

四、複利終值與現值

複利（Compound Interest），就是不僅本金要計算利息，本金所產生的利息在下期也要加入本金一起計算利息，即通常所說的「利滾利」。

在複利的計算中，設定以下符號：

F——複利終值；i——利率；P——複利現值；n——期數。

（一）複利終值

複利終值是指一定數量的本金在一定的利率下按照複利的方法計算出的若干時期以後的本金和利息。例如公司將一筆貨幣資金 P 存入銀行，年利率為 i，如果每年計息一次，則 n 年後的本利和就是複利終值。如圖3－1所示。

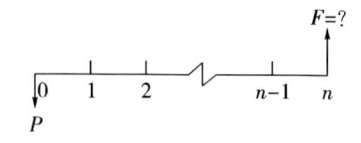

```
                              F=?
                               ↑
  |————|————|——/\——|————|
  0    1    2     n-1    n
  ↓
  P
```

圖3－1　複利終值示意圖

如圖3-1所示，一年後的終值為：
$$F_1 = P + P \times i = P \times (1+i)$$
兩年後的終值為：
$$F_2 = F_1 + F_1 \times i = F_1 \times (1+i) = P \times (1+i)(1+i) = P \times (1+i)^2$$
由此可以推出n年後複利終值的計算公式為：
$$F = P \times (1+i)^n$$

【例】將100元存入銀行，利率假設為10%，一年後、兩年後、三年後的終值是多少？（複利計算）

一年後：$100 \times (1+10\%) = 110$（元）

兩年後：$100 \times (1+10\%)^2 = 121$（元）

三年後：$100 \times (1+10\%)^3 = 133.1$（元）

複利終值公式中，$(1+i)^n$稱為複利終值系數，用符號$(F/P, i, n)$表示。例如$(F/P, 8\%, 5)$，表示利率為8%、5期的複利終值系數。

複利終值系數可以通過查複利終值系數表（見教材附表）獲得。通過複利系數表，還可以在已知F、i的情況下查出n；或在已知F、n的情況下查出i。

（二）複利現值

複利現值是指未來一定時間的特定貨幣資金按複利計算的現在價值。即為取得未來一定本利和，現在所需要的本金。例如，將n年後的一筆貨幣資金F，按年利率i折算為現在的價值，這就是複利現值。如圖3-2所示。

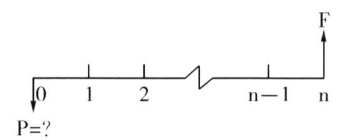

圖3-2 複利現值示意圖

由終值求現值，稱為折現，折算時使用的利率稱為折現率。複利現值的計算公式為：
$$P = \frac{F}{(1+i)^n} = F \cdot (1+i)^{-n}$$

【例】A鋼鐵公司計劃4年後進行技術改造，需要貨幣資金120萬元，當銀行利率為5%時，公司現在應存入銀行的貨幣資金為：

$P = F \times (1+i)^{-n} = 1,200,000 \times (1+5\%)^{-4} = 1,200,000 \times 0.8227$
　$= 987,240$（元）

公式中$(1+i)^{-n}$稱為複利現值系數，用符號$(P/F, i, n)$表示。例如$(P/F, 5\%, 4)$，表示利率為5%、4期的複利現值系數。

與複利終值系數表相似，通過現值系數表在已知i、n的情況下查出P；或在已知P、i的情況下查出n；或在已知P、n的情況下查出i。

五、年金終值與現值

年金（Annuity）是指一定時期內一系列相等金額的收付款項。如分期付款賒購、分期償還貸款、發放養老金、支付租金、提取折舊等都屬於年金收付形式。按照收付的次數和支付的時間劃分，年金可以分為普通年金、先付年金、遞延年金和永續年金。

在年金的計算中，設定以下符號：

A——每年收付的金額；i——利率；F——年金終值；P——年金現值；n——期數。

（一）普通年金（Ordinary Annuity）

普通年金是指每期期末有等額的收付款項的年金，又稱後付年金。如圖 3－3 所示。

圖 3－3　普通年金示意圖

圖 3－3 中，橫軸代表時間，用數字標出各期的順序號，豎線的位置表示支付的時刻，豎線下端數字表示支付的金額。圖 3－3 表示 4 期內每年 100 元的普通年金。

1. 普通年金的終值

普通年金終值是指一定時期內每期期末等額收付款項的複利終值之和。例如，按圖 3－3 的數據，假如 i＝6%，第 4 期期末的普通年金終值的計算見圖 3－4。

$100 \times (1+6\%)^0 = 100 \times 1 = 100$
$100 \times (1+6\%)^1 = 100 \times 1.06 = 106$
$100 \times (1+6\%)^2 = 100 \times 1.1236 = 112.36$
$100 \times (1+6\%)^3 = 100 \times 1.191 = 119.10$
$100 \times 4.3746 = 437.46$

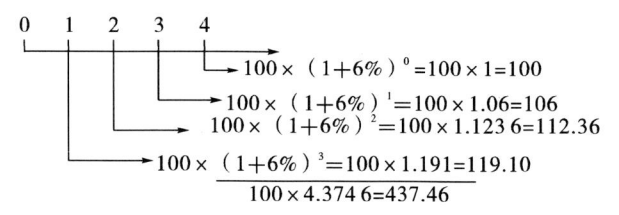

圖 3－4　普通年金終值計算示意圖

從圖 3－4 可知，第一期期末的 100 元，有 3 個計息期，其複利終值為 119.1 元；第二期期末的 100 元，有 2 個計息期，其複利終值為 112.36 元；第三期期末的 100 元，有 1 個計息期，其複利終值為 106 元；而第四期期末的 100 元，沒有利息，其終值仍為 100 元。將以上四項加總得 437.46 元，即為整個的年金終值。

從以上的計算可以看出，通過複利終值計算年金終值比較複雜，但存在一定的規律性，由此可以推導出普通年金終值的計算公式。

根據複利終值的方法計算年金終值 F 的公式為：

$$F = A + A \cdot (1+i) + A \cdot (1+i)^2 + \cdots + A \cdot (1+i)^{n-1} \tag{3.1}$$

等式兩邊同乘 $(1+i)$，則有：

$$F \cdot (1+i) = A \cdot (1+i) + A \cdot (1+i)^2 + A \cdot (1+i)^3 + \cdots + A \cdot (1+i)^n \tag{3.2}$$

公式（3.2）－公式（3.1）：

$$F \cdot (1+i) - F = A \cdot (1+i)^n - A$$
$$F \cdot i = A \cdot [(1+i)^n - 1]$$
$$F = A \cdot \frac{(1+i)^n - 1}{i}$$

公式中，通常將 $\frac{(1+i)^n - 1}{i}$ 稱為年金終值系數，用符號 $(F/A, i, n)$ 表示。

年金終值系數可以通過查年金終值系數表獲得。該表的第一行是利率 i，第一列是計息期數 n。相應的年金系數在其縱橫交叉之處。例如，可以通過查表獲得 $(F/A, 6\%, 4)$ 的年金終值系數為 4.374,6，即每年年末收付 1 元，按年利率為 6% 計算，到第 4 年年末，其年金終值為 4.374,6 元。

【例】某公司每年在銀行存入 4,000 元，計劃在 10 年後更新設備，銀行存款利率 5%，到第 10 年末公司能籌集的貨幣資金總額是多少？

$$F = A \times \frac{(1+i)^n - 1}{i} = 4,000 \times \frac{(1+5\%)^{10} - 1}{5\%} = 4,000 \times 12.578 = 50,312 \text{（元）}$$

在年金終值的一般公式中有四個變量 F、A、i、n，已知其中的任意三個變量，可以計算出第四個變量。

【例】某公司計劃在 8 年後改造廠房，預計需要 400 萬元，假設銀行存款利率為 4%，該公司在這 8 年中每年年末要存入多少萬元才能滿足改造廠房的貨幣資金需要？

根據公式 $F = A \times \frac{(1+i)^n - 1}{i}$ 得：

$$400 = A \times \frac{(1+4\%)^8 - 1}{4\%} = A \times 9.214$$

$A = 43.41$（萬元）

該公司在銀行存款利率為 4% 時，每年年末存入 43.41 萬元，8 年後可以獲得 400 萬元用於改造廠房。

2. 普通年金的現值

普通年金現值是指一定時期內每期期末收付款項的複利現值之和。例如，按圖 3－3 的數據，假如 $i = 6\%$，其普通年金現值的計算如圖 3－5 所示。

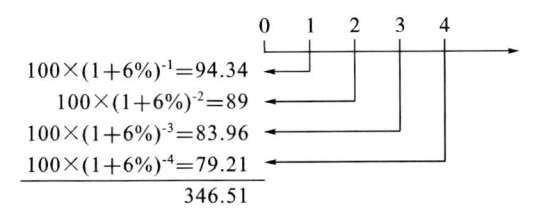

$$\begin{array}{l} 100 \times (1+6\%)^{-1} = 94.34 \\ 100 \times (1+6\%)^{-2} = 89 \\ 100 \times (1+6\%)^{-3} = 83.96 \\ 100 \times (1+6\%)^{-4} = 79.21 \\ \hline 346.51 \end{array}$$

圖 3－5　普通年金現值計算示意圖

從圖 3－5 可知，第一期期末的 100 元到第一期初，經歷了 1 個計息期，其複利現值為 94.34 元；第二期期末的 100 元到第一期初，經歷了 2 個計息期，其複利現值為

89元；第三期期末的100元到第一期初，經歷了3個計息期，其複利現值為83.96元；第四期期末的100元到第一期初，經歷了4個計息期，其複利現值為79.21元。將以上四項加總得346.51元，即為四期的年金現值。

從以上計算可以看出，通過複利現值計算年金現值比較複雜，但存在一定的規律性，由此可以推導出普通年金終值的計算公式。

根據複利現值的方法計算年金現值 P 的計算公式為：

$$P = A \cdot \frac{1}{(1+i)} + A \cdot \frac{1}{(1+i)^2} + \cdots + A \cdot \frac{1}{(1+i)^{n-1}} + A \cdot \frac{1}{(1+i)^n} \quad (3.3)$$

等式兩邊同乘 $(1+i)$，則有：

$$P \cdot (1+i) = A + A \cdot \frac{1}{(1+i)} + A \cdot \frac{1}{(1+i)^2} + \cdots + A \cdot \frac{1}{(1+i)^{n-2}} + A \cdot \frac{1}{(1+i)^{n-1}} \quad (3.4)$$

公式（3.4）－公式（3.3）：

$$P \cdot (1+i) - p = A - A \cdot \frac{1}{(1+i)^n}$$

$$P \cdot i = A \cdot \left[1 - \frac{1}{(1+i)^n} \right]$$

$$P = A \cdot \frac{1 - (1+i)^{-n}}{i}$$

公式中，通常將 $\frac{1-(1+i)^{-n}}{i}$ 稱為年金現值系數，用符號 $(P/A, i, n)$ 表示。年金現值系數可以通過查年金現值系數表獲得。該表的第一行是利率 i，第一列是計息期數 n。相應的年金現值系數在其縱橫交叉之處。例如，可以通過查表獲得 $(P/A, 6\%, 4)$ 的年金現值系數為3.465,1，即每年末收付1元，按年利率為6%計算，其年金現值為3.465,1元。

【例】某公司預計在8年中，從一名顧客處收取6,000元的汽車貸款還款，貸款利率為6%，請問該顧客借了多少貨幣資金，即這筆貸款的現值是多少？

$$P = A \cdot \frac{1-(1+i)^{-n}}{i} = 6,000 \times \frac{1-(1+6\%)^{-8}}{6\%} = 6,000 \times 6.209,8 = 37,258.8$$

（元）

在年金現值的一般公式中有四個變量 P、A、i、n，已知其中的任意三個變量，可以計算出第四個變量。

（二）先付年金（Annuity Due）

先付年金是指每期期初有等額的收付款項的年金，又稱預付年金。如圖3-6所示。

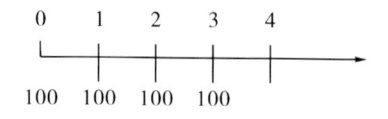

圖 3-6　先付年金示意圖

圖 3-6 中，橫軸代表時間，用數字標出各期的順序號，豎線的位置表示支付的時刻，豎線下端數字表示支付的金額。圖 3-6 表示 4 期內每年 100 元的先付年金。

1. 先付年金的終值

先付年金終值是指一定時期內每期期初等額收付款項的複利終值之和。例如，按圖 3-6 的數據，假如 $i=6\%$，第 4 期期末的年金終值的計算見圖 3-7。

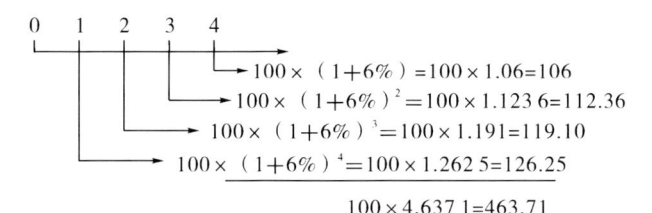

$$
\begin{array}{l}
100 \times (1+6\%) = 100 \times 1.06 = 106 \\
100 \times (1+6\%)^2 = 100 \times 1.1236 = 112.36 \\
100 \times (1+6\%)^3 = 100 \times 1.191 = 119.10 \\
100 \times (1+6\%)^4 = 100 \times 1.2625 = 126.25 \\
\hline
100 \times 4.6371 = 463.71
\end{array}
$$

圖 3-7　先付年金終值計算示意圖

從圖 3-7 可知，第一期期初的 100 元，有 4 個計息期，其複利終值為 126.25 元；第二期期初的 100 元，有 3 個計息期，其複利終值為 119.1 元；第三期期初的 100 元，有 2 個計息期，其複利終值為 112.36 元；而第四期期初的 100 元，有 1 個計息期，其複利終值為 106 元。將以上四項加總得 463.71 元，即為整個的先付年金終值。

從以上的計算可以看出，先付年金與普通年金的付款期數相同，但由於其付款時間不同，先付年金終值比普通年金終值多計算一期利息。因此，可在普通年金終值的基礎上乘上 $(1+i)$ 就是先付年金的終值。

先付年金的終值 F 的計算公式為：

$$F = A \cdot \frac{(1+i)^n - 1}{i} \cdot (1+i)$$

$$= A \cdot \frac{(1+i)^{n+1} - (1+i)}{i}$$

$$= A \cdot \left[\frac{(1+i)^{n+1} - 1}{i} - 1\right]$$

公式中 $\frac{(1+i)^{n+1} - 1}{i} - 1$ 被稱為先付年金終值係數，它是在普通年金終值係數的基礎上，期數加 1、係數減 1 求得的，可表示為 $[(F/A, i, n+1) - 1]$，可通過查普通年金終值係數表，得 $(n+1)$ 期的值，然後減去 1 可得對應的先付年金終值係數的值。例如 $[(F/A, 6\%, 4+1) - 1]$，$(F/A, 6\%, 4+1)$ 的值為 5.6371，再減去 1，得先付年金終值係數為 4.6371。

【例】某公司租賃寫字樓，每年年初支付租金 5,000 元，年利率為 8%，該公司計劃租賃 12 年，需支付的租金為多少？

$$F = A \cdot \left[\frac{(1+i)^{n+1} - 1}{i} - 1\right]$$

$$= 5,000 \times \left[\frac{(1+8\%)^{12+1} - 1}{8\%} - 1\right]$$

$$= 5,000 \times 20.495$$

$$= 102,475 \text{（元）}$$

或：

$$F = A \times [(F/A, i, n+1) - 1] = 5,000 \times [(F/A, 8\%, 12+1) - 1]$$

查年金終值係數表得：

$$(F/A, 8\%, 12+1) = 21.495$$

$$F = 5,000 \times (21.495 - 1) = 102,475 \text{（元）}$$

2. 先付年金的現值

先付年金現值是指一定時期內每期期初收付款項的複利現值之和。例如，按圖 3-6 的數據，假如 $i = 6\%$，其先付年金現值的計算如圖 3-8 所示。

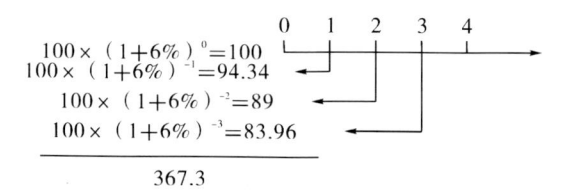

```
                            0   1   2   3   4
100×（1+6%）⁰ =100          └───┤
100×（1+6%）⁻¹=94.34            └───┤
100×（1+6%）⁻²=89                   └───┤
100×（1+6%）⁻³=83.96                    └───┤
─────────────────
         367.3
```

圖 3-8　先付年金現值計算示意圖

從圖 3-8 可知，第一期期初的 100 元，沒有計息期，其複利現值仍然為 100 元；第二期期初的 100 元到第一期初，經歷了 1 個計息期，其複利現值為 94.34 元；第三期期初的 100 元到第一期初，經歷了 2 個計息期，其複利現值為 89 元；第四期期初的 100 元到第一期初，經歷了 3 個計息期，其複利現值為 83.96 元。將以上四項加總得 367.3 元，即為四期的先付年金現值。

從以上的計算可以看出，先付年金與普通年金的付款期數相同，但由於其付款時間的不同，先付年金現值比普通年金現值少折算一期利息。因此，可在普通年金現值的基礎上乘上 $(1+i)$ 就是先付年金的現值。

先付年金現值 P 的計算公式為：

$$P = A \cdot \frac{1 - (1+i)^{-n}}{i} \cdot (1+i)$$

$$= A \cdot \left[\frac{(1+i) - (1+i)^{-(n-1)}}{i}\right]$$

$$= A \cdot \left[\frac{1 - (1+i)^{-(n-1)}}{i} + 1\right]$$

上式中，通常稱 $\left[\frac{1-(1+i)^{-(n-1)}}{i} + 1\right]$ 為先付年金現值係數，先付年金現值係數是在普通年金現值係數的基礎上，期數減 1、係數加 1 求得的，可表示為 $[(P/A, i, n-1) + 1]$，可通過查年金現值係數表，得 $(n-1)$ 期的值，然後加上 1 可得對應的先付年金現值

系數的值。例如$[(P/A,6\%,4-1)+1]$，$(P/A,6\%,4-1)$的值為2.673，再加上1，得先付年金現值系數為3.673。

【例】某人分期付款購買住宅，每年年初支付6,000元，20年還款期，假設銀行借款利率為5%，該項分期付款如果現在一次性支付，需支付的現金是多少？

$$P = A \cdot \left[\frac{1-(1+i)^{-(n-1)}}{i}+1\right]$$

$$= 6,000 \times \left[\frac{1-(1+5\%)^{-(20-1)}}{5\%}+1\right]$$

$$= 6,000 \times 13.085,3$$

$$= 78,511.8 （元）$$

或：

$$P = A \times [(P/A,i,n-1)+1] = 6,000 \times [(P/A,5\%,20-1)+1]$$

查年金現值系數表得：

$$(P/A,5\%,20-1) = 12.085,3$$

$$P = 6,000 \times (12.085,3+1) = 78,511.8 （元）$$

(三) 遞延年金（Deferred Annuity）

遞延年金是指第一次收付款發生時間是在第二期或者第二期以後的年金。遞延年金的收付形式如圖3-9所示。

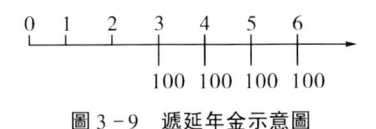

圖3-9 遞延年金示意圖

從圖3-9可以看出，遞延年金是普通年金的特殊形式，第一期和第二期沒有發生收付款項，一般用m表示遞延期數，$m=2$。從第三期開始連續4期發生等額的收付款項，$n=4$。

1. 遞延年金終值

遞延年金終值的計算方法與普通年金終值的計算方法相似，其終值的大小與遞延期限無關。

2. 遞延年金現值

遞延年金現值是自若干時期後開始每期款項的現值之和。其現值計算方法有兩種：

方法一：第一步，把遞延年金看成n期普通年金，計算出遞延期末的現值；第二步，將已計算出的現值折現到第一期期初。

【例】如圖3-9所示數據，假設銀行利率為6%，其遞延年金現值為多少？

第一步，計算4期的普通年金現值。

$$P_2 = A \cdot \frac{1-(1+i)^{-n}}{i}$$

$$= 100 \times \frac{1-(1+6\%)^4}{6\%}$$

$$= 100 \times 3.465,1$$
$$= 346.51 \text{（元）}$$

第二步，將已計算的普通年金現值折現到第一期期初。

$$P_0 = P_2 \times \frac{1}{(1+i)^m}$$
$$= 346.51 \times \frac{1}{(1+6\%)^2}$$
$$= 346.51 \times 0.89$$
$$= 308.39 \text{（元）}$$

計算過程如圖3-10所示。

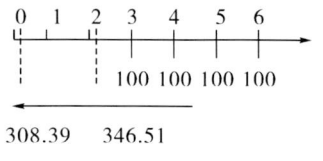

```
0   1   2   3   4   5   6
|---|---|---|---|---|---|
            100 100 100 100
        <------
308.39  346.51
```

圖3-10 遞延年金現值計算方法一

方法二：第一步，計算出 $(m+n)$ 期的年金現值；第二步，計算 m 期年金現值；第三步，將計算出的 $(m+n)$ 期扣除遞延期 m 的年金現值，得出 n 期年金現值。計算步驟為：

$$P_{(m+n)} = 100 \times \frac{1-(1+6\%)^{2+4}}{6\%}$$
$$= 100 \times 4.917,3$$
$$= 491.73 \text{（元）}$$

$$P_{(m)} = 100 \times \frac{1-(1+6\%)^2}{6\%}$$
$$= 100 \times 1.833,4$$
$$= 183.34 \text{（元）}$$

$$P_{(n)} = P_{(m+n)} - P_{(m)}$$
$$= 491.73 - 183.34$$
$$= 308.39 \text{（元）}$$

計算過程如圖3-11所示。

```
0   1   2   3   4   5   6
|---|---|---|---|---|---|
            100 100 100 100
    183.34
    <------
    491.73
308.39 = 491.73 - 183.34
```

圖3-11 遞延年金現值計算方法二

（四）永續年金（Perpetuity）

永續年金是指無限期支付的年金，如優先股股利。由於永續年金持續期無限，沒

有終止時間，因此沒有終值，只有現值。永續年金可視為普通年金的特殊形式，即期限趨於無窮的普通年金。其現值的計算公式可由普通年金現值公式推出。

永續年金現值 P 計算公式為：

$$P = A \times \frac{1-(1+i)^{-n}}{i} = A \times \frac{1-\frac{1}{(1+i)^n}}{i}$$

當 $i \to \infty$ 時，$\frac{1}{(1+i)^n} \to 0$，

故：

$$P = \frac{A}{i}$$

在企業價值評估和企業併購中確定目標企業價值，以及對一些特殊債券估價時，會用到永續年金的計算。

六、其他現金流的現值和終值

(一) 不等額系列現金流量（Uneven Cash Flow）

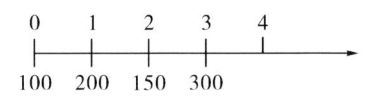

```
0    1    2    3    4
|----|----|----|----|-->
    100  200  150  300
```

圖 3-12　不等額系列現金流量示意圖

從圖 3-12 中看出，每期的收入或付出是不等額的。不等額現金流量的終值為各期終值之和；其現值也是各期現值之和。

1. 不等額現金流量終值的計算

如圖 3-13 所示。

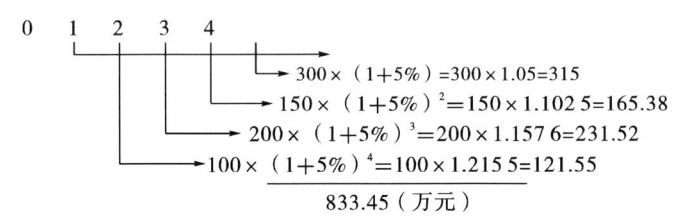

$$300 \times (1+5\%) = 300 \times 1.05 = 315$$
$$150 \times (1+5\%)^2 = 150 \times 1.1025 = 165.38$$
$$200 \times (1+5\%)^3 = 200 \times 1.1576 = 231.52$$
$$100 \times (1+5\%)^4 = 100 \times 1.2155 = 121.55$$
$$833.45（萬元）$$

圖 3-13　不等額系列現金流量終值計算示意圖

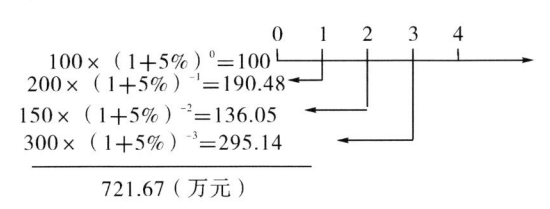

2. 不等額現金流量現值的計算

如圖 3-14 所示。

$$100 \times (1+5\%)^0 = 100$$
$$200 \times (1+5\%)^{-1} = 190.48$$
$$150 \times (1+5\%)^{-2} = 136.05$$
$$300 \times (1+5\%)^{-3} = 295.14$$
$$721.67（萬元）$$

圖 3－14　不等額現金流量現值計算年金現金流量

(二) 分段年金現金流量

在公司現金流入和流出中，某個時期現金流量保持在一個水平上，而下一時期又保持在另一水平上，通常稱為分段年金現金流量。其收入或付出形式如圖 3－15 所示。

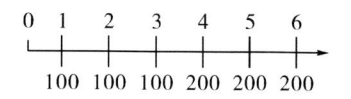

```
0   1   2   3   4   5   6
|___|___|___|___|___|___|→
   100 100 100 200 200 200
```

圖 3－15　分段年金現金流量示意圖

終值的計算：先計算前三年年金終值，然後將計算結果乘以三年期的複利終值係數；再計算後三年的年金終值，最後將二者加總。

現值的計算：先計算前三年 100 元年金現值；再計算後三年的年金現值 (後三年的年金現值是先計算後三年普通年金現值，再折現 3 年)；最後將二者加總。

分段年金和不等額現金流可能混合出現，是指每次收入或付出的款項既有年金又有不等額的混合情況。如圖 3－16 所示：

```
0  1  2  3  4  5  6  7  8  9
|__|__|__|__|__|__|__|__|__|→
  100 100 150 180 200 200 300 300 300
```

圖 3－16　分段年金和不等額現金混合的情形

這種類型系列現金流的終值和現值的計算，結合前面兩種情況進行。

七、複利計息頻率

複利計息頻率是指利息在一年中複利多少次。在前面的終值與現值的計算中，都是假定利息是每年支付一次的，因為在這樣的假設下，比較容易理解貨幣的時間價值，計算也相對簡單。但是在實際理財中，常出現計息週期為半年、季度、月，甚至以天為計息週期的情況，相應複利計息頻率為每年 2 次、4 次、12 次、360 次。如貸款買房按月計息，計息為 12 個月。如果給出年利率，則計息期數和計息率均可按下列公式進行換算：

$$r = \frac{i}{m}$$

$$t = m \cdot n$$

公式中，r 為計息週期利率，i 為年利率，m 為每年的計息次數，n 為年數，t 為換算後的計息週期期數。其終值和現值的計算公式分別為：

$$F = P \cdot (1+r)^t = P \cdot \left(1+\frac{i}{m}\right)^{m \cdot n}$$

$$P = F/(1+r)^t = F/\left(1+\frac{i}{m}\right)^{m \cdot n}$$

【例】存入銀行 1,000 元，年利率為 12%，計算按年、半年、季、月的複利終值。

(1) 按年複利的終值：
$F_1 = 1,000 \times (1 + 12\%) = 1,120(元)$
(2) 按半年複利的終值：
$F_2 = 1,000 \times [1 + (12\%/2)]^2 = 1,123.6(元)$
(3) 按季複利的終值：
$F_3 = 1,000 \times [1 + (12\%/4)]^4 = 1,125.51(元)$
(4) 按月複利的終值：
$F_4 = 1,000 \times [1 + (12\%/12)]^{12} = 1,126.83(元)$

從以上計算可以看出，按年複利終值為 1,120 元，按半年複利終值為 1,123.6 元，按季複利終值為 1,125.51 元，按月複利終值為 1,126.83 元。一年中計息次數越多，其終值就越大；一年中計息次數越多，其現值就越小。

八、求解折現率、利息率

一般用內插法或插值法計算折現率、利息率。

【例】某人現在向銀行存入 7,000 元，按複利計算，在利率為多少時，才能在 8 年後每年得到 1,000 元？

$P/A = (P/A, i, n)$

$7,000/1,000 = (P/A, i, 8)$

$7 = (P/A, i, 8)$

查年金現值系數表，當利率為 3% 時，系數是 7.019,7；當利率為 4% 時，系數是 6.463,2。因此判斷利率應在 3%~4% 之間。設利率為 x，則用內插法計算 x 值。

利率　　　　　　　　　年金現值系數

$\begin{matrix} 3\% \\ ? \\ 4\% \end{matrix} \Big\} x\% \Big\} 1\%$　　$\begin{matrix} 7.019,7 \\ 7 \\ 6.463,2 \end{matrix} \Big\} 0.019,7 \Big\} 0.556,5$

$\dfrac{x}{1} = \dfrac{0.019,7}{0.556,5}$

$x = 0.035,4$

故：

$i = 3\% + 0.035,4\% \approx 3.04\%$

九、連續複利

在複利計息頻率中我們得出結論：複利次數越多，終值越大；相反，折現次數越多，折現值越小。在連續折現下，現值達到最小值。前面已經講過，現值的計算公式為：

$$P = \dfrac{F}{[1 + (i/m)]^{m \cdot n}}$$

上式中，當 m 趨於無窮時，就是連續複利，而且公式 $[1+(i/m)]^{m \cdot n}$ 趨向於 e^{in}，其中 e 為常數，等於 2.718,28。因此，在利率為 i、終值為 F 時，連續折現下第 n 年年末收到的現金流量終值的現值為：

$$P = \frac{F}{e^{i \cdot n}}$$

【例】在連續複利下，折現率為 10%，第 5 年年末、第 10 年年末收到的 10,000 元的現值分別是多少？

$$P_5 = \frac{10,000}{e^{0.1 \times 5}} = \frac{10,000}{(2.718,28)^{0.5}} = 6,065.38 \text{（元）}$$

$$P_{10} = \frac{10,000}{e^{0.1 \times 10}} = \frac{10,000}{2.718,28} = 3,678.7 \text{（元）}$$

由此可見，在連續折現下現值達到最小值。

在貨幣的時間價值討論中，涉及的各種系數總結如下：

複利終值系數　　→　$(1+i)^n$ 或 $(F/P, I, n)$ 或 $FVIF_{i,n}$ 或 $FV_{i,n}$

複利現值系數　　→　$1/(1+i)^n$ 或 $(P/F, I, n)$ 或 $PVIF_{i,n}$ 或 $PV_{i,n}$

年金終值系數　　→　$\dfrac{(1+i)^n - 1}{i}$ 或 $(F/A, i, n)$ 或 $FVIFA_{i,n}$ 或 $FVA_{i,n}$

年金現值系數　　→　$\dfrac{1-(1+i)^{-n}}{i}$ 或 $(P/A, i, n)$ 或 $PVIFA_{i,n}$ 或 $PVA_{i,n}$

第二節　債券估值法

一、債券定價的步驟

任何金融資產定價的基本原則是：其價值都是該資產預期未來現金流（Expected Cash Flow）的現值之和。根據這個原則，可以確定進行資產定價的基本步驟：

（1）估計預期現金流量，即預期在未來各期，資產所能帶來的現金流入以及可能發生的現金流出。值得注意的是，未來預期現金流可能是確定的，但是多數情況下是不確定的。對於債券來說，未來現金流主要包括兩部分：本金和利息。

（2）選擇一個適當的貼現率，以便對未來各期現金流進行貼現，這個貼現率必須能夠反應與資產有關的風險。一般地，貼現率包括三個部分，即無風險利率、通貨膨脹率和與該資產有關的風險溢價（Risk Premium），它們共同反應了貨幣的時間價值。

（3）最後用預期現金流和所選擇的貼現率計算未來預期現金流量的現值。

現金流是指預期未來從某項投資中獲得的收入。對於固定收益證券來說，現金流是利息收入或是償還的本金。但並不是所有證券的現金流都是確定的，對於某些債券來說，估計預期現金流可能是困難的。比如：

可贖回債券（Callable Bonds），指發行人在到期日前可以按照約定條件全部或部分贖回的債券。當利率下降到一定水平時，債券即被贖回，因此債券的現金流由未來利

率變化的情況決定，而這些是不可預測的。

可回售債券（Putable Bonds），指持有人在到期日前可以按照約定條件全部或部分贖回的債券。當利率升高到一定水平時，債券即被回售，投資者的現金流將由未來利率變化的情況決定，同樣難以預測。

可轉換債券（Convertible Bonds），指能按事先確定的價格或條件轉換成一定數量股票的債券。當對應的股票價格上漲到一定水平時，投資者即可將債券轉換為股票。未來的股票價格變化和投資者是否會執行轉換都是不確定的，因此其現金流也難以預測。

浮動利率債券（Floating-rate Bonds），其息票利率隨市場利率的變化而變化，所以也難以預測。

二、債券的定價

名義無風險收益率（Nominal Risk-free Yield），包括實際無風險收益率（Real Risk-free Yield）和通貨膨脹率（Inflation Rates）兩個部分。名義無風險利率代表貨幣的時間價值，是投資者要求的最低收益率，即投資於市場中無違約風險的證券的收益率。由於完全無風險的證券是不存在的，所以人們通常將國債（Treasury Security）的收益率作為現金流要求的最低貼現率。

風險溢價（Risk Premium），即由於投資者因承擔風險而獲得的額外報酬。一般而言，債券的信用等級越低，違約風險就越大，投資者要求的風險溢價就越高。

所以貼現率的計算公式可以表示為：

$$貼現率 = 名義無風險收益率 + 風險溢價$$

使用單一貼現率（Single Yield）為債券定價：

為了簡單起見，假設有一個債券，每年支付 100 元作為利息，一共支付 10 年，最後還要支付本金 1,000 元。如果恰當的折現率為 8%（對所有現金流都適用），則債券的價值為：

$$\frac{100}{1.08} + \frac{100}{1.08^2} + \frac{100}{1.08^3} + \cdots + \frac{100}{1.08^{10}} + \frac{1,000}{1.08^{10}} = 1,134.20（元）$$

上面的計算方法就是將未來各期現金流的現值加總，即得債券的價值。

債券價值與市場要求的收益率是成反比的。即收益率越高，債券價格就越低；收益率越低，債券價格就越高。

如果息票率等於要求收益率或者等於市場要求的折現率，證券將會以面值出售。給定息票率為 7%，每年付息，5 年到期，市場要求的收益率為 7%，所以債券會定價為 100 元，如下：

價值 = $7/(1+0.07) + 7/(1+0.07)^2 + 7/(1+0.07)^3 + 7/(1+0.07)^4 + 107/(1+0.07)^5$
    = 6.542 + 6.114 + 5.714 + 5.340 + 76.290 = 100（元）

如果市場要求的收益率提高為 8%，折現率由 0.07 提升為 0.08，債券的價值降為 96.01 元。對比以 8% 折現計算的債券的價值，可以發現價值要低於折現率為 7% 的時候。折現率高於利息率會導致債券的價值低於面值，也就是說，存在折扣。因為僅僅

是利率發生了變化，所以3.99元的價格變化完全是由利率變化引起的。

如果要求的收益率6%，則計算出的債券的價值為104.21元，債券將以高於面值的價格出售。因為僅僅是利率發生了變化，所以4.21元的價格增加完全是由利率變化引起的。如果上述債券是半年付息的，那麼價值應分別為100元、95.95元和104.27元。

債券價格與收益率之間的關係：由前述的計算可知，收益率與債券之間是呈相反關係的，即貼現率升高時，債券價值降低；貼現率降低時，債券價值升高。

債券的價格與對應的收益率之間的關係稱為價格收益率曲線，如圖3-17所示：

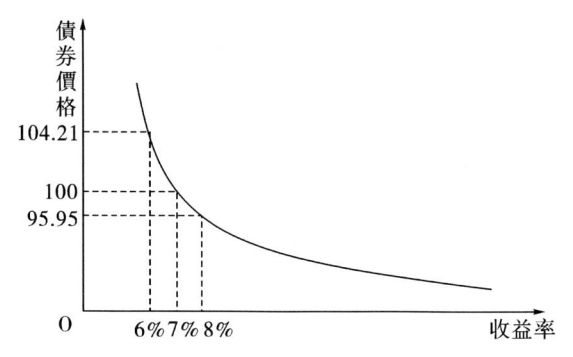

圖3-17 價格收益率曲線

三、債券接近到期日時，債券價格的變化

當債券接近到期日的時候，無論債券是按面值進行交易，還是折價或溢價交易，隨著到期日的不斷接近，債券價格會不斷接近面值，並且是以遞增的速度靠近面值，也就是說，債券折價或溢價以遞增的速度減少。

【例】某債券的面值為1,000，三年後到期，息票率為6%，半年支付一次利息。隨著到期日的臨近，計算收益率分別是3%、6%、12%時債券的價格變化情況。見表3-1。

表3-1　　　　　　　　　　收益率與距到期日期限

距到期日期限（年）	價格（收益率為3%）	價格（收益率為6%）	價格（收益率為12%）
3	1,085.40	1,000	852.48
2.5	1,071.74	1,000	873.63
2	1,057.82	1,000	896.05
1.5	1,043.68	1,000	919.81
1	1,029.34	1,000	945.00
0.5	1,014.78	1,000	971.69
0	1,000	1,000	1,000

其價值/時間曲線如圖 3-18 所示：

價值（元）

1,085.40 ── 收益率為3%

1,000.00 ── 收益率為6%

852.48 ── 收益率為12%

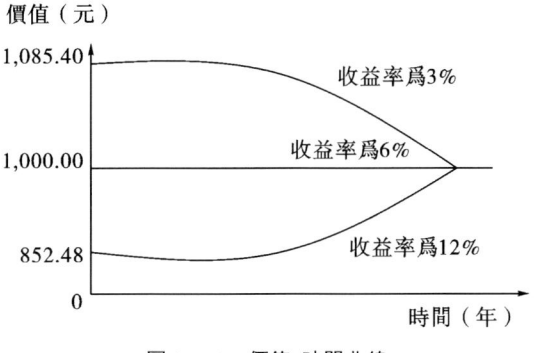

0 ─────────────── 時間（年）

圖 3-18　價值/時間曲線

四、計算零息債券（Zero-coupon Bond）的價值

零息債券指到期前不支付利息，到期時按面值一次性支付現金給投資者的一種債券。零息債券唯一的現金流就是到期後債券發行人支付的票面價值，將該唯一的現金流以合適的利率貼現，其現值即為零息債券的價值，計算公式為：

$$債券價值 = \frac{面值}{(1+利率)^{到期年限\times 2}}$$

式中，利率為複利週期折現率。

到期年限表示距離到期日的年數（這裡乘以 2 的原因是因為一年有兩個複利週期）。

【例】計算 10 年期、面值 1,000 的零息債券的價值。假定收益率為 8%，且複利週期為半年。

$$債券價值 = \frac{1,000}{(1+\frac{0.08}{2})^{10\times 2}} = \frac{1,000}{1.04^{20}} = 456.39$$

其實，零息債券的收益中也包含利息支付，這種利息就是債券價值與面值之間的差值。

五、無套利定價方法（The Arbitrage-free Valuation Approach）

套利（Arbitrary）是指投資者發現同一或相似產品在市場中定價出現差異，採用在一個市場購進某種資產，同時在另外一個市場賣出該資產或替代品的交易，從而鎖定無風險收益的投資策略。

如果兩種證券或組合的未來現金流以及風險相同，那麼其價格必然相等。如果它們的市場價格不等，就存在套利機會，投資者可以賣出相對價格高的證券或組合，同時買入價格相對低的證券或組合，套利者會得到一個無風險的收益。

無套利定價方法指的是投資者將一個息票債券的現金流看成若干獨立現金流的組合，也就是說息票債券等同於一系列零息債券的組合。如此一來，息票債券的價格就

等於一系列零息債券價格的和，即債券的價格為將債券的各期現金流用與其期限對應的折現率進行折現求和，而不是用同一個折現率進行折現（除非利率的期限結構是平坦的）。這種折現率就是期限不同的即期利率，可以看成不同期限的零息債券的要求收益率。最後計算出的價格也稱為債券的無套利價格。

無套利定價方法的第一步是找出與未來各期現金流對應的折現率（即期利率），用以貼現債券的各期現金流，所有現金流的現值加總就可得到債券的無套利價值。將計算出來的價值與該債券的市場價格進行比較。若不等，則債券被高估或低估，說明市場存在套利機會。一定市場條件下，交易商通過現金流組合技術和「買低賣高」的辦法就可以實現套利利潤。

【例】某1.5年期國債，息票率為6%，半年支付一次利息。6個月的即期利率為5%，12個月的即期利率為6%，18個月的即期利率為7%。若該債券的市場價格為992元，計算該債券的無套利價值，並判定是否存在套利機會，以及相應的策略。

$$\text{現值 PV（用即期利率）} = \frac{30}{1.025} + \frac{30}{1.03^2} + \frac{1,030}{1.035^3} = 986.55 \text{（元）}$$

顯然，該價值低於債券的市場價格，存在套利機會。此時，如果交易商在市場上買進能重新組合成「1.5年期國債」的單個現金流（零息債券），同時賣出該1.5年期國債，就可鎖定套利利潤為：992 - 986.55 = 5.45（元）。

判斷價格是否被高估或低估一般需要兩個步驟：首先，根據適當的即期利率或者到期收益率計算出債券的理論價值；然後，將理論價值和當前的市場價格進行比較，如果前者大於後者，則表明債券被低估；反之，則為高估。

如上題中的理論價值為986.55元，而市場價格為992元，所以該債券被高估了，應該賣出或進行賣空交易。

本章小結

● 貨幣時間價值，是指在不考慮通貨膨脹和風險性因素的情況下，貨幣資金在其週轉使用過程中隨著時間因素的變化而變化的價值，其實質是貨幣資金週轉使用後帶來的利潤或實現的增值。

● 現值，又稱本金，是指貨幣資金現在的價值。終值，又稱本利和，是指貨幣資金經過若干時期後包括本金和時間價值在內的未來價值。

● 單利終值是本金與未來利息之和，其計算公式為：

$$F = P + I = P + P \times i \times t = P(1 + i \times t)$$

● 單利現值是貨幣資金現在的價值。單利現值的計算就是確定未來終值的現在價值。單利現值的計算公式為：

$$P = F - I = F - F \times i \times t = F \times (1 - i \times t)$$

● 複利終值是指一定數量的本金在一定的利率下按照複利的方法計算出的若干時期以後的本金利息和，其公式為：

$$F = P \times (1 + i)^n$$

● 複利現值是指未來一定時間的特定貨幣資金按複利計算的現在價值。
● 由終值求現值，稱為折現，折算時使用的利率稱為折現率。複利現值的計算公式為：

$$P = \frac{F}{(1+i)^n} = F \cdot (1+i)^{-n}$$

● 單個現金流的現值或終值可以通過查現值系數表或終值系數表來簡化計算。
● 年金是指一定時期內一系列相等金額的收付款項構成的系列現金流。普通年金是指每期期末有等額的收付款項的年金，又稱後付年金。先付年金是指每期期初有等額的收付款項的年金，又稱預付年金。遞延年金是指第一次收付款發生時間是在第二期或者第二期以後的年金。永續年金是指無限期支付的年金，如優先股股利。它們的現值和終值可以通過查年金現值系數表或年金終值系數表來簡化計算。
● 金融資產定價的基本原則是：任何金融資產的價值都是其預期現金流的現值之和。
● 金融資產定價的基本步驟：
（1）估計預期現金流量，即預期在未來各期，資產所能帶來的現金流入以及可能發生的現金流出。
（2）選擇一個適當的貼現率，以便未來各期現金流進行貼現，這個貼現率必須能夠反應與資產有關的風險。
（3）最後用預期現金流和所選擇的貼現率計算未來預期現金流量的現值。
● 嵌入期權增加了債券未來現金流的不確定性，從而增加了債券定價的難度。
● 貼現率＝名義無風險收益率＋風險溢價。
● 折現債券的現金流時，折現率的複利頻率必須同利息支付頻率相對應。
● 貼現率升高時，債券價值降低；貼現率降低時，債券價值升高。
● 當債券接近到期日的時候，無論債券是按面值進行交易，還是折價或溢價交易，隨著到期日的不斷接近，債券價格會不斷接近並收斂於面值。
● 零息債券的價值，計算公式為：

$$債券價值 = \frac{面值}{(1+利率)^{到期年限 \times 2}}$$

● 若收益率大於息票率，債券以低於面值交易；
若收益率等於息票率，債券以面值交易；
若收益率小於息票率，債券以大於面值交易。
● 無套利定價方法指的是投資者將一個息票債券的現金流看成若干獨立現金流的組合，也就是說息票債券等同於一系列零息債券的組合。
● 息票債券的價格就等於一系列零息債券價格的和，即債券的價格為將債券的各期現金流用與其期限對應的折現率進行折現求和，這種折現率就是期限不同的即期利率。
● 採用無套利定價方法，必須要先確定定價時刻市場的利率期限結構。
● 如果用無套利定價方法計算出的債券理論價值同債券的市場價格不同，則存在

套利機會，投資者可以通過賣高買低的方法，鎖定一個無風險的收益。

練習題

1. 某人希望在第 5 年年末取得本利和 20,000 元，則在年利率為 2%、單利計息的方式下，此人現在應當存入銀行（　　）元。
   A. 18,114　　　　B. 18,181.82　　　　C. 18,004　　　　D. 18,000

2. 5 年期、10% 的票面利率、半年支付。債券的價格是 1,000 元，每次付息是（　　）元。
   A. 25　　　　B. 50　　　　C. 100　　　　D. 150

3. 若收益率大於息票率，債券以（　　）面值交易。
   A. 低於　　　　B. 高於　　　　C. 等價　　　　D. 與面值無關

4. 貼現率升高時，債券價值（　　）。
   A. 降低　　　　B. 升高　　　　C. 不變　　　　D. 與貼現率無關

用下面的數據完成 5、6 題：

一年期利率為 5.5%，一年以後的一年期遠期利率為 7.63%，兩年後的一年期遠期利率為 12.18%，三年後的一年期遠期利率為 15.5%。

5. 4 年期、1,000 元的面值、10% 的票面利率、年度付息的債券的價值接近於（　　）元。
   A. 995.89　　　　B. 1,009.16　　　　C. 1,085.62　　　　D. 1,099.87

6. 面值 1,000 元、3 年期的零息債券的價值為（　　）元。
   A. 785　　　　B. 852　　　　C. 948　　　　D. 1,000

7. 隨著到期日的不斷接近，債券價格會不斷（　　）面值。
   A. 低於　　　　B. 高於　　　　C. 接近　　　　D. 與面值無關

8. 政府發行面值為 1,000 元、期限為 10 年的零息債券，如果在相同風險下投資者可接受的收益率為 8%，該債券的價值是多少？

9. 2007 年 7 月 1 日發行的某債券，面值 100 元，期限 3 年，票面年利率 8%，每半年付息一次。求：

（1）假設風險證券的市場利率為 8%，計算該債券的實際年利率和全部利息在 2007 年 7 月 1 日的現值。

（2）假設風險證券的市場利率為 10%，計算 2007 年 7 月 1 日該債券的價值。

（3）假設風險證券的市場利率為 12%，2008 年 7 月 1 日該債券的市價是 85 元，試問該債券當時是否值得購買？

（4）某投資者 2009 年 7 月 1 日以 97 元購入，試問該投資者持有該債券至到期日的收益率是多少？

10. C 公司在 2001 年 1 月 1 日發行 5 年期債券，面值 1,000 元，票面利率 10%，於每年 12 月 31 日付息，到期時一次還本。要求：

（1）假定 2001 年 1 月 1 日金融市場上與該債券同類風險投資的利率是 9%，該債

券的發行價應為多少？

（2）假定1年後該債券的市場價格為1,049.06元，該債券於2002年1月1日的到期收益率是多少？

（3）該債券發行4年後該公司被揭露出會計帳目有詐欺嫌疑，這一不利消息使得該債券價格在2005年1月1日由開盤的1,018.52元跌至收盤的900元。跌價後該債券的到期收益率是多少（假設能夠全部按時收回本息）？

（4）該債券發行4年後該公司被揭露出會計帳目有詐欺嫌疑，假設證券評級機構對它此時的風險估計如下：如期完全償還本息的概率是50%，完全不能償還本息的概率是50%。當時金融市場的無風險收益率為8%，風險報酬系數為0.15，債券評級機構對違約風險的估計是可靠的，請問此時該債券的價值是多少？

第四章 債券的風險及其衡量

本章學習目標：

　　本章分為兩節，第一節介紹債券投資面臨的各類風險，需要理解它們的含義、主要表現、影響因素及如何影響債券價格；第二節要掌握衡量債券利率風險的各種方法，並且能對這些方法進行比較，為後面學習債券投資組合風險管理打下基礎。

第一節　債券的風險

　　債券投資風險指影響債券價格的不確定性因素。債券價格由未來的現金流和貼現率兩個因素來決定，影響債券的未來現金流和貼現率發生變化的有很多因素，這些因素就是債券投資的風險因子。一般來說，債券的風險主要有下面幾種：

一、利率風險（Interest Rate Risk）

　　固定收益證券的價格受利率波動的影響包含三層含義：第一，利率一般水平的變化會導致固定收益證券價格發生變化，從而影響投資者資本利得的大小；第二，利率變化會導致固定收益證券利息收入再投資收益率的變化；第三，利率變化會導致某類固定收益證券本金流量發生變化，進而給投資者收益帶來變化。我們一般所說的利率風險主要是指上述的第一層含義。

　　通常情況下，固定收益證券價格受利率水平變化的影響，主要是：證券的價格與市場利率呈反方向變化；償還期越長，債券價格波動幅度越大；票面利率越低，價格波動越大；相同幅度的利率變化，引起債券價格上升與下降的幅度不同，即利率下降引起債券價格上升的幅度，要超過利率上升引起債券價格下降的幅度。圖4-1顯示了票面利率為8%的債券的價格與收益率的關係。

　　可以看到，當票面利率等於市場利率時，債券價格等於面值，稱為平價債券。

　　當票面利率大於市場利率時，債券價格高於面值，稱為溢價債券。

　　當票面利率小於市場利率時，債券價格低於面值，稱為折價債券。

　　含權債券的價格可看成普通無期權債券的價格加上單獨期權的價格。當期權對發行者有利時，對投資者來說，期權價值為負，則含權債券的價格低於無期權債券的價格；當期權對投資者有利時，期權價值為正，則含權債券的價格高於無期權債券的價格。

图4-1 债券价格—收益率曲线

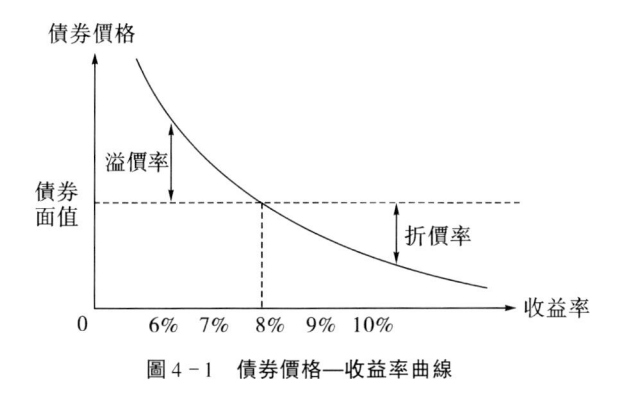

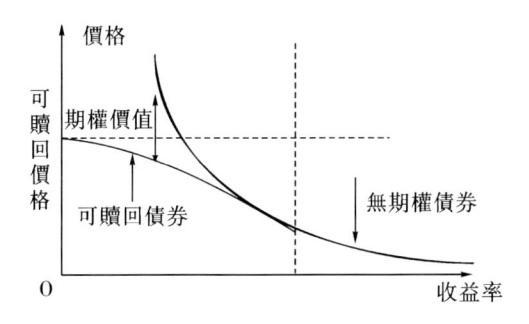

可赎回债券的价格、无期权债券的价格以及赎回期权的价格三者之间存在如下关系：

可赎回债券的价值＝无期权债券的价值－赎回期权的价值

如图4-2所示：

图4-2 含权债券的价格—收益率曲线

当利率处于较高水平时，可赎回债券的价格、无期权债券的价格没有明显差异，因为此时期权的价值赎回的可能性很小，期权的价值也小。当利率下降时，两种债券的价格出现差别增大，期权的价值开始有明显的显现；当利率进一步降低时，无期权债券的价格随之上涨，但可赎回债券的价格永远不会高于赎回价格，即赎回价格是可赎回债券的价格上限，此时两种债券的价格有非常显著的差异，因为赎回的可能性上升，赎回权的价格随之上升。

这些都是通常情况下的结论。由于固定收益证券种类繁多，个别证券的价格风险与上述结论有很大不同。例如，住房抵押支撑证券中的利息证券的价格，就与市场利率正相关；而某些高折现债券的价格变化幅度，则与偿还期呈反方向变化。

债券价格随市场利率变化而变化，利率风险衡量债券价值对利率变动的敏感程度，这种变化的敏感程度（市场利率变化一个单位将引起债券价格变化多少）取决于以下几个相关特征（见表4-1）：

（1）债券期限（Term to Maturity）。期限越长，相对于一定的利率变化，既定现金

流的現值變化就越大。所以,在其他條件相同的情況下,期限越長的債券,其利率風險也就越高。

(2) 息票利率(Coupon Rate)。息票利率低意味著大部分現金流發生在較遠的未來,息票利率高意味著大部分現金流發生在較近的未來,而對於一定量的現金流,時間越長其現值隨貼現率的變化越大。因此,在其他條件相同的情況下,息票利率越低的債券,其利率風險越高。

(3) 初始利率。對於既定的收益率變動,當初始市場收益率水平較低時,價格波動率較高;而當初始收益率水平較高時,價格的波動率則較低。

(4) 嵌入期權(Embedded Option)。嵌入期權使得債券未來現金流存在不確定性,因而影響利率風險。但究竟如何影響特定債券的利率風險取決於期權對哪一方有利。在可贖回債券中,當利率下降時,贖回期權限制了債券價格的上漲,債券價格一般不會超過贖回價格。因此,可贖回債券價值對利率變動的敏感性低於無期權債券。在可回售債券中,當利率上漲時,回售期權限制了債券價格的下降,債券價格一般不會低於可回售價格,因此,可回售債券價值對利率變動的敏感性低於無期權債券。

表4-1　　　　　　　　　　　利率風險的影響因素

特徵	利率風險	久期
期限越長	越高	越大
息票利率越高	越低	越小
初始市場利率越高	越低	越小
含有可贖回期權	降低	下降
含有可回售期權	降低	下降

固定利率債券的價格之所以變化,原因在於其票面利率與市場利率之間出現差異及差異的變動。對於浮動利率債券而言,其利率將根據參考利率定期調整,因此,浮動利率債券的利率在一定程度上與市場利率保持一致,所以浮動利率債券的價格隨市場利率變化而變動的幅度較小。一般而言,浮動利率債券的息票率等於參照利率與相應利差報價(Quoted Margin)之和。

但是浮動利率債券也會面臨利率風險,也就是其價格也會受到利率波動的影響,這是因為:

(1) 利率調整有時滯(Time Lag)。浮動利率債券的利率一般每半年或一個季度才調整一次,而市場利率每天都在變化,導致浮動利率債券的實際利率與市場利率仍存在一定的差距,因此,浮動利率債券價格仍隨市場利率變化而波動。兩次利率調整之間的時間間隔越長,浮動利率債券的利率風險就越高;反之,利率風險越低。

(2) 利差報價一般是固定的,而不是隨市場環境變化而變化的,無法反應可能會出現的意外狀況。假如浮動利率債券的息票率等於180天LIBOR加上2%的利差,那麼其中的2%往往是固定的。當公司信用等級發生變化時,並不能在息票率公式中反應出來,所以債券價格就會發生變化,以反應發行人信用等級的變化。

浮動利率債券可能設定利率上限和下限,這使得債券利率不能與市場利率完全保

持一致，從而增大了浮動利率債券的利率風險。一旦市場利率超過了上限，債券利率就會鎖定在上限水平，此時，債券價格變化就和固定利率債券相同，即隨著利率水平上升，債券價格下降，這種風險也被稱為上限風險（Cap Risk）。

利率風險是固定收益證券最顯著的風險之一，所以是固定收益證券投資中風險管理的主要研究對象。

二、收益率曲線風險（Yield Risk）

本質上，收益率曲線風險屬於利率風險，但是如果前述的利率風險討論的利率波動只針對收益率曲線的水平移動的話，那麼特定的收益率曲線風險就針對收益率曲線的非平行移動對債券價格帶來的影響。

市場利率變化，債券價格就會隨之發生改變。按無套利定價原理，息票債券在定價時可以看成是一系列不同期限的零息債券的組合，息票債券的每一個現金流可以看成是一個單獨的零息債券，因此息票債券的定價就轉換成一系列零息債券的定價，這需要一條完整的收益率曲線作為定價的基礎。

收益率曲線變化包括平行移動和非平行移動兩種。平行移動意味著不同期限的利率有相同方向、相同數量的變化，非平行移動則有多種形式，收益率曲線可能變得更陡峭、更平緩或出現彎曲。如果收益率曲線只有平行移動，利率風險可以用久期和凸度來度量，如果收益率曲線出現的是非平行移動，利率風險的管理就需要其他方法如關鍵利率久期，要描繪出不同期限利率運動不一致時對債券價格的影響。

三、贖回風險（Call Risk）

贖回風險來源於債券贖回導致現金流的不確定性。由於含權債券賦予了投資者或發行人某種期權，這些期權使得債券未來的現金流產生了不確定性。它會給投資人帶來三種不利的影響：首先，由於不知債券何時被贖回，所以此債券的未來現金流是不確定的；其次，由於發行人一般在利率很低時贖回債券，所以投資者會面臨再投資風險，因為此時市場利率很低，投資成本必定較高；最後，和無期權債券相比，這種債券的價格上漲潛力比較小。

四、提前支付風險（Prepayment Risk）

類似的，賦予發行人在到期之前部分或全部償付債務的權利，也可能會給投資者帶來減值的風險，這種風險稱為提前支付風險。它和贖回風險一樣，會給投資者帶來不利影響。

五、信用風險（Credit Risk）

信用風險指債券發行人不按照合約規定償付利息或本金的可能性。在債券的各種風險中，信用風險是最主要的風險之一。

推延支付債務利息或本金，或部分隱藏或忽略應承擔的債務償付義務都屬於信用風險範疇。當發行人信用風險增加時，債券評級機構將下調債券發行人的信用評級，

並因此而引起債券價格下跌,必要收益率上升。在所有的債券種類中,除國債之外,其他所有債券都會或多或少地具有一定的信用風險。信用風險的形式包括:

(1) 違約風險(Default Risk)。它是指債券發行人無法履行債券合約中規定的本息償付義務的可能性。這分為兩種情況:一是不能準時足額支付債券利息和本金;二是不能遵守其他規定(如資產負債率不能高於規定數值等)。當債券發行人違約時,投資者可以通過法律手段申請其破產,將其剩餘資產用來清償債務。但如果發行人資不抵債,投資者將遭受損失。

(2) 信用利差風險(Credit Spread Risk)。除國債外,其他各種債券都具有一定的信用風險,因而其他種類的債券必須提供高於國債的收益率才能吸引投資者。為補償信用風險而提供的這部分收益差額稱為信用利差或信用風險溢價。用公式表示如下:

$$風險債券的收益率 = 無風險債券的收益率 + 信用風險溢價$$

當發行人的經營或財務情況或者市場環境發生變化時,信用風險增加導致信用利差提高,因而債券價格下跌。這種可能性即為信用利差風險。

(3) 降級風險(Downgrade Risk)。它是指信用評級機構調低債券發行人信用等級,並引起債券價格下降的可能性。一般而言,債券收益水平與其信用等級相對應,且成正比例關係。因此,如果信用評級機構降低債券發行人的信用等級,投資者必然要求更高的收益率,此時,債券價格將下跌,從而使得債券持有人遭受一定的損失。

信用評級機構是債券市場必不可少的組成部分,因為大多數公司債券和市政債券的等級由一個或多個評級機構評定,但面值小的債券和某些行業債券(如銀行)除外(這些債券被稱為不評級債券)。目前世界上主要的評級機構有四家:達福和費爾帕斯公司(Duff and Phelps)、惠譽投資者服務公司(Fitch Investors Service)、穆迪公司(Moody's)、標準普爾公司(Standard and Poor's)。

債券評級需要對債券進行基本分析。評級機構通過對發行人及具體債券的分析來判定債券違約的可能性,並向市場提供它們的債券評級信息。評級信息如表4-2所示。

表4-2　　　　　　　　　　　　　評級信息

	達福和費爾帕斯	惠譽投資者服務	穆迪公司	標準普爾	定義
高級	AAA	AAA	Aaa	AAA	有很強的本金和利息支付能力,被稱為「金邊債券」。
	AA	AA	Aa	AA	有很強的本金和利息支付能力,但安全性略低。
中級	A	A	A	A	有很誘人的投資特性。有足夠的還本付息能力。但也有導致風險惡化的可能性。
	BBB	BBB	Baa	BBB	被認為有足夠的能力支付本金和利息。但在經濟不景氣時,缺乏保護性措施,導致支付能力弱化。
投機級	BB	BB	Ba	BB	不論經濟好壞都只有中等的支付本金和利息的能力。
	B	B	B	B	缺少有吸引力的投資特徵。在長時期內支付本金和利息的安全系數很小。

表4-2(續)

	達福和費爾帕斯	惠譽投資者服務	穆迪公司	標準普爾	定義
違約級	CCC	CCC	Caa	CCC	低質量債券，隨時有不履行義務或違約的危險。
	CC	CC	Ca	CC	高投機性債券，經常不能履行義務，或有其他嚴重缺陷。
	C	C			低等級債券，投資質量差。
	C			C	屬收益債券等級，可能不能支付利息。
	DDD			D	不支付利息和本金的債券。這種債券完全是投機性的，只能依據在破產清算或重組時的價值來估算。
	DD				
	D				

六、再投資風險（Fixed-income Securities）

再投資風險指將從固定收益證券獲得的現金流再投資時面臨的風險。在計算固定收益證券的到期收益率時，一般假設投資期間產生的現金流以不變的收益率進行再投資。但實際上，由於利率變動，再投資收益率可能與原來假定的收益率不同，從而影響整個投資的收益率，這種因為再投資收益率變動造成的風險稱為再投資風險。當購買可贖回債券和可提前支付債券時，再投資風險會很大。因為債券贖回時，市場利率很低；而債券提前部分或全部支付時，必須將大量的期間現金流入進行再投資，此時利率下降就會降低收益。

再投資風險的大小取決於以下幾個因素：

（1）在其他條件相同的情況下，息票利率越高，需進行再投資的利息越多，再投資收益低於預定收益的可能性越大，再投資風險也就越大。

（2）對可贖回債券而言，如果市場利率大幅下降，那麼發行人在到期前很可能贖回債券，此時投資者不僅只能收到按贖回價格計算的現金流，而且會由於市場利率過低而面臨很大的再投資風險。

（3）對於很多擔保抵押債券而言，發行人往往會在到期前部分或全部償還本金。這樣，投資者會因此而承擔較高的再投資風險。

（4）如果債券合約中包含有提前償還條款，那麼投資者也同樣會因為提前收到本金而面臨較高的再投資風險。

（5）可提前分期償還債券相對於非分期償還債券具有更高的再投資風險，這是因為二者的本息償還方式不同：可提前分期償還債券在債券到期前將定期支付利息，同時還必須償還部分本金；而非分期償還債券到期前只支付利息，不支付本金，到期時一次性歸還本金。因此，債券到期前，可提前分期償還債券的投資者可用於再投資的貨幣資金更多，其面臨的再投資風險也就更高。

七、流動性風險（Liquidity Risk）

流動性風險是指債券在不受損失的情況下能否及時變現的風險，即投資者不能按

公平的價格及時賣出或者買進某種債券的可能性。流動性風險取決於二級債券市場的發達程度和債券本身的一些特點。

債券的流動性可以用買賣價差來衡量，買賣價差通常被認為是一種交易成本。如果買賣價差很小，說明債券的流動性好，例如財政債券；如果買賣價差較大，說明僅交易方向不同就必須承受較大的價格波動，則說明債券流動性差。

一般來說，長期資產的流動性風險較大，而短期資產的流動性風險較小；信用等級高的金融資產的流動性風險較小，而信用等級低的金融資產的流動性風險較大。流動性風險導致不能按照證券的真實價值進行交易，賣方被迫接受較低的價格，或者買方被迫支付較高的價格。另外，同一債券的流動性並不是始終不變的。例如，新發行債券更多地被投資者關注，因而流動性較強，風險較小；隨著它進入流通市場的時間推移，市場關注度逐漸下降，它的買賣價差越來越大，流動性降低，風險上升。

流動性風險對於任何投資者而言都是極其重要的，即使他們打算持有證券至到期日，也有債券的流動性風險。因為在持有期間，投資者有必要根據市場情況的變化通過買賣調整一種證券或證券組合的頭寸。有時加倉有時減倉，這會產生交易成本，而交易成本要受到流動性的影響。

注意：低流動性和高流動性風險的含義是一樣的！

八、匯率風險（Exchange-rate Risk）

若投資者持有債券的利息和本金以外國貨幣償還或者以外國貨幣計算但是用本國貨幣償還時，投資者就會面臨收益的不確定性，稱為匯率風險或者貨幣風險。

九、通貨膨脹風險（Inflation Risk）

通貨膨脹風險指因未預期到的通貨膨脹率變動而造成的債券收益的實際購買力具有不確定性。債券持有期內，投資者對於商品和服務價格的通貨膨脹率有一個預期，這個預期會影響投資者對於發行者每期固定金額利息支付的滿意程度。如果投資者預期在投資債券的期限內，有3%的通貨膨脹率，那麼，投資者會要求到期收益率在彌補債券其他風險的基礎上，再增加3%的補償收益率。在投資期限內，實際的通貨膨脹率可能會高於或者低於此預期通貨膨脹率。如果實際通貨膨脹率高於預期的通貨膨脹率，那麼投資者收到的利息和本金的實際購買力會小於預期值；反之，實際通貨膨脹率低於預期的通貨膨脹率，持有債券的實際收益會大於預期收益。這種沒有預期到的通貨膨脹率波動稱為通貨膨脹風險。

十、波動性風險（Volatility Risk）

波動性風險指因利率波動影響債券嵌入期權的價值，從而影響債券價格的風險。根據期權定價理論，期權的價值直接與標的資產價格的隨機波動相關，資產價格的隨機波動越大，期權價值也越大。

所謂含權債券是指債券合約中含有某種期權條款的債券。它包括可贖回債券、可提前償還債券、可回售債券三種。這三種含權債券的價值等於不含權債券的價值加上

或者減去相應的期權價值，即：含權債券的價值＝無含權債券價值＋期權的價值。債券的預期收益率波動性會影響其嵌入期權的價值，從而影響債券的價格。具體來說：

可贖回債券中所嵌入的贖回期權有利於發行人，而不利於投資者，因此，可贖回債券的價值為：

$$可贖回債券的價值＝不含權債券的價值－看漲期權的價值$$

因此，如果利率波動性增加，看漲期權的價值也將增加，可贖回債券的價值將下降；反之，如果利率波動性降低，看漲期權的價值也將下降，可贖回債券的價值將上升。

可回售債券中所嵌入的回售期權有利於投資者，因此，可回售債券的價值為：

$$可回售債券的價值＝不含權債券的價值＋看跌期權的價值$$

因此，如果利率波動性增加，看跌期權的價值也將增加，可回售債券的價值將上升；反之，如果利率波動性降低，看跌期權的價值也將下降，可回售債券的價值將下降。

十一、特定事件風險（Event Risk）

特定事件風險是指特定事件對公司財務狀況和潛在投資價值產生的不確定性影響。特定事件風險包含了許多可以改變特定證券價值的風險因素，包括以下方面：

（1）自然災害，如洪水、地震等，可能使債券發行者財務狀況惡化，從而影響其償債能力，進而影響公司發行的債券的價值。

（2）公司重組，如兼併、分拆、管理層收購等公司重組，可能影響作為債券抵押品的資產或公司的現金流情況。這可能導致公司債券信用等級下降，並可能影響行業中其他相似的公司。

（3）法規風險，即國家政府和監管機構的法律、規定等相關制度的變化可能影響公司的生產經營狀況或直接影響債券價格。例如，如果取消了地方債券的利息所得稅優惠政策，那麼相關地方債券的稅後現金流就會降低，其市值也會同時降低。

十二、主權風險（Sovereign Risk）

主權風險指政府對於其發行的政府債券的態度的變化，比如對外宣布暫停或永久停止支付債券利息和償還本金等。它包括政府是否具有償還的意願和是否具有償還的能力兩種情況。

第二節　債券利率風險的衡量

一、全值法（The Full Valuation Approach）

全值法又稱為情景分析法，是預測利率水平可能變動的全部狀況對固定收益證券價格影響的一種風險衡量方法。

全值法首先假定利率水平可能發生變動的程度和範圍，一般假設利率水平變動為 0、±25、±50、±100、±150、±200 個基點，然後利用債券的定價模型計算資產在每一個利率變動狀況下的價值，分析價格變動與利率波動之間的關係。

【例】有 X、Y 兩個不含期權債券。X 的息票率為 8%，每年支付一次，5 年到期。Y 的息票率為 5%，每年支付一次，15 年到期。

假定某投資組合包含上述兩種債券，並且每種債券的數量都是 10 million（面值）。第一種情景是假定收益率曲線平行移動 +50bp，第二種情景是假定收益率曲線平行移動 +100bp。

用全值法計算的兩種情景下的數據如表 4-3 所示：

表 4-3　　　　　　　　　　　　全值法計算

變化順序	收益率	市場價格 X	市場價格 Y	組合	組合價值（Δ%）
現值	0	10.842,47	8.178,42	19.020,89	
1	+50bp	10.623,35	7.793,22	18.416,57	-3.18
2	+100bp	10.410,02	7.432,16	17.842,18	-6.20

值得注意的是，對於 X、Y 兩種債券來說，收益率增加 50bp 時，X 的價值下降 2.02%，而 Y 的價值下降 4.71%；收益率增加 100bp 時，X 的價值下降 3.99%，而 Y 的價值下降 9.12%。原因在於 Y 是長期債券，並且息票率較低，所以面臨較高的利率風險。

全值法可以全面反應利率變動的每一種可能狀況對資產價格的影響，刻畫出一個完整的利率—價格函數關係，作為重要的投資分析參考依據。但是此分析方法受計算成本昂貴、分析困難等因素的制約，沒有久期—凸度衡量方法應用得那樣廣泛。

二、久期—凸度法 (The Duration/Convexity Approach)

久期—凸度法是利用債券價格對利率波動的敏感性估計債券價值的方法。

（一）久期

久期是衡量債券價格對利率波動敏感性的指標，也就是說，久期可以理解為利率變化 1% 時債券價格變化的幅度，它是債券價格變化率和收益率變動之間的比率，其計算公式為：

$$久期 = -\frac{債券價格變化百分比}{收益率波動} = -\frac{\Delta P/P}{\Delta y}$$

注意：由於債券價格的變化方向和收益率的變化方向相反，價格變化率和收益率變化的符號是相反的，因此在計算久期時，需要在債券價格變化率對收益率的變化前加一個負號，使得久期一般為正值。

【例】如果收益率從 5% 下降為 3% 時，某債券的價格從 100 上升到 104，求此債券的久期。

此債券的久期為：

$$D = \frac{(104-100)/100}{3\%-5\%} = 2$$

如果已知債券的久期，可以根據利率的波動計算債券價格的變動率。

【例】某債券的久期為7.2。如果收益率從8.3%下降為7.9%，計算債券價格的變化率。

$\Delta P/P = -\Delta y \times duration = -(7.9\%-8.3\%) \times 7.2 = 2.88\%$

也就是說隨著收益率的下降，債券的價格上升了2.88%。

利用久期可以對債券進行利率波動後的重新估值。

【例】某債券當前的成交價為1,034.50，收益率為7.38%，久期為8.5。如果收益率上升為7.77%，計算債券的新價格。

收益率的改變為：

7.77% - 7.38% = 0.39%

那麼，債券價格大約變化了：

$-0.39\% \times 8.5 = -3.315\%$

既然收益率上升了，那麼價格必然會下降，所以新價格為：

$(1-0.033,15) \times 1,034.50 = 1,000.21$

其他條件不變的情況下，息票率越低、到期日越長、市場收益率越低，則久期越大。

債券組合的久期和單一債券的久期一樣，表示收益率變動1%時債券組合價值的變化率。也就是說，債券組合的久期衡量整個組合的價值對於市場利率變動的敏感性。

與久期法相比，全值法更精確，因為它可以反應債券價格對利率任何波動的敏感性。而久期法嚴格來說只能估計收益率曲線平行移動的影響，但其優點是計算方便簡單。

(二) 債券的凸性 (Convexity)

無期權債券即為通常意義上的債券，該種債券的價格和收益率成反向變動關係，但不是簡單的直線關係，而是凸性關係。一般將無期權債券的價格—收益率關係稱為正凸性。此外，也可將正凸性定義為：對於某一給定的利率變化，當市場收益率高時債券價格的敏感性低，而當市場收益率低時價格的敏感性高。從圖4-4上看，正凸性是指價格—收益率曲線凸向原點。

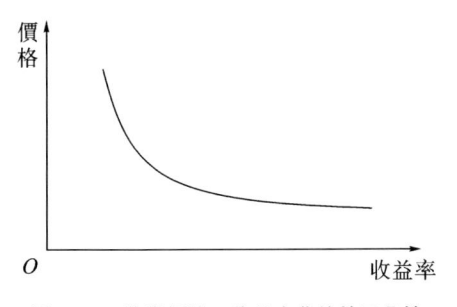

圖4-4 債券價格—收益率曲線的正凸性

也就是說，債券價格隨收益率上升而下降，但是下降的速度是不斷變慢的。即收益率每提高1％，債券價格下降的幅度逐漸減小。正因為這樣，這種正凸性有利於債券投資者，因為收益率下降1％（可以是任意幅度）後債券價格上升的幅度大於收益率上升1％後債券價格下降的幅度。債券價格的凸性使得使用久期衡量利率風險不夠精準，因為價格的變動率在利率上升和下降兩個方向上是不對稱的，利用久期對債券定價時卻認為二者相同。

含權債券的價格由兩部分組成：一是無期權債券的價值，二是嵌入期權的價值。期權的價值會影響債券的久期，也就是說含權債券與不含權債券相比，其價格隨利率波動的變動率不同，期權會降低債券價格對利率波動的敏感性。

可贖回債券的價格—收益率曲線不是一個標準的凸性形狀，這是因為當利率或者到期收益率下降到一定程度時，債券價格上升的速度變慢，且受到贖回價的限制，價格不能突破贖回價，否則債券會被發行人贖回，此時價格—收益率曲線會背離原點，即呈現負凸性。如果債券被贖回，那麼可贖回債券的持有人只能得到固定的收益，所以債券的價格並不反應標準債券定價下較低的市場利率，而是主要反應贖回這一性質。在任何給定收益率下，贖回期權的價值可通過計算無期權債券價格和可贖回債券價格之間的差額來確定。

由於可提前償還債券所含的期權（看漲期權）本質上與可贖回債券所含的期權是一樣的，所以可提前償還債券的價格—收益率曲線性質與可贖回債券的價格—收益率曲線近似，如圖4-5所示。

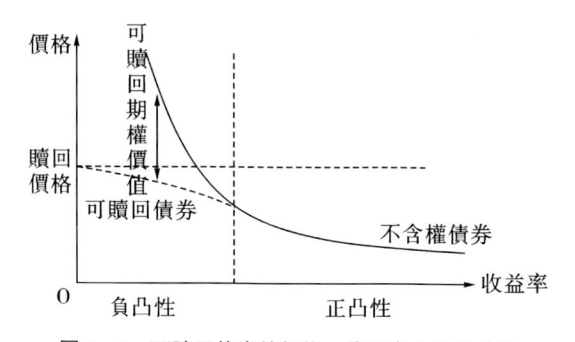

圖4-5 可贖回債券的價格—收益率曲線的凸性

可回售債券是指持有者在到期日可以按照約定價格回售給發行人的債券。在整個債券存續期間，持有者可能被允許有一次也可能有多次機會把債券回售給發行者。這樣，當利率上升、債券價格下降時，投資者就可以將債券按約定價格回售給發行人。

可回售債券的價值＝不可回售債券的價格＋可回售期權（看跌期權）的價值

購買可回售債券以後，投資者擁有期權，這意味著期權對債券的價格有正面影響。當利率上升時，期權的價值也將上升；反之，期權的價值就下降。因此，當利率上升到一定程度時，可回售債券的價格下降幅度沒有不含權債券那麼大，而是隨著收益率不斷提高，債券價格波動幅度越來越小，表示價格的利率敏感性下降了。

可回售債券的價格—收益率曲線如圖4-6所示：

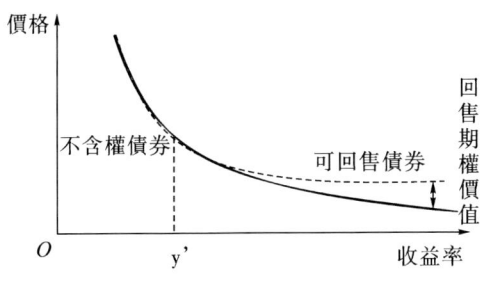

圖 4-6 可回售債券的價格—收益率曲線

(三) 有效久期 (Effective Duration)

久期是衡量債券價格對利率變化敏感性的指標。有效久期是指收益率上升和下降相同幅度時，債券價格的平均變化率。有效久期考慮到了債券價格—收益率曲線的凸度，對價格在兩個方向的變動進行了平均，其計算公式為：

$$有效久期 = \frac{V_- - V_+}{2V_0 (\Delta y)}$$

式中，Δy 表示收益率變化大小；V_- 表示收益率下降 Δy 時的債券價值；V_+ 表示收益率上升 Δy 時的債券價值；V_0 表示債券的初始價值。

同樣，知道了有效久期和市場收益率的變動情況，我們也可以計算出債券價格改變的近似值。其計算公式為：

$$債券價格變化的近似值 = -ED \times \Delta y$$

【例】假設 20 年到期、含 9% 息票率的不含權債券的價格為 134.672,2，到期收益率為 6%。當我們把收益率上下調整 20 個基點時，這時候新的債券價格會是多少？

如果收益率下降 20 個基點，也就是說收益率從 6% 變化到 5.8%，價格會增加到 137.588,8。如果收益率增加 20 個基點，債券價格會下降到 131.843,9。因此，

$V_- = 137.588,8$

$V_+ = 131.843,9$

$V_0 = 134.672,2$

$\Delta y = 0.002$

所以 $ED = \dfrac{137.588,8 - 131.843,9}{2 \times 134.672,2 \times 0.002} = 10.66$

10.66 的久期意味著如果利率變化 100 個基點，那麼價格的變化率是 10.66%。

(四) 麥考利久期 (Macaulay Duration) 和修正久期 (Modified Duration)

麥考利久期 (Macaulay Duration) 是最早的久期計算方法，但與有效久期的定義不同，麥考利久期定義為債券每次支付現金時間的加權平均值，其中權重為每次支付的現金流現值與現金流現值總和（即債券價值）的比率。其公式為：

$$D = \sum_{t=1}^{r} t \times w_t$$

$$w_t = [CF_t / (1+y)^t] / Price$$

公式中，t 為現金流支付的時間，w_t 為 t 時刻的權重，CF_t 為 t 時刻的現金流，$Price$ 是所有現金流現值的和，即債券價格。

從這個意義上說，麥考利久期衡量的是債券投資者取得回報的平均時間。零息債券的麥考利久期就是債券的到期期限，因為零息債券只支付一次現金。息票債券的麥考利久期低於它的到期期限。

修正久期是從麥考利久期發展而來的，它對麥考利久期進行了改進，將到期收益率也考慮了進去。其公式為：

$$修正久期 = 麥考利久期 / (1 + y/m)$$

公式中，y 為年收益率，m 為年複利頻率。

麥考利久期和修正久期都是假設債券未來的現金流保持不變計算出來的，這種計算方法沒有考慮債券的含權問題，即利率的變動會影響債券未來的現金流，因此兩公式不適合於衡量含權債券的利率風險。有效久期是根據價格對收益率的變化計算出來的，而債券的定價模型考慮了債券含權問題，因此有效久期是衡量含權債券利率風險的最佳指標。但是如果是衡量不含權債券的利率風險，有效久期、麥考利久期、修正久期都是一樣有效的。

從有效久期、麥考利久期、修正久期的概念可以看出，可以從三個方面定義和解釋久期：

（1）久期是收益率變化1%時債券價格的變動率。這是對久期最直觀、最容易理解的解釋。這是有效久期體現出來的含義。

（2）久期是對時間的一種衡量，即久期是每次支付現金所用時間的加權平均值。這是麥考利久期體現出來的含義。

（3）久期是在當前到期收益率條件下價格—收益率曲線的切線斜率。這是修正久期體現出來的含義。

三、組合久期（Portfolio Duration）

債券投資組合的久期可以通過組合中各債券久期的加權平均值來計算，其中，權重是每種債券價值占組合總價值的比率，其計算公式為：

$$D_p = w_1 D_1 + w_2 D_2 + \cdots + w_n D_n$$

式中，w_i 為債券 i 在組合中的權重，D_i 為債券 i 的久期，n 為組合中的債券數量。

【例】某債券組合僅包含兩只債券 A、B。A 的市場價值是 6,000，B 的市場價值是 4,000。A 的久期是 8.5，B 的久期是 4.0，計算該組合的久期。

顯然，組合的市場價值為 6,000 + 4,000 = 10,000

所以，組合的久期為：

$$D_p = \frac{6,000}{10,000} \times 8.5 + \frac{4,000}{10,000} \times 4.0 = 6.7$$

如果利率下降 100 個基點，則該組合的價值會上升 6.7%。

只有收益率曲線是平行移動時，才可以利用久期或組合久期來衡量債券或債券組合的價格對收益率變動的敏感性。但在實際生活中，收益率曲線會出現非平行移動，

這就限制了久期的應用。這時需要更深入地使用關鍵利率久期（Key Rate Duration）來討論單個債券或組合的利率風險。

四、債券凸性的衡量

債券的價格—收益率曲線是凸性的曲線，凸度就是衡量曲線彎曲程度的指標。價格—收益率曲線越彎曲，則凸度越大。直線的凸度為零。之所以要關注凸度，就是因為價格—收益率曲線越彎曲，用久期來衡量債券價格變動的偏差就越大。

假設某國債的息票率為8%，20年到期，面值為1,000。當前的成交價為908，所以到期收益率為9%，有效久期為9.42。其價格—收益率曲線如圖4－7所示，直線代表用久期對債券新價格的估算。

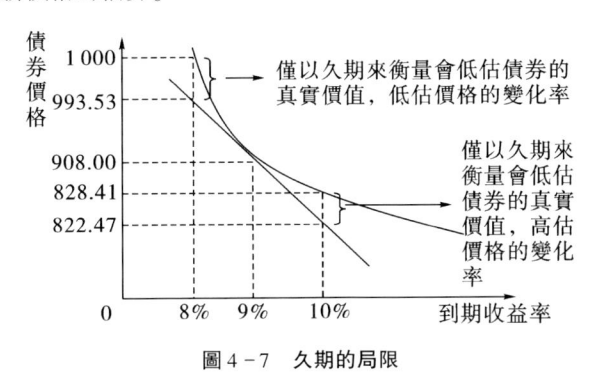

圖4－7　久期的局限

從圖4－7中可以看到，當收益率下降1%時，債券的真實價值是1,000，而用9.42這個久期計算出來的價值卻是993.53，低估了債券的真實價值。當收益率上升1%時，債券的真實價值是822.47，而用9.42這個久期計算出來的價值卻是828.41，高估了債券的真實價值。

只要債券的價格—收益率曲線不是直線，用久期來估計債券價格變化就會產生偏差。而且隨著價格—收益率曲線的彎曲程度逐步增加，這種偏差會越來越大。此外，收益率的變化（將上文中的1%換成2%或3%等）越大，偏差也就越大。

通過合併久期和凸度，我們能夠對債券的價格變化進行更為準確的估計。其計算公式如下：

價格變化百分比 = 久期效應 + 凸度效應

$$= [(-久期 \times 收益率變化) + (凸度 \times 收益率變化^2)]$$

【例】某國債的息票率為8%，當前的成交價為908，到期收益率為9%。給定9.42的久期與68.33的凸度。計算收益率增加1%和減少1%時債券價格的變化情況。

收益率下降1%：久期效應為 $-9.42 \times (-0.01) = 0.094,2$

　　　　　　　凸度效應為 $68.33 \times (-0.01)^2 \times 100 = 0.683\%$

　　　　　　　價格總變動為 $9.42\% + 0.683\% = 10.103\%$

收益率上升1%：久期效應為 $-9.42 \times (0.01) = -9.42\%$

凸度效應為 $68.33 \times 0.01^2 \times 100 = 0.683\%$

價格總變動為 $-9.42\% + 0.683\% = -8.737\%$

若價格—收益率曲線是正凸性的，則凸度的作用始終是正值，若價格—收益率曲是負凸性的，則凸度的作用始終是負值。

修正凸度（Modified Convexity）假設未來現金流是確定的，不會由於債券嵌入期權而影響現金流；而有效凸度考慮到了期權對未來現金流的影響。修正凸度和有效凸度的區分跟修正久期和有效久期的區分一樣。

五、基點價值（PVBP）

衡量債券價格利率敏感性的另一種方法是基點價值或者說 1 個基點的價值，它表示收益率變動 1 個基點時價格變動的絕對值。其計算公式如下：

基點的價值 = |初始價格 − 收益率變化一個基點後的債券價格|

基點的價值與久期之間存在著一定的聯繫。事實上，基點的價值是久期的一個特殊情況，因為久期是當利率變化 100 個基點時，債券價格的近似變動百分比。所以上述公式也可以寫成：

基點的價值 = 久期 × 0.000,1 × 債券價值

【例】某債券的市場價值為 100,000 元，久期為 9.42。計算 PVBP。
根據公式可得：
PVBP = 9.42 × 0.000,1 × 100,000 = 94.2
即利率每變動 1 個基點，債券的價值反方向變化 94.2 元。

本章小結

● 利率風險指當前市場利率變化對債券價格波動的影響。當債券的收益率高於（低於）票面利率時，債券價值低於（高於）面值。利率風險與期限正相關，與息票率、嵌入期權、市場收益率負相關。

● 可贖回債券的價值 = 不含權債券的價值 − 看漲期權的價值

● 久期是衡量債券價格對利率變動敏感性的指標，也就是說，久期可以理解為利率變化 1% 時債券價格變化的幅度，它是債券價格變化率和收益率變動之間的比率。債券價格的變化率 = − 久期 × 利率變化。

● 收益率曲線風險。這種風險來源於收益率曲線形狀的非平衡變動。當收益率曲線非平行移動時，久期不能準確解釋利率對價格的影響。

● 贖回和提前支付風險。贖回風險來源於債券贖回導致現金流變動的不確定性。賦予發行人在到期之前部分或全部償付債務的權利，也可能會給投資者帶來減值的風險，這種風險稱為提前支付風險。

● 再投資風險指將從固定收益證券獲得的現金流再投資時面臨的風險。息票率越高、嵌入期權的存在，都會使債券的再投資風險提高。

- 信用風險指其發行人不按照合約規定償付利息或本金的可能性。在債券的各種風險中,信用風險是最主要的風險之一,包括違約風險、降級風險、信用價差風險。
- 流動性風險是指債券在不受損失的情況下能否及時變現的風險。缺乏流動性會對投資組合的定價和業績衡量產生負面效應,即使投資者持有債券到期。
- 匯率風險。若投資者持有債券的利息和本金以外國貨幣償還或者以外國貨幣計算但是用本國貨幣償還時,投資者就會面臨一定的匯率變化風險,即匯率風險或者稱為貨幣風險。如果某外幣貶值,那麼以該外幣支付的債券的價值就會下降。
- 通貨膨脹風險指因未預期到的通貨膨脹率變動而造成的債券實際購買力變動的不確定性。如果未預期到的通貨膨脹率上升,現金流的購買力就會下降,債券價值就會降低。
- 波動性風險指因價格波動影響債券嵌入期權的價值,從而影響債券價格的風險。如果利率波動性增加,看漲期權的價值將增加,可贖回債券的價值將下降;反之,如果利率波動性降低,看漲期權的價值將下降,可贖回債券的價值將上升。
- 如果利率波動性增加,看跌期權的價值也將增加,可回售債券的價值將上升;反之,如果利率波動性降低,看跌期權的價值也將下降,可回售債券的價值將下降。
- 特定事件風險是指特定事件對公司財務狀況和潛在投資價值產生的不確定性影響。
- 主權風險指政府對於其發行的政府債券的態度的變化,比如對外宣布暫停或永久停止支付債券利息和償還本金等。
- 全值法又稱為情景分析法,是預測利率水平可能變動的全部狀況對固定收益證券價格影響的一種風險衡量方法。
- 用久期和凸度來衡量債券組合的價值變化較全值法更簡單一些,但這種方法只有在收益率曲線平行移動的條件下才正確。
- 相對於不含權債券,可贖回債券和可提前償還債券在收益率較低時面臨的利率風險較低;而可回售債券在收益率較高時面臨的利率風險較低。
- 不含權債券的價格—收益率曲線是彎曲的,並且是正凸性的。
- 可贖回債券在低利率時是負凸性的,在高利率時是正凸性的。
- 有效久期 $= \dfrac{V_- - V_+}{2V_0(\Delta y)}$。
- 債券價格的近似變動率 $= -D \times \Delta y$。
- 麥考利久期和修正久期都是以假定債券未來的現金流保持不變而計算出來的,這種計算方法沒有考慮債券含權的情況。
- 有效久期是根據債券價值對收益率的變化計算出來的,而債券的定價模型考慮了債券含權問題,因此有效久期是衡量含權債券利率風險的最佳指標。
- 久期是收益率變化1%時價格變化的近似值,這是對久期最直觀、最容易理解的解釋,這也是有效久期體現出來的含義。
- 組合的久期 $D_p = w_1 D_1 + w_2 D_2 + \cdots + w_n D_n$。只有收益率曲線平行移動時,才可以利用組合久期來衡量債券組合的價格對收益率的敏感性。但在實際生活中,收益率

曲線一般不是平行移動的，這就限制了組合久期的應用。

● 凸度是衡量價格—收益率曲線彎曲程度的指標。價格—收益率曲線越彎曲，則凸度越大。價格—收益率曲線越彎曲，用久期來衡量債券價格變動的偏差就越大。

● 價格變化率＝久期效應＋凸度效應

$$= [(-久期 \times 收益率變化) + (凸度 \times 收益率變化^2)]$$

● 衡量債券價格波動性的另一種方法是基點價值或者說1個基點的價值，它表示收益率變動1個基點時價格變動的絕對值。

練習題

1. 債券的期限越長，其利率風險（　　）。
   A. 越大　　　　B. 越小　　　　C. 與期限無關　　D. 無法確定
2. 投資人不能迅速地或以合理的價格出售公司債券，所面臨的風險為（　　）。
   A. 購買力風險　B. 流動性風險　C. 違約風險　　　D. 期限性風險
3. 投資於國庫券時可以不必考慮的風險是（　　）。
   A. 違約風險　　B. 利率風險　　C. 購買力風險　　D. 期限風險
4. 當市場利率大於債券票面利率時，一般應採用的發行方式為（　　）。
   A. 溢價發行　　B. 折價發行　　C. 面值發行　　　D. 市價發行
5. 在投資人想出售有價證券以獲取現金時，證券不能立即出售的風險被稱為（　　）。
   A. 違約風險　　B. 購買力風險　C. 變現力風險　　D. 再投資風險
6. 下列投資中，風險最小的是（　　）。
   A. 購買政府債券　　　　　　　B. 購買企業債券
   C. 購買股票　　　　　　　　　D. 投資開發項目
7. 下面的風險衡量方法中，最適合於對可贖回債券的風險進行衡量的是（　　）。
   A. 麥考利久期　B. 有效久期　　C. 修正久期　　　D. 凸度
8. 某國債的息票率為10%，當前的成交價為1,000元，到期收益率為11%。給定9.46的久期與68.35的凸度。計算收益率增加2%和減少2%時債券價格的變化情況。
9. 假設10年到期、10%息票率的不含權債券，到期收益率為6%。如果收益率上下波動10個基點，新的債券價格會是多少？
10. 債券的市場價值為300,000元，久期為10。計算PVBP。

第五章　通脹指數化債券

本章學習目標：

　　本章介紹了根據某種有效反應通貨膨脹變動的指標定期進行現金流支付調整的債券品種——通脹指數化債券。主要掌握通脹指數化債券的發展、主要功能及其存在的不足；通脹指數化債券設計中需要注意的問題，以及這種債券的現金流結構，並會計算交割價格現金流。

第一節　通脹指數化債券的特徵

一、什麼是通脹指數化債券

　　通脹指數化債券（Inflation Linked Bonds，ILB）是指債券的本金或利息根據某種有效反應通貨膨脹變動的指標［如消費者物價指數（Consumer Price Index，CPI）、零售物價指數（Retail Price Index，RPI）或國內生產總值除數（GDP Deflator）］定期進行調整的浮動債券品種。目前各國中央銀行或財政部推出了不同期限的通脹指數債券，其中美國的反通脹國債（Treasury Inflation Protected Securities，TIPS）和英國的通脹聯繫債券（Inflation Linked Gilts，ILG）最受投資者青睞。截至2009年底，全球通脹指數化債券總市值超過1.4萬億美元，在債券市場中的地位日益重要。

二、通脹指數化債券的發展歷程

　　目前世界上已知最早的通脹指數化債券是1780年美國獨立戰爭時期由馬薩諸塞州發行的，當時主要為了對付戰時高通脹以及士兵薪水購買力不斷下降而導致的不滿情緒而面向士兵發行，作為對其服務延期的補償，因而被稱為貶值票據或士兵貶值票據。雖然當時這種債券的發明是成功的，但是隨著高通脹的消除，指數化債券也逐步被取消，直到20世紀這種債券才重新興起。

　　通脹指數化債券真正獲得大的發展是在第二次世界大戰後，由於經濟發展而引發的高通脹，許多國家陸續推出通脹指數化債券，不僅包括發達國家，還有不少發展中國家也發行了通脹指數化債券。第二次世界大戰結束後已有15個國家發行了通脹指數債券。表5-1列出了部分國家通脹指數化債券初始發行及通脹率的情況。正如表5-1中所指出的，通脹指數化債券並不僅僅在正經歷著失控的通貨膨脹的國家發行，在成功地控製了通貨膨脹的國家也經常發行通脹指數化債券。例如，愛爾蘭在1949—1954

年這段時期內，通貨膨脹率每年平均超過 15%，然而在引入了通脹指數化債券之後的 1955 年，愛爾蘭的通貨膨脹率降為零。

表 5-1　第二次世界大戰結束後部分國家通脹指數化債券初始發行及通脹率的情況

年份	國家	通脹指數	引入前一年的通脹率（%）
1945	芬蘭	WPI①	6.48
1952	瑞典	CPI	2.0
1955	冰島	CPI	0②
1966	智利	CPI	22.2
1972	阿根廷	WPI	34.8
1981	英國	CPI	14.0
1989	墨西哥	CPI	114.8
1994	瑞典	CPI	4.4
1997	美國	CPI	3.0
1999	法國	CPI	1.3

資料來源：國家財務統計，國際貨幣基金組織（消費者價格）。

目前全球範圍內最大和最為成熟的通脹指數化公債市場是美國和英國。過去十年間，美國 TIPS 市場存量以年均 10% 的速度增長，截至 2008 年年末，TIPS 存量約占美國當年 GDP 的 3.5%；1982 年以來英國通脹指數化債券以 30% 的高速增長，1990—1997 年增速略有放緩，2004 年至今繼續快速增長，2008 年英國通脹指數化公債存量約占當年 GDP 的 10%。

三、通脹指數化債券的基本特點

傳統的普通債券是一種名義債券（Nominal Bond），它提供的現金流收入是名義現金流，即受通貨膨脹影響、購買力不穩定的收益。而通脹指數化債券則是實際債券（Real Bond），它許諾給其持有者固定的實際收益，不受通貨膨脹率意外變化的影響。傳統名義債券在到期日償還投資者本金以及週期性支付約定的息票利息。因為未來的實際通貨膨脹率是未知的，所以名義債券的實際收益是不確定的，投資者要面對通貨膨脹風險。通脹指數化債券付給投資者的本金和息票都要根據通貨膨脹率做相應的調整，這樣投資者收益的實際購買力得到保護而不被通貨膨脹侵蝕，所以投資者的實際收益是穩定的。

一般地，如果持有到期，在購買時點通脹指數債券的實際收益率（不考慮稅收因素）是確定的，而名義收益率是不確定的。對於普通債券正好相反，在購買時點，名義收益率是確定的，而實際收益率是不確定的。當然，這種比較只是對於零息債券來說是嚴格的，因為對於附息債券來說，還存在著最後到期日來臨之前對息票的再投資

---

① WPI：批發物價指數（Wholesale Price Index）。
② 《冰島統計摘要》150 頁的表 12-5 顯示，冰島的消費者價格在 1949—1954 年間上升了 102.7%。

風險。

我們可以通過簡單的例子把名義債券和通脹指數化債券進行比較。假設現在的名義收益率是8%，其中實際收益率為5%，另外3%為預期通貨膨脹率。具有相同期限的名義債券和通脹指數化債券，當前收益率都是8%。但是持有到期時，如果通貨膨脹率高於預期，達到5%，那麼通脹指數化債券的實際收益率依舊是5%，而名義債券的實際收益率只有3%。相反，如果通貨膨脹率只有1%，普通債券的實際收益率就達到7%，而通脹指數化債券的實際收益率保持5%不變。如果實際通貨膨脹率上升到一定程度，如達到9%，普通債券甚至會出現實際虧損，意味著投資者給借款者相當於免費使用現金的權利。從以上的簡單分析可以看出，通脹指數化債券最重要的特點是保證確定的實際收益。

雖然通脹指數化債券的設計目的是保證投資者確定的實際收益，但是由於指數的選擇、指數的時間延遲和稅收制度的原因，確定的實際收益也會受到影響。即使存在著設計上的若干問題，通脹指數化債券還是比普通債券提供了更完善的通貨膨脹保護。當通貨膨脹超過預期時，普通債券持有者就會蒙受損失。當高通脹且劇烈波動時，對投資者的打擊是災難性的。即使低通脹的情形，也會給長期投資者帶來很大的損失。所以通脹指數化債券對要求穩定、可預測收益的投資者是非常有吸引力的。

四、通脹指數化債券的功能及不足

通脹指數化債券能夠保護投資者的收益免受通脹的侵蝕、促進投資者的資產組合管理多樣化，降低發行人的成本、促進國債順利發行，提供反通脹政策的激勵，為貨幣政策決策者提供關於實際利率和通脹預期的信息。

（1）對於投資者來說，通脹指數化債券在保護投資者的收益免受通脹的侵蝕、投資者的資產組合管理多元化方面具有很好的作用。尤其是對於風險厭惡傾向的投資者來說，通脹指數化債券提供了一種更為安全的投資品種。對於可以不承擔當期收入稅收實質債務的投資者如退休金基金、養老金基金來說，通脹指數化債券更有吸引力。另外，對於大的機構投資者如養老基金，他們是希望得到確定現金流的投資者，通脹指數化債券有利於其資產組合管理，這部分投資者持有大量的長期實際負債，通過持有像通脹指數化債券這樣的實際資產可以達到資產負債的平衡。

（2）對於發行債券的財政部來說也有降低發行成本、促進國債順利發行等優點。由於普通債券的本金和利息會受到通脹的侵蝕，債券投資者一般會要求通脹風險溢價，即要求比無通脹風險債券更高的利率，而通脹指數化債券由於基本消除了通脹風險，從而財政部在發行時避免了支付傳統債券投資者所要求的通脹風險溢價從而可以降低發行成本。2007年中國發行可流通記帳式債券21,849.48億元。假設其中有5%是通過通脹指數化長期債券方式發行的，若按照通脹風險溢價0.5%計算，發行人每年將節省5.46億元的利息支出。國外的研究也表明發行通脹指數債券可降低發行成本，弗瑞思（Foresi，1997）通過對英國普通名義債券和通脹指數化債券溢價所做的比較表明，對於10年期債券來說，發行通脹指數化債券比發行普通債券可以節約250個基點的成本，對於20年期債券來說，可以節約300個基點的成本。此外，通脹指數化債券可以減少

實際發行成本的波動。在通脹指數化債券下，實際的本金和利息支付是確定的，而普通債券的本金和利息支付要看通脹率的高低，如果通脹高於預期水平則財政部就可以節省實際成本的支付；如果通脹低於預期水平，則財政部實際上多支付了發債成本。由於通脹指數化債券是債券品種的創新，能夠滿足部分投資者的避險或資產組合的需求，從而可以促進國債的順利發行。

（3）通過指數化債券的發行，政府也為自身提供了反通脹政策的激勵。這種激勵可以通過迫使政府只能發行短期債券，因為長期負債會使政府的融資成本相對較高，這迫使政府不得不頻繁地再融資。這樣的討論背後的觀點是：發行短期名義債券（這需要頻繁地再融資）或發行通脹指數化債券將降低政府發動通脹政策的動機。但是應該能夠看到，在這兩種方法中，比較一次性發行指數化長期債券和多次發行短期債券（即頻繁再融資）的成本來看，通脹指數化債券發行是一種低成本並有效的方法。任何通脹調整僅增加了到期本金的支付額，因此是一種強制儲蓄，而不是現金流出。所以，指數化債券的發行抑制了政府發行名義長期債券帶來的道德風險問題，同時又減少了發行短期債券帶來的頻繁籌資的成本。

（4）普通債券和通脹指數化債券都是貨幣政策決策者獲取關於實際利率和通脹預期有用信息的一個較容易的、十分有用的工具。由於普通長期國債的利率由實際利率、未來通脹預期和通脹風險溢價三部分組成，如果通脹指數化債券所允諾的實際收益和普通債券的實際收益相同，則普通債券的名義收益與通脹指數化債券的實際收益之差就大致等於通脹預期與通脹風險溢價之和。因此，如果假設通脹風險溢價不變，而普通債券的名義收益上升，同時通脹指數化債券的實際收益不變，則可以認為通脹預期上升；如果普通債券的收益與通脹指數化債券的收益上升幅度一致，則可以認為實際利率上升而通脹預期不變。此外，通過觀察不同期限的普通債券與通脹指數化債券，我們可以獲取不同水平上的實際利率及市場的通脹預期的信息。

當然，通脹指數化債券也存在一些不足，雖然這並不會對通脹指數化債券市場的發展構成大的影響。一是通脹指數化債券只是對於那部分購買債券並且持有到期的特定的投資者比較有吸引力，因而在一些國家其市場規模比較小。由於是針對部分投資者來設計的債券，這可能導致市場分割從而債券市場的流動性下降，如果國債的流動性下降，則投資者會索要流動性溢價從而增加財政部的發行成本。二是所依據的通脹指數具有滯後性。由於物價指數的統計滯後，美國和加拿大的通脹指數化債券所盯住的物價指數一般有3個月的滯後期，而英國政府通脹指數化債券的指數滯後期為8個月。因此，通脹指數化債券的投資者也不能完全免除通脹風險。比如，美國的通脹指數化債券是半年付息，4月1日發行的債券在10月1日付息所依據的消費者物價指數是1~6月份的，而不是6~10月份的消費者物價指數。三是通脹指數化債券和普通債券一樣每半年的利息收入要納稅。雖然本金的增加部分要在債券到期或者債券出售時才能拿到，但是投資者要在本金調整時就提前繳納調整額度的稅收（如美國），對通脹調整部分的收入納稅使得通脹指數化債券的稅後收益不能完全免於通貨膨脹。

第二節　通脹指數化債券的設計

通脹指數化債券可以採用很多種形式，我們將討論設計中的一些重要因素：基準指數的選取、指數化的滯後、到期期限的結構、可剝離性、稅收待遇以及現金流結構等。

一、基準指數的選取

通脹指數化債券設計的基本問題是基準指數的選取。如表 5-1 所示，不同的國家使用了不同的基準指數。很多指數可以作為候選基準指數：消費者物價指數、零售物價指數、工資指數、與工業生產成本有關的指數以及有關家庭其他重要支出的指數。在選取基準指數時有幾點需要考慮：

固定收益市場的參與者會尋求與他們的資產負債相匹配的投資工具，所以指數選擇的主要依據是，指數是否能滿足雙方規避風險的需要。在實踐中，借方和貸方的需求很難被同時滿足，即使在貸方或借方中不同的利益集團也有著不同的需求。政府發行者因為要匹配政府的收入和開支，所以希望使用廣泛基礎的價格指數，如國內生產總值除數。其他的發行者則希望使用特定的價格指數。例如，1950 年法國和奧地利電力公司發行了與電力價格相關的債券，息票隨著他們的收入波動。不同的指數來自於不同的一攬子商品價格的加權平均，所以每種指數都是對通脹的一個側面的度量，對於不同群體，不同的指數更加有利。例如，對於政府，最好的指數是國內生產總值，因為財政部的收入和國家收入相關度最強。如果通脹指數化債券的主要目的是保護財政部不受通貨膨脹的影響，那麼就應當選用國內生產總值除數作為指數。但是國內生產總值除數並不是對消費者面對的通脹的最好衡量，所以對投資者的益處將受到影響。如果要保護投資者免受通貨膨脹的影響，消費者物價指數就是最好的指數選擇。

指數的編制和發布機構要獨立於通脹指數化債券的發行者，這是通脹指數化債券被潛在投資者視作可靠投資手段的前提。如果政府作為發行機構，而它的分支機構公布指數，指數的制定和披露機構就需要和政府通脹指數化債券發行機構獨立，否則就有理由懷疑政府為節約成本而在指數的編制過程中有失公允。在美國，消費者物價指數是由歸屬勞動部的勞工統計局（Bureau of Labor Statistics）編制和發布的。勞工統計局與美國財政部的相互獨立保證了消費者物價指數的獨立性。

為使通脹指數化債券市場發揮有效性，在第一時間廣泛公布最新的指數也是至關重要的。如果最新的指數數據被拖延宣布或提前泄漏，那麼通脹指數化債券的價格只會推遲反應新的信息，或是率先得到信息的投資者可以利用其不當獲利。通脹指數化債券市場將通貨膨脹數據和債券價格結合起來是相當有效的，胡伯曼（Huberman）和施韋特（Schwert）（1985）的研究提供了很多證據。研究證明，在以色列的通脹指數化債券市場上，債券價格反應了 85% 的有關通脹的新信息，另外 15% 的信息在相關消費者物價指數數據公布的當天也在債券價格中體現出來。

物價指數定期發布也需要制度化。通脹指數化債券的發行與交易定價受所採取的物價指數的定期準時發布的影響，發布的穩定性是保證通脹指數化債券吸引力的前提。物價指數的編制機構或發布機構必須公布發布渠道、發布日期，不能延遲。特別是在物價波動較大的時期，很小的物價指數公布的延遲，都會造成投資者無法彌補的損失。穩定性還要求物價指數不被輕易地反覆修改，指數穩定的重要性在美國債券市場表現得尤其明顯。

不同國家會根據各自具體的情況選擇基準指數。美國消費者物價指數是反應美國所有城市消費者非季節調整的消費者價格指數，由勞工統計局每月發布一次。它度量的是包括食品、服裝、住房、交通、燃料、醫療服務和藥品等特定消費品集合的價格變化。它們的權重由它們在城市居民消費中的重要性決定，並按照居民消費的變化定期更新。財政部選用 CPI－U 是因為債券市場上的大部分投資者都關注這個指數。英國政府債券市場上使用的是零售物價指數，巴西政府機構使用的是一般價格水平指數，法國政府機構使用的是關於電力、天然氣、煤和鐵路旅遊價格的指數。

二、指數化的滯後

如果指數化債券非常好地盯住了基準指數，從而每一個瞬時收益率都反應了主要的通脹率，那麼這樣的債券將沒有任何通脹風險。但現實中，指數化債券不可能表現得這麼好。現有的技術不可能實現債券收益現金流的調整完全反應當期的通脹率。這是因為通脹率的統計和計算需要時間。因此，在測量通脹率和現金流指數化調整之間會有一個時滯。圖 5-1 說明了時滯的本質。

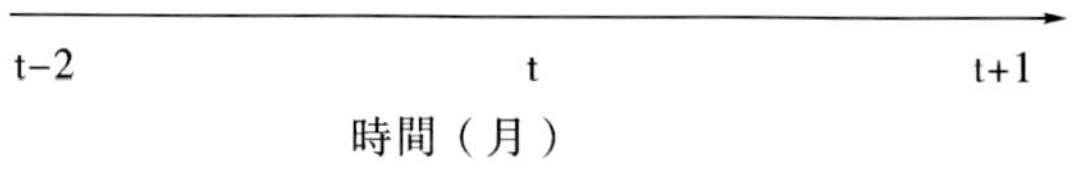

t月的指數化是基於t-2月的通脹率。t月到t+1月每天的通脹率
是由t-2到t-1期間的CPI線性插值得到的。

圖 5-1　通脹指數化債券指數化的時滯

指數化債券也會受到通脹風險的影響。例如，投資者在 t 時知道 t+1 期的本金支付的指數化不能反應當前的通脹率。在通脹率的波動性很大時，這種時滯對於短期指數化證券的影響也是非常顯著的。

三、到期期限的結構

我們以美國財政部發行的 TIPS 為例，它的到期期限有 5 年期、10 年期和 30 年期不等。發行長期 TIPS 的決定發出來一個非常可靠的信號：財政部希望保持低通脹率。除了發行長期 TIPS 之外，美國財政部也允許對證券作剝離，這意味著投資者可以得到長期指數化的剝離產品。在加拿大國債市場上，指數化債券已經被剝離了。目前，指數化的剝離產品的期限從幾個月到 25 年以上，這些提供實際收益率的與指數相聯繫的零息債券對於那些擁有指數化長期債務的投資機構來說可能非常有價值。發行廣泛期限的 TIPS 對未來的現金流進行了保值（Back Loads），對於長期期限，這種作用更強。

四、可剝離性

同樣以 TIPS 為例，美國財政部允許 TIPS 剝離（Strips）。由於我們前面討論的指數化的特徵，TIPS 的利息剝離證券不能互換的。然而，1999 年 3 月美國財政部宣布了一個決定：允許所有具有相同到期日的通脹指數化財政證券的利息剝離（Interest–only Strips）彼此互換。這可能會提高利息剝離市場的流動性，並增加對基礎 TIPS 的需求。表 5-2 列示了利息剝離的到期日及證券識別碼 CUSIP。

表 5-2　　　　　　　　　　　TIPS 的利息剝離

利息剝離（到期日）	912833	利息剝離（到期日）	912833
1999-07-15	D23	2009-04-15	J27
2000-01-15	D31	2009-10-15	J35
2000-07-15	D49	2010-04-15	J43
2001-01-15	D56	2010-10-15	J50
2001-07-15	D64	2011-04-15	J68
2002-01-15	D72	2011-10-15	J76
2002-07-15	D80	2012-04-15	J84
2003-01-15	D98	2012-10-15	J92
2003-07-15	E22	2013-04-15	K25
2004-01-15	E30	2013-10-15	K33
2004-07-15	E48	2014-04-15	K41
2005-01-15	E55	2014-10-15	K58
2005-07-15	E63	2015-04-15	K66
2006-01-15	E71	2015-10-15	K74
2006-07-15	E89	2016-04-15	K82
2007-01-15	E97	2016-10-15	K90
2007-07-15	F21	2017-04-15	L24
2008-01-15	F39	2017-10-15	L32
2008-07-15	F47	2018-04-15	L40
2009-01-15	F54	2018-10-15	L57
1999-04-15	F62	2019-04-15	L65
1999-10-15	F70	2019-10-15	L73
2000-04-15	F88	2020-04-15	L81
2000-10-15	F96	2020-10-15	L99
2001-04-15	G20	2021-04-15	M23
2001-10-15	G38	2021-10-15	M31
2002-04-15	G46	2022-04-15	M49
2002-10-15	G53	2022-10-15	M56

表5-2(續)

利息剝離（到期日）	912833	利息剝離（到期日）	912833
2003-04-15	G61	2023-04-15	M64
2003-10-15	G79	2023-10-15	M72
2004-04-15	G87	2024-04-15	M80
2004-10-15	G95	2024-10-15	M98
2005-04-15	H29	2025-04-15	N22
2005-10-15	H37	2025-10-15	N30
2006-04-15	H45	2026-04-15	N48
2006-10-15	H52	2026-10-15	N55
2007-04-15	H60	2027-04-15	N63
2007-10-15	H78	2027-10-15	N71
2008-04-15	H86	2028-04-15	N89
2008-10-15	H94	2028-10-15	N97
		2029-04-15	P20

目前投資者可以購買長期指數化剝離證券來對沖通脹風險。這對避稅的養老基金和保險公司是有吸引力的。這些指數化剝離證券對於提供指數化支付的年金市場更有意義。

五、稅收待遇

對指數化債券徵稅產生了一個問題：是否對由於通脹帶來的本金及息票的增值徵稅。如果為了稅收的目的，對本金的定期調整被看做當前的收入，這就產生了應稅的「虛幻收入」。當通脹率很高時，應稅的投資者投資通脹指數化債券可能反而產生負的現金流，這就是投資於通脹指數化債券的不利之處。在英國投資於指數化的政府債券，對由於通脹帶來的增值是不徵稅的。而在美國，財政部則認為應該徵稅。在美國，適合TIPS的稅收政策與適合名義政府債券的稅收政策很相似。投資於剝離產品的投資者也需要對定期的收入交稅，這也會產生負的現金流。羅爾（Roll, 1996）指出，對指數化增值徵稅能促進TIPS的流動性。如果不對指數化增值徵稅，TIPS將以較低的收益率交易，那麼免稅機構將更傾向於名義證券，因為名義證券能夠產生較高的稅前收益率。在美國，免稅機構擁有很大比重的投資資本，所以，免稅造成了TIPS的低流動性。

六、現金流結構

從簡單的零息債券到以加拿大指數化產品為基礎的美國的通脹指數化債券，它們的現金流結構發生了很大的變化。我們將介紹各種現金流結構並分析它們的優點。為了描述方便，以下我們假設指數選取CPI，設CPI_0為發行日的CPI值，CPI_T為到期日的CPI水平。

(一) 指數化零息債券的現金流結構 (Indexed Zero-coupon Structure)

該債券在到期日的支付額為：

$$到期支付 = 100 \times \frac{CPI_T}{CPI_0}$$

指數化零息債券的現金流只包括根據通貨膨脹率調節的本金支付。它的名字也說明在到期日以前沒有息票的支付。表5-3和圖5-2說明了貼現發行的10年期IZCS債券在模擬通脹環境下現金流的狀況。

表5-3　　　　　　　　　　指數化零息債券的現金流

年份	實際利息 ①	通脹率（%） ②	累計通脹率（%） ③	最終償付 ④ = 100 × (1 + ③)
1	0	6	6	
2	0	5.5	11.83	
3	0	5	17.42	
4	0	5	23.29	
5	0	4	28.22	
6	0	3.5	32.71	
7	0	3	36.69	
8	0	3	40.79	
9	0	2.5	44.31	
10	0	2.5	47.92	147.92

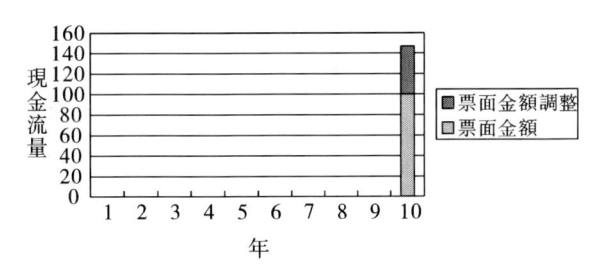

圖5-2　指數化零息債券現金流量圖

這一結構是最簡單的，或許是一個實際債券最基本的單位。如前所述，通脹指數債券產生的剝離可以提供這樣的證券，除非指數化滯後產生影響，使得通脹指數債券的剝離不同於前面描述的純零息票的結構。零息票的結構沒有再投資風險，而且對通脹風險提供了最好的保護。加拿大、美國、瑞典等國家既通過剝離也直接發行指數化零息債券。從預測的角度看，用零息票結構預期通脹率可能是最好的。養老基金和保險公司如果要投資於無再投資風險的組合，他們會發現指數化年金是理想的。但不幸的是，對於應稅投資者來說，必須從收益中將自然增長的利息和通脹補償區分開來，其結果是稅收政策可能會給投資者帶來負的現金流。這也許是這種結構不常見的一個

原因。

(二) 本金指數化的現金流結構 (Principal Indexed Structure)

這是美國和加拿大使用的結構。在派息日 s，通脹指數化債券支付息票利息。

$$息票利息支付 = 100 \times \frac{CPI_s}{CPI_0} \times 發行時的票面利率$$

在到期日支付本金：

$$到期日本金支付 = \max\left[100, 100 \times \frac{CPI_T}{CPI_0}\right]$$

表 5-4 和圖 5-3 顯示的是票面利率為 4% 的 10 年期本金指數化債券 (PIS) 在模擬通脹環境中的實際利息支付和本金的變化。

表 5-4　　　　　　　　　　　本金指數化債券現金流

年份	票面利息 ①	通脹率(%) ②	累計通脹(%) ③	利息調整 ④=③×①	實際利息支付 ⑤=①+④	本金償付 ⑥=100×③
1	4	6.00	6.00	0.24	4.24	
2	4	5.50	11.83	0.47	4.47	
3	4	5.00	17.42	0.70	4.70	
4	4	5.00	23.29	0.93	4.93	
5	4	4.00	28.22	1.13	5.13	
6	4	3.50	32.71	1.31	5.31	
7	4	3.00	36.69	1.47	5.47	
8	4	3.00	40.79	1.63	5.63	
9	4	2.50	44.31	1.77	5.77	
10	4	2.50	47.92	1.92	5.92	147.92

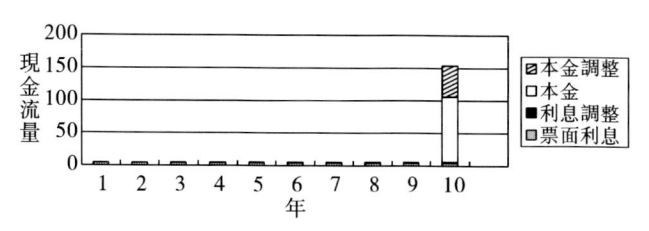

圖 5-3　本金指數化債券的現金流量圖

在某些國家，通脹指數化債券給投資者提供一個賣出期權，允許他們在到期日將債券以票面價值回售給財政部，如果在到期日 $CPI_T < CPI_0$。如果我們將到期日的支付表示如下，上述嵌入式賣出期權的表現將更明顯。

$$到期日本金支付 = 100 \times \frac{CPI_T}{CPI_0} + \max\left[0, 100 - 100 \times \frac{CPI_T}{CPI_0}\right]$$

(三) 利息指數化的現金流結構 (Interest Indexed Structure)

在派息日 s，支付如下利息：

$$息票支付 = 100 \times 發行時的票面利率 + 100 \times \left[\frac{CPIs}{CPI_0} - 1 \right]$$

面表 5-5 和圖 5-4 顯示的是票面利率為 4% 的 10 年期利息指數化債券（IIS）在模擬通脹環境中利息支付的變化。

表 5-5　　　　　　　　　　　利息指數化債券現金流

年份	票面利息 ①	通脹率（%） ②	本金調整 ③ = ② × 100	實際支付 ④ = ① + ③	本金支付 ⑤
1	4	6.00	6.00	10.00	
2	4	5.50	5.50	9.50	
3	4	5.00	5.00	9.00	
4	4	5.00	5.00	9.00	
5	4	4.00	4.00	8.00	
6	4	3.50	3.50	7.50	
7	4	3.00	3.00	7.00	
8	4	3.00	3.00	7.00	
9	4	2.50	2.50	6.50	
10	4	2.50	2.50	6.50	100.00

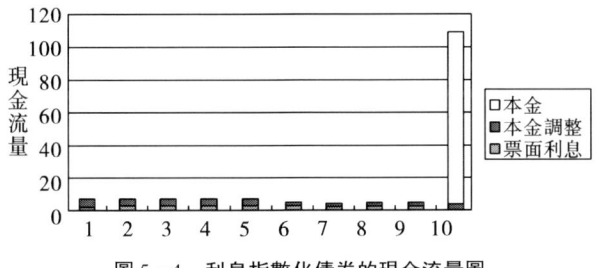

圖 5-4　利息指數化債券的現金流量圖

利息指數化債券的特點是每次支付固定的利息加上指數化的調整額，整個期限內包括到期時通脹指數化債券的本金不再調整，這點和普通債券沒有區別。每期的利息支付都通過將當期通脹率和息票率相加來確定。因為利息指數化債券的這種特點，所以它經常被看成是防止通脹的浮息債券。

第三節　通脹指數化債券的交易價格——以 TIPS 為例

本節以 TIPS 為例介紹通脹指數化債券交易是如何計算交割現金流的問題。TIPS 的利息每半年支付一次。美國財政部發行固定息票利率的 TIPS，這一息票利率在證券的整個有效期內保持不變，並應用於本金上，本金值由 CPI 指數化。在任何派息日，派

息值為息票利率乘以相關的指數比率來決定。在計算任何日期 t（可以是派息日）的指數比率時，關鍵的變量是日期 t 的指數 CPI_T 和發行日 0 的指數 CPI_0。當起息日不同於發行日時，我們使用起息日的指數值代替發行日的指數值。因此，指數比率 IR_t 定義為：

$$IR_t = \frac{CPI_t}{CPI_0}$$

由於技術上滯後的原因，每個月第 1 天所使用的參考指數值是 3 個月前的 CPI 值。舉例來說，2006 年 4 月 1 日所使用的 CPI 值是 2006 年 1 月 1 日的 CPI 值，且是在 2006 年 2 月報告的。這種滯後將影響 TIPS 規避通脹風險的有效性。每個月除了月初的其他天的 CPI 值可以通過線性插值來得到。例如，假設一個 TIPS 的發行日是 4 月 15 日，我們可以通過下式來得到當天的 CPI 值：

$$CPI_{4,15} = CPI_{4,1} + \frac{14}{30}(CPI_{5,1} - CPI_{4,1})$$

將 $CPI_{4,1}$ = 2006 年 1 月的非季節調整 CPI-U = 154.4 和 $CPI_{5,1}$ = 2006 年 2 月的非季節調整 CPI-U = 154.9 代入上式，可以得到：

$$CPI_{4,15} = 154.10 + \frac{14}{30}(154.9 - 154.4) = 154.633,33$$

現在，我們知道發行日的參考指數值是 154.633,33。則 4 月 16 日的指數比率可以簡單計算如下：

$$CPI_{4,16} = 154.1 + \frac{15}{30}[154.9 - 154.4] = 154.650,00$$

因此，2006 年 4 月 16 日的指數比率為：

$$IR_{4,16} = \frac{154.65}{154.633,33} = 1.000,11$$

通過這一方法，可以計算每天的指數比率。我們通過下面的例子來檢驗這些計算如何影響息票支付。

【例】設 TIPS 在 2006 年 4 月 15 日發行，息票利率為 3.5%。第一個派息日是 2006 年 10 月 15 日。發行日的參考 CPI 值為 120.00。10 月 15 日的參考 CPI 值為 135.00。再設面值為 100 萬美元，則 10 月 15 日的息票收入是多少？

指數化的本金值為：

$$1,000,000 \times \frac{135}{120} = 1,125,000 \text{（美元）}$$

利息收入為：

$$1,125,000 \times 0.035 \times 0.5 = 19,687.5 \text{（美元）}$$

應計利息和 TIPS 的交割價格可以與名義財政證券相同的方式進行計算，如下例所示。

【例】美國財政部發行了證券識別碼為 9128272M3 的指數化債券：發行日是 2007 年 2 月 6 日，起息日是 2007 年 1 月 15 日。2007 年 4 月 15 日又發行了一部分，到期日是 2017 年 1 月 15 日，起息日的參考 CPI 值為 158.435,48，票面利率是 3.375%。

美國財政部還發布了如表5-6所示的2007年7月前的CPI值。

表5-6　　　　　　　　　　2007年7月前的CPI值

CPI-U(NSA),2007年3月	160.00
CPI-U(NSA),2007年4月	160.20
CPI-U(NSA),2007年5月	160.10

則2007年7月2日的應計利息是多少？

為了回答這一問題，我們首先要計算指數比率。前一個派息日是2007年1月15日，下一個派息日是2007年7月15日。從表5-7我們可以得知，2007年7月2日的指數比率為1.011,12。則應計利息為：

$$\frac{7月2日與1月15日間的天數}{7月15日與1月15日間的天數} \times \frac{3.375\%}{2} \times 100 \times 1.011,12 = 1.583,71$$

這一公式除了要乘以交割日的指數比率（2007年7月2日的指數比率1.011,12）以外，與計算名義財政證券的應計利息的方式完全一樣，其結果是1.583,71。

表5-7　　　　　　　　　　指數比率

日期	期數	CPI參考值	指數比率
2007-7-1	1	160.200,00	1.011,14
2007-7-2	2	160.196,77	1.011,12
2007-7-3	3	160.193,55	1.011,10
2007-7-4	4	160.190,32	1.011,08
2007-7-5	5	160.187,10	1.011,06
2007-7-6	6	160.183,87	1.011,04
2007-7-7	7	160.180,65	1.011,01
2007-7-8	8	160.177,42	1.010,99
2007-7-9	9	160.174,19	1.010,97
2007-7-10	10	160.170,97	1.010,95
2007-7-11	11	160.167,74	1.010,93
2007-7-12	12	160.164,52	1.010,91
2007-7-13	13	160.161,29	1.010,89
2007-7-14	14	160.158,06	1.010,87
2007-7-15	15	160.154,84	1.010,85
2007-7-16	16	160.151,61	1.010,83
2007-7-17	17	160.148,39	1.010,81
2007-7-18	18	160.145,16	1.010,79
2007-7-19	19	160.141,94	1.010,77
2007-7-20	20	160.138,71	1.010,75
2007-7-21	21	160.135,48	1.010,73

表5-7(續)

日期	期數	CPI 參考值	指數比率
2007-7-22	22	160.132,26	1.010,71
2007-7-23	23	160.129,03	1.010,69
2007-7-24	24	160.125,81	1.010,67
2007-7-25	25	160.122,58	1.010,65
2007-7-26	26	160.119,35	1.010,63
2007-7-27	27	160.116,13	1.010,61
2007-7-28	28	160.112,90	1.010,59
2007-7-29	29	160.109,68	1.010,57
2007-7-30	30	160.106,45	1.010,55
2007-7-31	31	160.103,23	1.010,53

【例】美國財政部發行了如表5-8所示的TIP。

2009年10月18日為交割日，淨價（平價）為97.953,125，則這一指數化債券全價是多少？

表5-8　　　　　　　　　　TIP 相關資料

證券識別碼 CUSIP	9128274Y5
起息日	2009年1月15日
初始發行日	2009年1月15日
補充發行日	2009年7月15日
到期日	2019年1月15日
起息日 CPI 的參考值	164

首先，我們需要搜集2009年10月以前月份的CPI-U信息，見表5-9。

表5-9　　　　　　　　　　月CPI值

CPI-U（NSA）2009年6月	166.2
CPI-U（NSA）2009年7月	166.7
CPI-U（NSA）2009年8月	167.1

然後，如表5-10所示，計算2009年10月的指數比率。

表5-10　　　　　　　　　　指數比率

月份	期數	CPI 參考值	指數比率
10月	1	166.700,00	1.016,46
10月	2	166.712,90	1.016,54
10月	3	166.725,81	1.016,62
10月	4	166.738,71	1.016,70

表5-10(續)

月份	期數	CPI 參考值	指數比率
10 月	5	166.751,61	1.016,78
10 月	6	166.764,52	1.016,86
10 月	7	166.777,42	1.016,94
10 月	8	166.790,32	1.017,01
10 月	9	166.803,23	1.017,09
10 月	10	166.816,13	1.017,17
10 月	11	166.829,03	1.017,25
10 月	12	166.841,94	1.017,33
10 月	13	166.854,84	1.017,41
10 月	14	166.867,74	1.017,49
10 月	15	166.880,65	1.017,56
10 月	16	166.893,55	1.017,64
10 月	17	166.906,45	1.017,72
10 月	18	166.919,35	1.017,80
10 月	19	166.932,26	1.017,88
10 月	20	166.945,16	1.017,96
10 月	21	166.958,06	1.018,04
10 月	22	166.970,97	1.018,12
10 月	23	166.983,87	1.018,19
10 月	24	166.996,97	1.018,27
10 月	25	166.009,68	1.018,35
10 月	26	166.022,58	1.018,43
10 月	27	166.035,48	1.018,51
10 月	28	166.048,39	1.018,59
10 月	29	166.061,29	1.018,67
10 月	30	166.074,19	1.018,75
10 月	31	166.087,10	1.018,82

基於這些信息，我們首先計算應計利息。注意到前一個派息日是 2009 年 7 月 15 日，下一個派息日是 2010 年 1 月 15 日，基於交割日的指數比率為 1.017,80。

$$應計利息 = \frac{95}{184} \times \frac{3.875\%}{2} \times 100 \times 1.017,8 = 1.018,146$$

交割價格可以通過將應計利息加入到淨價中計算，淨價必須先乘以指數比率，再加上應計利息，才得到全價。

$$全價 = (97.953,125 \times 1.017,8) + 1.018,146 = 100.714,836$$

本章小結

● 通脹指數化債券是指債券的本金或利息根據某種有效反應通貨膨脹變動的指標定期進行調整的債券品種。

● 通脹指數化債券是實際債券，它許諾給其持有者固定的實際收益，不受通貨膨脹率意外變化的影響。

● 通脹指數化債券的優點：①保護投資者的收益免受通脹的侵蝕、促進投資者的資產組合管理多樣化；②降低發行人的成本、促進國債順利發行；③提供反通脹政策的激勵；④為貨幣政策決策者提供關於實際利率和通脹預期的信息。

● 通脹指數化債券的不足：①由於是針對部分投資者來設計的債券，可能會因為市場流動性不足而增加財政部的發行成本；②所依據的通脹指數具有滯後性；③和普通債券一樣每半年的利息收入要納稅，此外通脹指數化債券的投資者還被要求每年報告因通貨膨脹上升而導致的本金增加。

● 通脹指數化債券設計中的重要因素包括：基準指數的選取、指數化的滯後、通脹指數化債券的到期構成、可剝離性、稅收待遇以及現金流結構等。

● 選取基準指數考慮的因素：①資本市場的參與者會尋求與他們債務相匹配的資產，所以指數的選擇的主要依據是，指數是否能滿足雙方規避風險的需要；②指數的編制和發布機構要獨立於通脹指數化債券的發行者，這是通脹指數化債券被潛在投資者視為可靠投資手段的前提；③在第一時間廣泛公布最新的指數至關重要；④物價指數定期發布也需要制度化。

● 通脹指數化債券的三種現金流結構包括指數化的零息債券的現金流結構、本金指數化的現金流結構和利息指數化的現金流結構。

練習題

1. 什麼是通脹指數化債券？為什麼它們的收益小於同類財政證券的收益？
2. 通脹指數債券的特點有哪些？
3. 分析通脹指數債券的優勢及其缺陷。
4. 前美聯儲主席格林斯潘在談到引入 TIPS 的好處時說：「……通過對指數化和未指數化的債務工具市場的常規監控，美聯儲能夠對政策的運行後果做出評估。」你同意他的看法嗎？從 TIPS 的市場價格中推斷通脹預期存在的潛在問題是什麼？
5. 如果中國要發行通脹指數化債券，應該選擇哪種基準指數。為什麼？
6. 設 TIPS 在 2006 年 4 月 15 日發行，息票利率為 3.5%。第 1 個派息日是 2006 年 10 月 15 日。發行日的參考 CPI 值為 120。10 月 15 日的參考 CPI 值為 135。再設面值為 100 萬美元，採用本金指數化的結構，則 10 月 15 日的息票收入是多少？
7. 通脹化指數債券現金流結構中，本金指數化與利息指數化有哪些區別？
( )

A. 每年支付利息不盡相同
B. 發行人實際支付的資金成本不同
C. 利息指數化結構可以較早獲得現金流
D. 適用的債券品種不同

8. 為什麼通脹指數化債券的發行期限一般比較長？（　　）

A. 債券的期限越長，固定利率的風險越大
B. 期限長能體現通脹指數化債券的優勢
C. 期限長能夠增加投資者收益
D. 減少了發行短期債券帶來的頻繁再融資的需要

9. 一般來說，貨幣政策當局就可以通過觀察通脹指數債券與普通債券之間的利差來估算社會成員的通脹預期。如果假設通脹風險溢價不變，而普通債券的名義收益上升，同時通脹指數化債券的實際收益不變，則貨幣政策當局有可能採取的措施有哪些？（　　）

A. 提高利率　　　　　　　　　　B. 提高存款準備金
C. 降低利率　　　　　　　　　　D. 降低存款準備金

10. 投資 TIPS 的潛在風險是什麼？

第六章　住房抵押貸款支持證券

本章學習目標：

　　本章的學習集中在以美國為代表的住房貸款市場，需要把握抵押貸款的種類、現金流結構、風險和市場概況；並對提前償付率的影響因素和測量方法有較為深刻的理解；瞭解三個主要品種即抵押過手證券、擔保抵押證券和剝離抵押支持證券，以及相關產品的生成機制、現金流分配等。

第一節　住房抵押貸款

一、住房抵押貸款市場概述

　　住房抵押貸款是一種要求借款人按照預定計劃還款，並以特定房地產作為擔保品來確保債務償還的貸款。如果借款人或抵押人（Mortgagor）未能按期償還貸款，貸款人或抵押權人（Mortgagee）有權取消該貸款抵押品的贖回權。也就是說，如果借款人未能按照約定償付款項，貸款人可以扣押該資產來確保債務清償。

　　以房地產為抵押的借貸資金市場被稱為住房抵押貸款市場（Mortgage Market）。如今這部分債務市場成為世界上最龐大的資金借貸市場。20世紀80年代以來，房地產抵押市場經歷了巨大的結構變遷，無論在新的抵押工具的設計方面，還是用基礎的抵押貸款作為證券發行擔保品的產品開發方面均有創新。這類證券被稱為住房抵押貸款支持證券（Mortgage-Backed Securities）。

　　部分抵押貸款支持證券在美國有隱含的或明確的擔保，不經過商業評級公司評級。但大部分抵押支持證券沒有任何形式的政府擔保，它們的評級方式類似於公司債券。

二、房地產抵押市場的參與者

　　除最終投資者外，房地產抵押市場上還有三個主要的參與者：抵押貸款發起人（Mortgage Originators）、抵押貸款服務商（Mortgage Servicers）、抵押貸款承保人（Mortgage Insurers）。

（一）抵押貸款發起人

　　原始貸款人被稱為抵押貸款發起人。抵押貸款發起人包括商業銀行、儲蓄金融機構、抵押貸款銀行、人壽保險公司和養老基金。在美國，三類最大的住宅抵押貸款發起人是商業銀行、儲蓄金融機構、抵押貸款銀行，它們每年的貸款發起額占所有抵押

貸款發起額的95%以上。

　　發起人的收入來源於以下兩個方面：一方面是收取發起費（Origination Fee）。發起費用點表示，每一個點表示所借資金的1%。例如，對10萬美元徵收2點的發起費就是2,000美元。此外，發起人還收取申請費和一定的手續費。另一方面來源於以高於初始成本的價格出售抵押貸款而產生的利潤，這個利潤被稱為二級市場利潤（Secondary Marketing Profit）。當然，假如抵押貸款利率上升，發起人在二級市場上銷售抵押貸款將會遭受損失。結果是發起人可能會在自己的投資組合裡繼續持有該抵押貸款。

　　當需要貸款買房的潛在購房者向一家抵押貸款發起人申請貸款時，發起人會對申請人進行信用評估。決定貸款是否發放的兩個主要因素是償付收入比（Payment-to-Income，PTI）和貸款價值比（Loan-to-Value，LTV）。償付收入比為月償付額（包括抵押貸款和房地產的稅收付款）與月收入之比，是衡量申請人月償付能力的一種指標。該比率越低，申請人能夠滿足償付要求的可能性越大。貸款價值比是貸款總額與該住房資產的市場（或評估）價值之比。該比率越低，貸款人被保護的程度就越高，保護的意思是說如果申請人拖欠還款，則該資產就必須被收回並被出售。

　　發放抵押貸款後，發起人可以做以下三件事之一：①在投資組合裡持有抵押貸款；②將抵押貸款出售給願意持有該貸款的投資者，或出售給打算將該貸款集中為一個集合，並以此為擔保品發行抵押貸款支持證券的投資者；③將該抵押貸款用做發行抵押貸款支持證券的擔保品。

（二）抵押貸款服務商

　　每筆抵押貸款的運作都必須得到服務商的支持。抵押貸款的服務涉及收取月償付額並轉交給貸款所有者，向抵押人發出償付通知，在償付逾期時提醒抵押人，記錄本金金額，管理用於房地產稅和保險目的的代管金額，在必要時取消抵押贖回權，以及在適當的時候向抵押人提供稅收信息等。

　　服務商包括與銀行關聯的實體、與儲蓄機構關聯的實體和抵押貸款銀行。服務商收取服務費，服務費是未償付抵押貸款餘額的一個固定百分比。因此，隨著時間的推移，該收入因抵押貸款餘額被分期攤還而下降。

　　服務商在抵押貸款支持證券和資產支持證券中起決定性作用。在對那些未得到政府任何形式保證的證券評級時，評級公司會對服務商的運作予以評估。

（三）抵押貸款承保者

　　當貸款人基於借款人的信用和抵押品而發放貸款時，該抵押貸款被稱為傳統抵押貸款（Conventional Mortgage）。為防範借款人違約，貸款人會要求借款人進行抵押保險，通常貸款價值比高於80%的貸款都要求保險。投保額將是貸款額的某個百分比，並且隨貸款價值比下降而下降。雖然抵押保險是貸款人要求的，但是保險成本是由借款人承擔的，通常採用提高抵押貸款利率的方式。

　　在美國，抵押保險有兩種形式：一種是由政府機構提供的保險和由私人抵押保險公司提供的保險。向合格借款人提供這種保險的政府機構是聯邦住宅管理局、退伍軍人管理局及農村住宅服務公司（Rural Housing Service）。私人抵押保險可以從諸如抵押

擔保保險公司（Mortgage Guaranty Insurance Company）和 PMI 抵押保險公司（PMI Mortgage Insurance Company）之類的抵押保險公司取得。另一種是當資產所在地處於自然災難（如洪水、地震等）多發區時，該資產將被要求進行抵押保險。這種保險被稱為意外保險（Hazard Insurance）。

如果抵押貸款由特殊傳遞機構匯集成集合併以此發行證券，該集合通常會獲得附加保險來增強證券信用。這是因為主要的評級機構要求發行人進行外部信用增強來獲得特別的投資級信用評定。抵押承保者的信用級別也是評級機構考慮的一個非常重要的因素。評級機構評估抵押貸款集合的信用質量時，要考慮的因素包括個別抵押貸款的信用質量、抵押承保者的信用級別、發起人的承銷標準及程序和服務商的運作質量。

三、貸款人的風險

（一）提前償付風險

貸款人同意房主或借款人有權在貸款到期前任何時間提前償付全部或部分抵押貸款餘額。通常，房主提前償付抵押貸款無須繳納罰款，也就是按面值償付。任何超過抵押貸款合同規定的償付額都被稱為提前償付額。例如，假設抵押貸款月償付額是 800 元，抵押貸款餘額是 11 萬元，任何超過 800 元的償付額都叫做提前償付額。在我們例子裡，一次 2,800 元的貸款償付額意味著提前償付了 2,000 元，抵押貸款餘額也相應減少了 2,000 元。部分地提前償付會縮短抵押貸款的壽命。部分提前償付抵押貸款的金額被稱為是減縮量（Curtailment）。

賦予房主或借款人提前償付的權利叫做提前償付選擇權（Prepayment Option）。這個權利使得抵押貸款投資者無法確定未來現金流收益。一個 30 年期抵押貸款可能最後是 1 年到期或 30 年到期。由賦予房主提前償付選擇權而引起的現金流的不確定性叫做提前償付風險（Prepayment Risk）。

在最近幾年，按揭貸款發放人開始推出對提前還款徵收罰金的按揭貸款（Prepayment Penalty Mortgage，PPM）。在鎖定期內，一定金額的提前還款可以不徵收提前還款罰金，不同的還款結構有不同的金額限定。

單個抵押貸款和抵押貸款集合都會使貸款人面臨提前償付風險。所以，任何由抵押貸款集合擔保的證券都使投資者面臨著提前償付風險。

（二）違約風險

違約風險或信用風險是房主或借款人未來可能違約的風險。對於由政府部門提供擔保的抵押貸款的違約風險是微乎其微的。對於商業承保的抵押貸款，其風險可以通過私人保險公司的信用級別來衡量。對於沒有任何商業保險的傳統抵押貸款，信用風險取決於借款者。

影響抵押貸款違約風險的一個主要特徵是發起時的貸款價值比（Original LTV）。初始貸款價值比越高，或借款人所擁有的扣除抵押餘額之外的資產淨值越小，違約的概率就越高。但如果僅僅關注貸款價值比會低估債務拖欠水平。這一錯誤衡量是由兩個因素造成的：①房屋的價值有可能下降；②房主可以通過第二抵押貸款或住房淨值

信貸額度使資產淨值減少。

本德、拉姆齊和法博齊（Bendt, Ramsey and Fabozzi, 1995）的研究表明，擁有第一抵押貸款後又進行第二抵押的借款人，其違約率是那些無第二抵押貸款的借款人的兩倍。即使將抵押貸款的貸款價值比調整到更高的值，擁有第二抵押貸款的借款人較之以貸款價值比相同但無第二抵押貸款的借款人仍具有更高的違約率，違約平均高出25%。

（三）利率風險

如果利率上漲，對抵押貸款的借款人來說，借款額度越高，借款期限越長，其影響度也就越大。因為在借款人收入比較吃緊的情況下，增加的每月還款額無疑會加大借款人的還款壓力，從而使貸款人的風險加大。這種情況下，固定利率的貸款組合價值就會降低。

四、住房抵押貸款的種類

按照利率在整個存續期間是否可以調整，我們可以把住房抵押貸款分為兩類：固定利率抵押貸款（Fixed-rate Mortgage, FRM）和可調利率抵押貸款（Adjustable-rate Mortgage, ARM）。

（一）固定利率抵押貸款

很長時間以來，住房抵押貸款都是以固定利率的形式進行的，償還期固定，貸款本息按月償還。這種固定利率抵押貸款現在也是最為普遍的。固定利率抵押貸款每月的本息額很容易計算出來。由於抵押貸款按月等額償還，因此，最初月份主要償還利息，而後隨著本金餘額的下降，相應償還的利息隨之下降，本金償還額增加。

傳統的抵押貸款為30年期固定利率且呈水平支付結構[①]的貸款，在整個360次水平支付結束後，貸款全部還清。另外，15年期的抵押貸款品種也比較普遍。

下面我們以標準的30年期 FRM 為例，分析如何計算每月支付中的利息和本金。設 F_0 為貸款金額（面值），n 為償還期間的月份數，R 為該產品使用的固定利率，再設 $r = \frac{R}{12}$，則每月支付 y 可以計算如下：

$$y = F_0 \times \frac{r(1+r)^n}{(1+r)^{n}-1}$$

表6-1列示了 R 對每月支付 y 的影響。隨著 R 的增長，我們可以看到 y 也發生了顯著的增長。當30年期 FRM 的 R 從5%上升到10%時，y 也從536.82元增長到877.57元。

---

① 水平支付結構是指定期的償付總是金額相同的，不管是在到期日前還是在到期日。

表6-1　　　　　　　兩種期限的 FRM 的利率對月度支付的影響

(初始貸款為 10 萬元)

利率(%)	5	5.5	6	6.5	7	7.5	8	8.5	9	9.5	10
30年支付	536.8	567.8	599.6	632.1	665.3	699.2	733.8	768.9	804.6	840.9	877.6
15年支付	790.8	817.1	843.9	871.1	898.8	927.0	955.7	984.7	1,014.3	1,044.2	1,074.6

如果用 F_t 代表在第 t 個月支付完定期支付 y 後尚未償還的本金餘額，則：

$$F_t = F_{t-1} + (r \times F_{t-1}) - y$$

本金支付為 $(F_{t-1} - F_t)$

利息支付為 $(r \times F_{t-1})$

圖 6-1 顯示了在整個抵押貸款的不同時間利息支付和本金支付的情況。初期，利息支付占每月支付 y 的很大部分，隨著時間的推移，本金支付所占的比例逐漸上升。這是因為隨著時間的推移，未償付的本金逐漸減少，從而利息支付越來越少。但每月支付 y 是固定的，這意味著本金支付將逐漸增加。

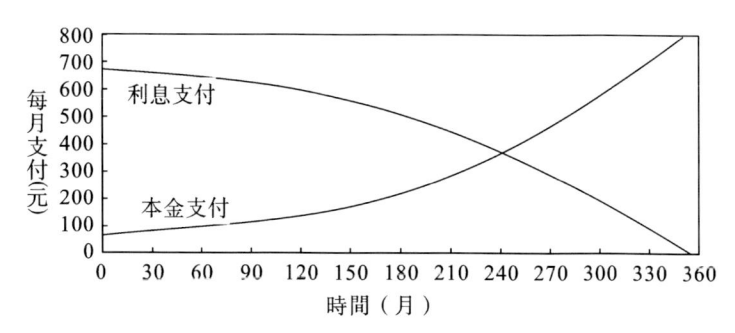

圖 6-1　30 年期、息票率為 8%、本金為 10 萬元的 FRM 的利息和本金支付安排

(二) 可調利率抵押貸款

可調利率抵押貸款（ARM）是一種根據某種適當選擇的參考利率對合同利率進行定期重設的貸款。最常用的參考利率是市場決定的基準利率和基於儲蓄機構資金成本的利率。市場決定的基準利率是指國債基準利率；儲蓄機構的資金成本指數是基於儲蓄機構負債的月加權平均利息成本計算得出的。在美國兩個常用的指數是：聯邦住宅貸款銀行系統委員會第十一區基金成本指數（Cost of Funds Index，COFI）和全國基金成本指數（National Cost of Funds Index）。

未償付的可調利率抵押貸款要求每月或每 6 個月、每年、每 2 年、每 3 年、每 5 年重設一次合同利率。近年來通常的調整期限小於 1 年。重設日的合同利率等於參考利率加上一個利差，該利差通常在 125~200 個基點之間。利差反應了市場狀況、可調利率貸款的特徵以及與固定利率抵押貸款相比提高的服務費用。

為鼓勵借款人接受可調利率抵押貸款而非固定利率抵押貸款，抵押貸款發起人通常提供一個低於現行市場抵押貸款利率的初始合同利率。該利率由抵押發起人根據競

爭市場狀況制定，通常被稱為引導利率（Teaser Rate）。到重設日，用參考利率加上利差重設新的合同利率。例如，假設1年期可調利率抵押貸款與參考利率的利差一般是100個基點，又假設參考利率為6.5%，則初始合同利率是7.5%，而抵押貸款發起人可能將初始合同利率定為6.75%，比現行參考利率與利差之和低75個基點。

可調利率抵押貸款分為無限制的和有限制的兩類。無限制的可調利率抵押貸款，利率風險完全由貸款人轉移到借款人身上，因為這時的存貸利率都隨著市場利率而變動，利差保持相對穩定。而貸款利率隨時根據市場利率進行調整，貸款的市場價值不會因為市場利率的變動而發生增減。對於有限制的可調利率抵押貸款，限制性條款包括階段性的利率上限，以及全期的利率上下限。利率上下限限制了利率在重設日可升降的幅度。全期利率上限限定了在整個貸款期內最高的合同利率。

第二節　提前償付

放款機構允許借款人提前償還貸款，這個條款的出現導致放款機構從發放抵押貸款得到的現金流收入出現了不確定性。例如，如果銀行發放了加權平均收益率為8%的抵押貸款池，並且6個月後的抵押貸款利率降到8%以下（如7%），則銀行面臨巨額的提前償付，因為貸款人可以以更低的成本借款。放款機構通過發放貸款可以安排它們未來的現金流，但在放款的同時，也向借款人出售了未來提前償付的期權，這導致放款機構不能確定未來的現金流，因為如果條件許可，借款人會行使期權。當然，放款機構給予貸款人行使期權的權利不是無償的，其價格必然會包含在貸款的高利率中。

一、影響提前償付的因素

（一）市場利率

市場利率會影響當期的住房抵押貸款的利率。也就是說，如果市場利率上升，當期申請抵押貸款的利率也會上升；反之亦然。如果當期住房抵押貸款利率比借款人過去申請的抵押貸款利率低，那麼借款人就有借新還舊的想法。當期貸款利率越低，其借新還舊的動力就越大。當然，借新還舊也是有成本的。這些成本包括法律費用、交給金融機構的申請費、產權保險、資金的時間價值等。這裡的資金時間價值是指借款人必須預先借到資金，才能歸還原來的借款本金。通常借到資金與歸還借款不可能在同一天完成。借款人借到資金與歸還借款之間的時間越長，時間價值的犧牲就越大。但在抵押貸款利率與當期市場利率的差距增大到一定幅度的情況下，具體而言，該差距大到足以彌補抵押貸款借款人的再融資成本時，借款人就應該提前償付。這個因素應該是借款人提前償付最主要的原因。

（二）市場利率的歷史路徑

不僅當期住房抵押貸款利率影響借款人的提前償付行為，而且市場利率的歷史路徑也會影響借款人的提前償付行為。例如，住房抵押貸款池的貸款利率為10%，在貸

款池形成 3 年之後，同類抵押貸款利率降低到 7%。假定有兩種可能的歷史利率路徑：第一種路徑為，貸款利率在第一年年底就降低到 7%，然後在第二年年底上升到 12%，進而在第三年年底又降低到 7%；第二種路徑為，第一年年底貸款利率上升到 11%，第二年年底繼續上升到 12%，然後下降，並在第三年年底下降到 7%。

如果貸款利率的變化為第一種路徑，那麼那些能夠通過借新還舊獲得利益的借款人，在第一年年底時就已經那樣做了。因為第一年年底貸款利率就降低到 7%，已經給借款人帶來了巨大的機會。當貸款利率於第三年年底再次降低到 7% 時，由於那些有能力借新還舊的借款人早就還掉原來的借款，而那些對利率第一次下降不敏感或者難以借新還舊的人，在第二次下降時通常也會不敏感，或者依舊無法借新還舊。這一現象被稱為燃盡現象（Burnout）。相反，在第二種路徑下，由於前兩年利率都大幅上升了，提前還款的比率會很小，第三年年底利率降低到 7%，提前還款的比例會有很大幅度的增加。

（三）季節性因素

在美國，有學者研究季節對貸款提前償還的影響。他們認為，人們在春夏季購買住房的動機要比秋冬季購買住房的動機高得多。由於春夏季購買住房達到高潮，這意味著在此階段會有更多的人賣掉自己的住房，而購買新的住房。賣掉原有住房意味著提前償還貸款。這說明借款人提前償付在春季開始上升，在夏季達到高峰。從秋季開始，提前償還開始下降，並在冬季達到最低點。

（四）抵押貸款的年限

在抵押貸款的早期償付中，對利息的償付部分要遠遠超過對本金的償還。因此，因再融資而節省的利息通常在抵押貸款的早期較大。我們可以預期在抵押貸款的初期，提前償付出現得比較頻繁，而後頻率會趨於穩定。實際上，在抵押貸款的第 2~8 年之間，提前償付所占的比例比較大。另外，當抵押貸款的時間超過 25 年後，家庭也有提前償付的動機。總的來說，在抵押貸款的第 10~25 年間，提前償付的速度會下降。

（五）住房價格

住房價格影響貸款價值比，這接下來會影響家庭再融資的能力。當住房價格上升時，貸款價值比比率會下降，在利率變化等因素促使再融資時，這會提升家庭再融資的能力；反之，如果住房價格下降，則貸款價值比比率會上升，這會降低家庭再融資的能力，即使其他因素對再融資有利。

抵押貸款的資產價值和住房價值之間的關係會影響提前償付的動機。

抵押貸款的資產價值 = 當前抵押貸款的面值 − 當前抵押貸款的市場價值

（六）抵押貸款期限

有證據表明，提前償還比率依賴很多其他因素。例如，15 年期固定利率貸款的提前償還比率就與 30 年期 FRM 的提前償還比率不同。沃爾德曼、施瓦布和費根伯格（Waldman, Schwab and Feigenberg, 1993）提供了如下證據：

（1）對於現金息票和折價息票證券來說，1983—1992 年，15 年期抵押貸款要比 30 年期抵押貸款的提前償還速度快 11%。

（2）對高息票證券來說，1986—1992年，15年期抵押貸款的提前償還速度要比30年期的低5%。

(七) 宏觀經濟狀況

宏觀經濟的好壞影響住房買賣，進而影響貸款提前償還。由於宏觀經濟形勢好，人們收入增加，特別是人們預期收入增加，這一方面會促使人們購買面積更大、檔次更高的住房；另一方面經濟形勢好，會促進人力資源的流動，這樣，原有住房提前償還的可能性就增大。

二、提前償付的測量

關於提前償付水平的測量指標，業內有很多。我們在這裡主要討論其中的四種。這些指標是基於抵押擔保證券的資產池推導出來的，但是，它們對於單個個人貸款也是有用的。

(一) 12年提前償付期法（Twelve-year Retirement）

這是最簡單的一種對提前償付的測度。它假設抵押貸款恰好在12年後償付，如果該假設成立，則我們可以確定12年後的現金流（如果沒有違約發生）。這個估計方法是基於美國聯邦住宅管理局的經驗數據，數據顯示抵押貸款平均都在第12年全部償付。現在人們意識到，12年提前償付期的假定經常會有誤導作用，提前償付率往往隨著利率和抵押貸款的特徵而變動。除了偶爾在估計抵押貸款收益率時還採用此方法外，這種方法在目前的抵押貸款支持證券和交易中已很少用到。

(二) 條件提前償付率（Conditional Prepayment Rate，CPR）

一種經常使用的方法是對抵押貸款組合設定一個條件提前償付率。根據貸款組合的特徵（包括其歷史提前還款經驗數據）及當前和預測的未來經濟環境，對一個貸款組合的提前還款比率做出假設，這個比率叫做條件提前償付率。

條件提前償付率是年度提前還款比率。要預測每月的提前還款額，還必須把條件提前償付率轉化為月度提前還款比率，通稱為單月衰減率（Single Monthly Mortality Rate，SMM）。給定條件提前償付率，採用下面的公式來計算單月衰減率：

$$SMM = 1 - (1 - CPR)^{1/12}$$

例如，假設CPR等於6%，相應的SMM為：

$$SMM = 1 - (1 - 0.06)^{1/12} = 0.005,143$$

如果單月衰減率等於w%，就表示月初貸款按揭餘額與計劃本金償還額相減所得的差額中大約有w%會在該月提前償還。

例如，一位借款者某月初按揭貸款餘額為2.9億元，假設單月衰減率等於0.514,3%，計劃償還本金300萬元，則該月提前還款的預測值為：

$$0.005,143 \times (290,000,000 - 3,000,000) = 1,476,041 （元）$$

在業內，條件提前償付率被廣泛用來測量提前償付。當單月衰減率上升時，抵押貸款被提前償付的概率上升。這對於計算與貸款組合有關的提前償付是非常有用的。

(三) FHA 經驗測度 (FHA Experience)

聯邦住宅管理局 (Federal Housing Administration) 有一個包含不同種類的抵押貸款實際提前償付的數據庫，這個數據庫構成了計算任何年份一個貸款可能被提前償付的概率的基礎。

概率的計算過程如下：FHA 經驗測度的數據被組成一個序列，為了給出用 0~30 表示的任何年度末新抵押貸款沒有被提前償付的概率，設 x_t 為這個概率，則抵押貸款在任意年度 t 被提前償付的概率是：

$$p_t = x_{t-1} - x_t$$

在假設抵押貸款在 $t-1$ 年前沒有被提前償付的條件下，抵押貸款在第 t 年仍然存在的條件概率用 y_t 表示，並計算如下：

$$y_t = 1 - \frac{p_t}{x_{t-1}} = \frac{x_t}{x_{t-1}}$$

一旦我們有了抵押貸款在第 t 年仍然存在的概率 y_t，通過假設更多關於月度概率的條件，我們就可以計算月存在概率。例如，如果假設在 1 年內的月存在概率是常數（如用 z_i 表示第 i 年的月存在概率），則有：

$$z_i = y_i^{1/12}$$

這個推導出來的月度概率被稱為 100% FHA 經驗測度，與前面的條件提前償付率不同，這個測度並不隨抵押貸款時間的增長而下降。

例如，我們預期 58% 的抵押貸款池將存在 10 年，54% 的抵押貸款池的存在將超過 11 年。利用這些數據我們得知，抵押貸款池在第 11 年提前償付的概率是 4%，從而進一步推導 100% FHA 經驗測度。投資者會利用這些信息並以不同的速度（如 50% FHA 經驗測度或 200% FHA 經驗測度）對其進行調整。

以 FHA 經驗測度為基礎的提前償付的計算儘管有用，但也會產生很多問題。因為 FHA 抵押貸款是假定的 (Assumable)，提前償付的速度通常被低估。

(四) PSA 經驗 (PSA experience)

公共證券協會 (Public Securities Association) 的慣例是，假設在第 1 個月 0.2% 的本金被提前償付，以後每個月的提前償付比例依次遞增 0.2%。最後固定在 6%，這種方法被稱為 100% PSA 度量。如圖 6-2 所示。

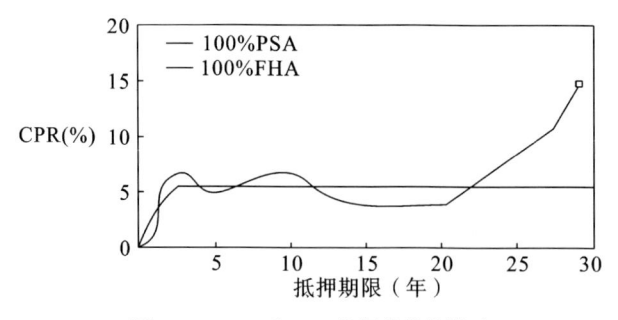

圖 6-2　FHA 和 PSA 的提前償付模型

1985 年 7 月，PSA 經驗的標準基準產生，它不是作為提前償付模型使用，而是作為一個基準使用。從數學的角度看，100% PSA 基準可表示為：

當 t < 30，則 CPR = 6% × $\frac{t}{30}$

當 t ≥ 30，則 CPR = 6%

通過按比例放大或縮小，我們可以構造不同的 PSA 度量。例如，一個預期的 200% PSA 的提前償付率意味著一個月的 CPR 將 2 倍於對應 100% PSA 的 CPR。因此，對於 200% PSA，第 1 個月的 CPR 將為 0.4%，第 2 個月的 CPR 為 0.8%，知道第 30 個月達到 12% 的水平。圖 6 - 3 給出了 50% PSA、100% PSA 和 150% PSA 的年提前償付率。

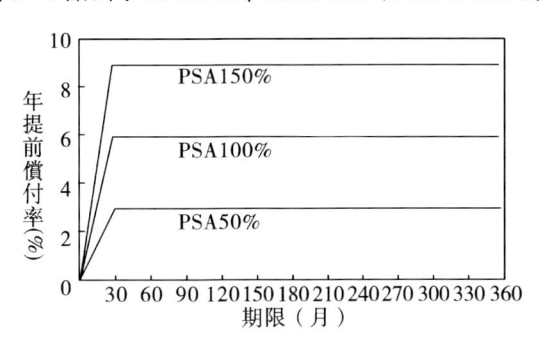

圖 6 - 3　PSA 乘數

基本上，抵押貸款的季節性效應通過提前償付利率的線性增加體現出來，並建立在 30 年期 FHA 的 FRM 基礎上。

三、提前償付下的抵押現金流

在當前抵押貸款合約的基礎上，我們可以推導未來抵押貸款的現金流。假設一份 30 年期抵押貸款的數額為 100,000 元、利率為 9%，並假設提前償付以 100% PSA 的形式出現。下面我們可以推導現金流。

（1）利用提前償付概率的假設，我們可以計算第 1 個月的 SMM：

CPR = 6% × $\frac{1}{30}$ = 0.002

SMM = 1 - $(1 - CPR)^{1/12}$ = 0.001,67

同理，我們可以依次計算出直到第 30 年、CPR 為 6% 時的 SMM。注意到 30 年後直到到期日的 SMM = 0.005,143。

（2）利用第一節的公式 y = $F_0 \times \frac{r(1+r)^n}{(1+r)^{n-1}}$ 以及 F_0 = 100,000，n = 360，r = 0.09/12，我們計算 t = 1 時每月支付 y 為 804.62 元。其中，利息支付為 750 元（100,000 × $\frac{0.09}{12}$）。本金支付為 54.62 元（804.62 - 750）。

t = 1 時的提前償付為：0.001,67 × (100,000 - 54.62) = 16.67（元）

t = 2 時的本金餘額為：100,000 −（54.62 + 16.67）= 99,928.70（元）

同理，我們可以依次計算出以後各期的抵押貸款現金流。圖 6-4 顯示了在 100% PSA 假設下該抵押貸款各期的提前償付額。

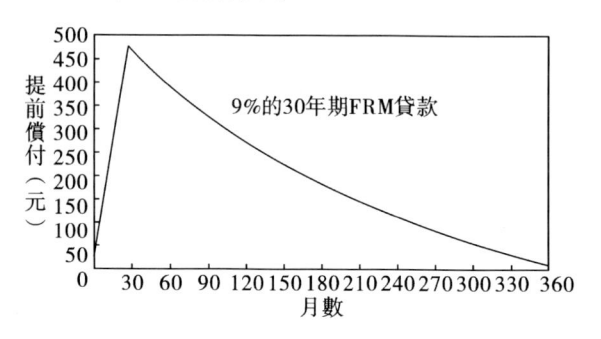

圖 6-4　100% PSA 的單筆貸款的提前償付

理解提前償付對抵押價值的影響是非常重要的。可提前償付貸款的價值隨著利率的下降而趨近貸款餘額，與此形成對比的是，不可提前贖回貸款的價值會隨著利率的下降而上升。

第三節　抵押貸款支持證券

本節將闡述抵押貸款支持證券的一個基本產品——抵押過手證券（Mortgage Pass-through Security）和兩個衍生產品——擔保抵押證券（Collateralized Mortgage Obligation）、剝離抵押支持證券（Stripped Mortgage-backed Security）。本節將考察的抵押支持證券是由居民的房產按揭貸款擔保的，由聯邦相關機構——政府國民抵押協會（GNMA 或 Ginnie Mae）、兩家政府資助企業——聯邦全國抵押協會（FMNA 或 Fannie Mae）和聯邦住宅抵押公司（FHLMC 或 Freddie Mae）發行的證券。我們用聯邦機構抵押貸款支持證券（Agency MBS）來指政府國民抵押協會和兩家政府資助企業發行的抵押貸款支持證券。

一、抵押過手證券

抵押過手證券是抵押支持證券的基本形式，它是證券發行商以抵押貸款集合基金為基礎發行的參與憑證。一個集合可以包含若干筆抵押貸款。構成抵押貸款月度還款的現金流包括利息、計劃內本金償還以及任何提前償付，投資於抵押過手證券就能分享這些現金流。

（一）抵押過手證券的歷史

一些投資組合的管理者一直在積極尋找高於美國國債收益率的固定收益投資機會。對於他們來說，有兩種投資選擇：①投資於不被美國政府擔保的證券，這需要承受一

定的信用風險；②投資於本金償還時間不確定的證券。例如，公司債券中附有的額外收益，用於補償投資者承受的發行人違約風險。

與投資組合管理者相似，貸款發起人在測算他們的資產收益率時也面臨著類似的風險。例如，消費抵押貸款可能存在的違約或提前償付，會對貸款發起人投資組合的收益率有重大的影響。貸款發起人通過向借款人徵收更高的利率來補償他們承受的風險。此外，貸款發起人會買進或賣出組合中的一些資產以分散他們的風險。當貸款發起人出售他們的抵押貸款時，我們就說他們已進入二級市場進行交易了。

大額貸款或未被證券化的抵押貸款的二級市場早在過手證券出現之前便已經存在。大額貸款的二級市場有助於減少貸款者在資本不足地區和資本盈餘地區的不平衡。儘管交易多在抵押貸款發起人之間進行，但對於大額貸款的買者來說，還是要面臨複雜的法律問題以及大量抵押物所有權登記的工作。更重要的是，大額貸款市場的流動性很低，賣方如果被迫要在短時間出售大額貸款，將面臨資產價值損失風險。這些都使許多小的投資者望而卻步。因此，過手證券的引入創造了一種比大額貸款市場更方便、更有效的貸款交易方式。

絕大多數的轉手證券由政府國民抵押協會、聯邦全國抵押協會和聯邦住宅抵押公司三家機構發行，目的是為了增加抵押貸款二級市場的流動性，進一步增加可用於居民住房貸款的資金的供給。與這三家機構有關的證券就是所謂的機構過手證券（Agency Passthrough Securities），其餘的抵押貸款過手證券是由民間商業金融機構發行的。儘管聯邦全國抵押協會和聯邦住宅抵押公司一般也被稱為美國政府機構，但實際上兩者都是美國政府的公司性機構。也就是說，它們屬於政府資助企業，因此它們的擔保不含美國政府的全部信譽。政府國民抵押協會的抵押支持證券由美國政府全部信譽對利息和本金的及時償付進行擔保。所以，即使到期時借款人未能支付貸款月度還款，抵押支持證券的本息仍能夠按期支付。

政府創建的過手證券實現了兩個增加抵押貸款支持證券對投資人吸引力的目標：①通過政府的隱含擔保（對政府國民抵押協會是直接擔保）消除了信用風險；②通過積聚大量的貸款並創造一種單一固定利率的證券（相對於多個基礎抵押貸款的不同利率而言），使現金流量更容易預測。儘管這些貸款都存在提前償付的問題，但它們對整個證券的影響是很小的。而且市場參與者可以通過對大量的貸款進行統計分析，從而較好地估計每月的提前償付額。

(二) 抵押過手證券的發行步驟

抵押過手證券的發行包括三個基本的運作環節：①證券發行商從抵押貸款發起人手中購買抵押貸款，形成抵押貸款集合基金；②證券發行商以這些抵押貸款組合為擔保，發放抵押貸款證券；③該抵押貸款證券的發行商負責或委託其他機構收取抵押貸款的本金和利息，並在扣除服務費和擔保費之後，將本息收入全部「過手」給抵押支持證券的投資者。

我們以一個例子來說明抵押過手證券的生成。如圖6-5，我們假設基礎抵押貸款是10戶家庭住房抵押貸款，每筆抵押貸款為10萬元，因此10筆抵押貸款之和為100

萬元。現金流表示的是月現金流量，它包含了三個因素：①利息；②計劃本金償還額；③提前償付額。假定某個企業購買了全部10筆抵押貸款並將其組合，這10筆抵押貸款就可以用做發行證券的擔保品。從圖6-5中可以得知，證券的現金流反應了10筆抵押貸款的現金流。假設發行的證券有40份，則每份證券最初的價值為2.5萬元（100萬元除以40）。每份證券的現金流相當於總現金流的2.5%（1/40）。

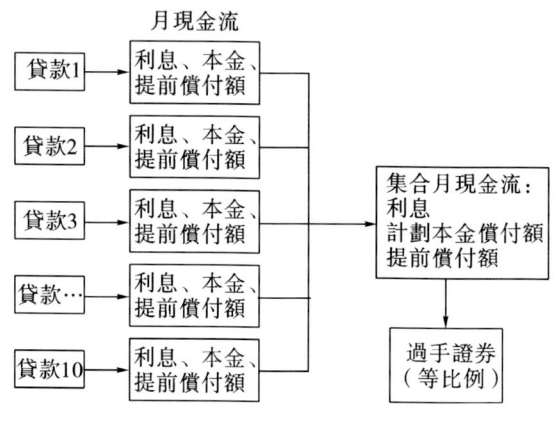

圖6-5 過手證券的生成

（三）抵押過手證券的現金流量

抵押過手證券的現金流量依賴於作為支撐的基礎抵押貸款池，正如我們前面提到的包括每月的利息、計劃內本金償付額和提前償付額。

每個月的抵押貸款還款都要轉付給投資者。然而，貸款池的月現金流無論在數量方面還是在發生的時間方面都不完全等於轉付給證券投資者的月現金流量，因為有一部分還需要支付給證券發行商和證券擔保人作為提供服務的費用。也就是說，證券息票利率與貸款池的抵押貸款利率之差就是所需支付的管理費用和其他費用。另外，現金流發生的時間也不相同。抵押貸款月度還款應由抵押貸款人在每月的第一天付清，然而在相應的月度將現金流轉付給證券所有者的過程卻存在時滯。

在一個貸款池中，各筆貸款的償還期不一定相等，也沒有必要完全相等；各筆貸款的利率也會有所差別。為了計算一個貸款池的現金流量，有兩種辦法：一是對每種貸款的現金流量分別計算，然後加總；二是利用加權平均貸款利率作為貸款池的利率，用加權平均貸款期限作為貸款池的期限。加權平均貸款利率（Weighted Average Coupon Rate，WAC）是對貸款池中每筆貸款的貸款利率加權平均；加權平均貸款期限（Weighted Average Maturity）是對貸款池中每筆貸款的剩餘期限的加權平均。

例如，一個抵押貸款池有5筆貸款，各筆貸款各自的本金餘額、抵押貸款利率、剩餘期限數如表6-2所示。

表 6-2　　　　　　　　　　　WAC 和 WAM 的計算

貸款	本金餘額（元）	比重（%）	貸款利率（%）	剩餘期限（月）
1	125,000	22.12	7.50	275
2	85,000	15.04	7.20	260
3	175,000	30.97	7.00	290
4	110,000	19.47	7.80	285
5	70,000	12.39	6.90	270
總計	565,000	100.00	7.28	279

加權平均貸款利率為：

$0.221,2 \times 7.5\% + 0.150,4 \times 7.2\% + 0.309,7 \times 7.0\% + 0.194,7 \times 7.8\% + 0.123,9 \times 6.9\% = 7.28\%$

加權平均貸款期限為：

$0.221,2 \times 275 + 0.150,4 \times 260 + 0.309,7 \times 290 + 0.194,7 \times 285 + 0.123,9 \times 270 = 279$（個月）

（四）抵押過手證券的風險

持有抵押過手證券的投資者無法預知未來的現金流，因為未來現金流取決於實際的提前還款。正如上文指出的，這種風險稱為提前還款風險。假設投資者在抵押貸款利率為10%的時候購買了利率為9%的過手證券。我們來考慮如果市場利率下降（如跌至6%）時，將會對提前還款產生什麼影響。這將產生兩個不利的影響：①固定收益證券的基本特徵是利率的下降會使無內置期權的債券的價格上升。但就過手證券而言，價格上升幅度沒有無內置期權債券的價格上升幅度大，因為利率下降會促使借款人提前還款，以更低的利率為債務再融資。這就導致了抵押過手證券投資者與可贖回債券持有人面臨相同的不利影響，即使得過手證券價格上升的潛力因提前還款而被削弱。②現金流入量是要再投資的，而在市場利率下降的情況下，再投資收益率肯定很低。因此，我們把抵押貸款利率下跌時給投資者帶來的這兩個不利影響稱為收縮風險（Contraction Risk）。

現在假設利率上升到15%時，過手證券的價格像其他債券的價格一樣會下跌，但它下跌得更多，因為更高的利率容易降低提前還款的速度。提前還款之所以會減慢是因為住房所有人不會在抵押貸款利率高於9%的合同利率的情況下考慮再融資。這種抵押貸款利率上升時對過手證券的價格產生的不利影響稱為延展風險（Extension Risk）。

（五）抵押過手證券的平均壽命期

抵押過手證券的平均壽命期（Average Life，AL）是指以預期收到的本金金額為權數所計算出的收到本金償付（計劃內本金償付和預計的提前償付）的平均時間。其計算公式如下：

$$平均壽命期 = \sum_{t=1}^{T}(t \times 在 t 時刻收到的本金)/(12 \times 本金總額)$$

這裡的 t 為月份數。由此可知，抵押過手證券的平均壽命取決於 PSA 提前償付假定的情況。如果 PSA 的假定不同，抵押過手證券的平均壽命期就不同。不同的假定相對應的平均壽命期如表 6-3 所示。

表 6-3

PSA 速度	50	100	165	200	300	400	500	600	700
AL（年）	15.11	11.66	8.76	7.68	5.63	4.44	3.68	3.16	2.78

收縮風險和延展風險是債券平均壽命的函數。當抵押貸款利率下降時，收縮風險發生，提前支付比率增長，抵押過手證券的平均壽命縮短；當抵押貸款利率上升時，延展風險發生，提前支付比率減少，抵押過手證券的平均壽命增加。

二、擔保抵押證券

機構投資者對提前還款風險有不同程度的關切。一些機構投資者主要關心延展風險，而另一些機構投資者主要關心使收縮風險最小化。正是由於抵押過手證券存在著收縮風險和擴張風險，不少資金不敢涉足抵押過手證券。為此，1983 年，美國聯邦住宅抵押公司推出了一種新的抵押支持債券——擔保抵押證券（Collateralized Mortgage Obligation，CMO）。擔保抵押證券是基於過手證券發行的證券（證券由其他證券擔保），過手證券的現金流被重新分配給不同的債券類別或系列。擔保抵押證券被劃分為若干系列（Tranches），每一個系列相對應能夠獲得不同的由過手證券派生的現金流。每一個擔保抵押證券系列代表一個由收縮風險和延展風險搭配成的不同組合。因此，擔保抵押證券能夠很好地滿足機構投資者或投資經理人獨特的資產/負債匹配的需求。擔保抵押證券的結構如圖 6-6 所示。

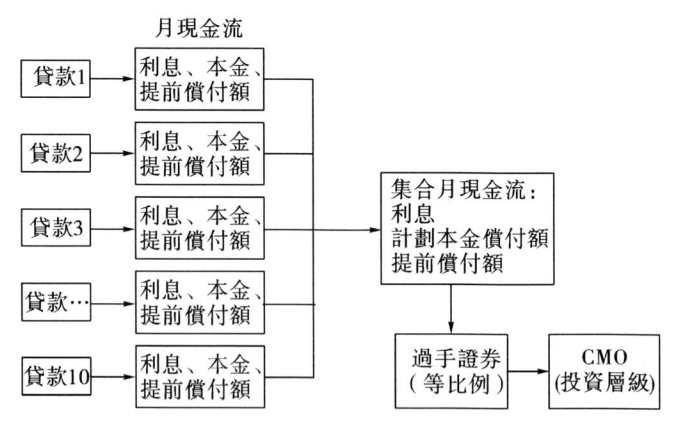

圖 6-6 擔保抵押證券的生成

擔保抵押證券的現金流重新分配並沒有消除收縮風險和延展風險，它只是重新將這些風險再打包和分派給不同類型的債券投資者。然而，它的創新之處在於把這些風險依次分派給不同類型的投資者，這樣能夠最大可能的處置特定類型的風險，以提高抵押支持證券的投資價值。

擔保抵押證券的類型有很多種，我們主要介紹以下三種：

(一) 順序償還類別

按順序償還的擔保抵押證券通常包含兩個以上的類別或系列 (Tranches)，所有來自擔保品的最初的本金攤還額和提前付額支付給期限最短的類別，直到所有的類別都被償清，這個過程才停止。圖 6-7 展示了在擔保品的提前償付保持在 185PSA 水平上，100 萬美元的 7.5% FNMA 集合的本金現金流是如何按照順序償還的結構分配的。該例中，第一類別的持有者由於持有資產的加權平均期限為 3 年，記為 3 年檔持有者。他們從第 1 個月到 64 個月得到所有本金現金流，直到本金餘額為 0。擁有第二類別 (7 年) 的投資者從第 65 個月到 107 個月得到本金現金流。10 年檔的持有者從 108 個月到 134 個月得到本金，最後一檔的投資者得到剩餘的本金現金流。每當剩餘的時間和本金償付開始或終止的月份數，隨著現行的提前償付率對假設提前償付率的偏離而變化。

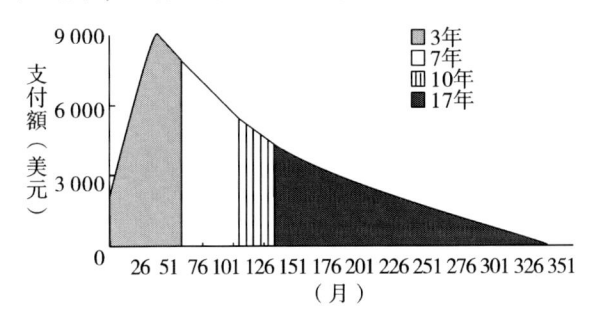

圖 6-7　來自四檔次順序償還結構本金現金流

收縮風險和延展風險在這種結構安排下依然存在，但它們作了某種程度的重新分配。短期檔次，即先到期者給予投資者更多延展風險的保護。而期限較長者給予投資者更多的收縮風險的保護。也就是說，順序償還結構的發明使得投資期較短的資本市場參與者也能進入抵押貸款支持證券市場，因為他們可以買到與計劃投資期限更匹配的債券。投資期較長的投資者同樣也可以獲益，因為他們可以免受貸款池中早期出現的提前償付的影響。

對於具有許多順序償還檔次的擔保抵押證券結構而言，最後一個檔次在其他檔次還未支付完畢之前，既不會收到本金也不會收到利息，擁有這種現金流的債券叫 Z 債券或積息債券。在 Z 債券未償付的每個月中，Z 債券像其他檔次一樣產生息票現金流。但是，只要當期不用償還本金，它的息票現金流就可以用於償還其他檔次的債券。Z 債券通過將以前各期的利息支付加入自身的本金餘額而擴大自身的量，這個過程叫做增值。一旦優先於 Z 債券的類別被完全償還，Z 債券就開始得到本金和利息。

(二) 計劃分期償還類別

　　1987 年，美國抵押融資公司和牛津票據成對公司率先推出了計劃分期償還的擔保抵押證券。計劃分期償還的擔保抵押證券中有一類債券的現金流的確定性非常強，被稱為計劃分期償還類別債券。這是因為在規定的提前償付率波動範圍內，這類債券必須按照事先確定的安排穩定地獲得本金和利息。那些非計劃分期償還類別債券被稱為支撐債券（Support Bonds）或伴隨債券（Companion Bonds），它們吸納了提前償付風險。

　　計劃分期償還類別債券通過把不確定的現金流引向伴隨債券而予以維持。在提前償付速度較快的情況下，伴隨債券通過吸收超過計劃分期償還類別債券計劃本金的償付部分來支持該債券。在提前償付速度較慢的情況下，如果沒有足夠的本金滿足先前需要支付的計劃分期償還類別債券，伴隨債券本金的償還將被延期。按照這種支持機制，快於預測速度的提前償付會使伴隨債券得到更快的償還，或使加權平均壽命期縮短；相反，慢於預測速度的提前償付將使伴隨債券保持更長的時間或延長其加權平均壽命期。

　　在創新計劃分期償還的擔保抵押證券時，通常也不是僅僅設計一種計劃償還的證券，而是設計多個層次。例如，設計 5 種計劃分期償還類別債券 A、B、C、D、E，再設計 1 種伴隨債券 S。這些類別的現金支付如下：

　　利息分別支付給各類債券。

　　本金的支付則是：A 債券有本金受償的優先權，當本金償還超過了 A 債券的計劃償還額時，剩餘本金償還額支付給伴隨債券 S；當 A 債券受償完畢，B 債券有本金受償的優先權，超過 B 債券計劃本金償還額的提前償還部分，用來償還伴隨證券 S。以此類推。

(三) 浮動利率類別

　　由於有些投資者對浮動利率債券有需求，因為浮動利率的資產與他們的浮動利率負債相匹配，因此，僅僅發行固定利率的擔保抵押證券，會限制一些投資者參與 MBS 市場。浮動利率擔保抵押證券可以在固定利率擔保抵押證券基礎上建立起來，也就是構造一個浮動利率與反向浮動利率的組合。浮動利率債券的息票率需要定期重新設定（通常按月重設），重新設定時根據對某種指數（如 LIBOR 以及聯邦住宅貸款銀行系統第十一區基金成本指數等）的特定利差或差額調整。反向浮動利率的息票率與指數反方向移動。無論浮動利率債券還是反向浮動利率債券都有浮動上限和下限。上下限設定了債券的最大和最小的息票利率。

　　表 6-3 顯示了浮動利率債券和反向浮動利率債券是如何從固定利率債券中創造出來的。浮動利率債券和反向浮動利率債券的息票利率計算公式都與基金成本指數有聯繫。浮動利率債券的息票利率按該基金成本加 65 個基點進行調整，並附有 10% 的利率上限，反向浮動利率債券的息票利率的乘數為 2，按 21.20% 減去 2 乘以基金成本指數的差進行調整，有 2.5% 的利率下限。

表 6-3　　　　　　　　浮動利率債券和反向浮動利率債券的創造

120 萬美元的 5 年期、息票利率為 7.5% 的伴隨債券變為：
● 80 萬美元的 5 年期基金成本指數浮動利率伴隨債券（息票利率＝基金成本指數＋65 個基點，10% 利率上限）
● 40 萬美元的 5 年期基金成本指數反向浮動利率伴隨債券（息票利率＝21.2%－2×基金成本指數，2.5% 利率下限）

基金成本指數(%)	息票利率（%） 浮動利率	息票利率（%） 反向浮動利率	加權平均息票利率(%)
0.00	0.65	21.20	7.50
2.00	2.65	17.20	7.50
4.00	4.65	13.20	7.50
6.00	6.65	9.20	7.50
8.00	8.65	5.20	7.50
9.35	10.00	2.50	7.50
10.00	10.00	2.50	7.50
12.00	10.00	2.50	7.50

三、剝離抵押支持證券（Stripped Mortgage-backed Securities）

　　傳統的過手證券一個顯著的特點是基於抵押貸款組合支持證券產生的，利息與本金的償付是按比例分配給債券持有者。這意味著每一位過手證券的持有者收取相同金額的利息和本金。與之不同的是，剝離抵押支持證券不是按比例分配的。這種不均等的分配本金和利息，導致剝離抵押支持證券的價格和收益率之間的關係與過手證券有顯著的不同。剝離抵押支持證券最常見的類型是唯息證券（Interest-Only）和唯本金證券（Principal-Only）。

　　唯息證券獲得擔保品產生的全部利息，而唯本金證券則獲得擔保品全部的本金償還額。對於唯息證券而言，所獲利息的多少直接與本金餘額相關，而本金餘額則與抵押貸款池的提前償還速度直接相關。如果提前償還的速度越快，本金餘額下降越快，進而未來利息額就越少；相反，如果本金提前償還速度越慢，那麼本金餘額就相對較高，進而利息所得就越多。由於市場利率的下降會導致提前償還比率增大，因此，市場利率下降時，唯息證券的投資者獲得的收益下降。同理，當市場利率上升時，唯息證券的投資者收益增加。在通常情況下，普通證券價格與市場利率呈負相關。但上面的分析卻表明，唯息證券的價格與市場利率呈正相關關係。這一特點，使得唯息證券成為非常獨特的證券，這一證券可以被不少投資者利用，以建立投資組合進行避險。

　　由於唯本金證券只獲得本金的償還額，並獲得期間再投資所生成的利息，因此，唯本金證券必須折價發行。投資唯本金證券所獲得的到期收益率，依賴於本金的償還速度。償還速度越快，唯本金證券的投資者所獲得的收益越高。唯息證券與唯本金證券的價格與收益率的關係如圖 6-8 所示。

固定收益證券

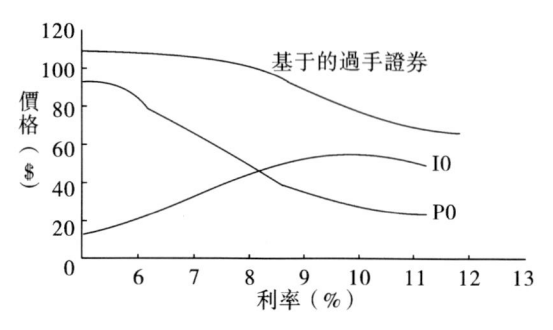

图6-8 唯息證券、唯本金證券的價格與利率的關係

從圖6-8我們可以看出唯息證券和唯本金證券的一些投資特點：

（1）唯本金證券的投資表現對提前償付率極其敏感。較高的提前償付率導致與預期相比更快的本金返還，由此產生更高的收益。由於提前償付率隨著貸款利率下降而上升，因此唯本金證券價格隨著利率的下降而上升。

（2）唯息證券價格在較低的當前利率下與貸款利率呈正相關關係。當前市場利率下降至抵押貸款利率之下時，提前償付率增加，本金餘額下降。唯息證券的利息償還減少，減少的現金通常導致唯息證券價格的下跌；反之，則唯息證券價格上升。

（3）唯息證券和唯本金證券與其基於的過手證券相比，顯現出較高的價格波動。之所以發生這種現象是因為唯息證券和唯本金證券的收益呈負相關關係（兩者價格與利率剛好呈反方向變動），但是兩者價格波動之和等於過手證券價格的波動。

本章小結

● 住房抵押貸款是一種要求借款人按照預定計劃還款，並以特定房地產作為擔保品來確保債務償還的貸款。

● 基本的抵押貸款支持證券是以抵押貸款組合為基礎生成的抵押貸款過手證券。

● 貸款人的風險包括：①提前償付風險；②違約風險；③利率風險。

● 按照利率在整個存續期間是否可以調整，住房抵押貸款可以分為兩類：固定利率抵押貸款（FRM）和可調利率抵押貸款（ARM）。

● 影響提前償付的因素有：①市場利率；②市場利率的歷史路徑；③季節性因素；④抵押貸款的年齡；⑤住房價格；⑥抵押貸款期限；⑦宏觀經濟狀況。

● 根據貸款組合的特徵（包括其歷史提前還款經驗數據）及當前和預測的未來經濟環境，對一個貸款組合的提前還款比例做出假設，這個比率叫做條件提前償付率。

● 公共證券協會（PSA）的慣例是，假設在第1個月0.2%的本金被提前償付，以後每個月的提前償付比例依次遞增0.2%。最後固定在6%，這種方法被稱為100% PSA度量。

● 抵押過手證券是抵押支持證券的基本形式，它是證券發行商以抵押貸款集合基金為基礎發行的參與憑證。一個集合可以包含若干筆抵押貸款。

- 投資於抵押支持證券所面臨的風險可以劃分為收縮風險和延展風險。
- 擔保抵押證券是基於過手證券發行的證券（證券由其他證券擔保），其現金流被重新分配給不同的債券類別時稱之為系列，每一個系列相對應能夠獲得不同的由過手證券派生的現金流。每一個擔保抵押證券系列代表一個由收縮風險和延展風險搭配成不同的組合。
- 擔保抵押證券的出現並不能消除提前還款風險，它只能把不同形式的風險在不同類別（系列）之間進行分配。
- 剝離抵押支持證券最常見的類型是唯息證券（Interest – Only）和唯本金證券（Principal – Only）。
- 唯本金證券因利率下跌和提前還款加速而獲益。
- 唯息證券因利率上升和提前還款放緩而獲益；唯息證券的投資者即使將債券持有至到期也可能無法收回投資金額。

練習題

1. (　　) 是固定利率抵押貸款方式的特點。
   A. 月度還款中，用於償還按揭貸款本金部分遞增
   B. 用於償付利息部分逐月減少
   C. 借款者先於到期日償還全部或部分貸款會導致提前還款風險
   D. 利率的確定等於參考利率加上一個特定的利差
2. 比較條件提前還款比率和公共證券協會提前還款基準。
3. 假設提前還款速度為100PSA，按照CPR與SMM的轉換公式，計算第5個月以及第31個月至第360個月的SMM。
4. 闡述影響提前還款行為的因素和提前還款風險的種類。
5. 抵押支持證券可以分為哪幾類？
6. 一個30年期的按揭抵押貸款，貸款利率為7.25%，貸款金額為 $150,000。借款人月度還款金額為 $1,023.26。完成如表6-4所示的月度還款計劃表。

表6-4

月份	本金金額($)	月還款額($)	利息($)	計劃本金償還($)	月末貸款餘額($)
1	150,000.00	1,023.26			
2		1,023.26			
3		1,023.26			
4		1,023.26			
5		1,023.26			
6		1,023.26			
7		1,023.26			

表6-4(續)

月份	本金金額($)	月還款額($)	利息($)	計劃本金償還($)	月末貸款餘額($)
8		1,023.26			
9		1,023.26			
10		1,023.26			
……	……	……	……	……	……
357	4,031.97	1,023.26			
358		1,023.26			
359		1,023.26			
360		1,023.26			

7. 有人說：「因為政府國民抵押協會發行的過手證券是以全部政府信譽作擔保，所以證券的現金流沒有不確定性。」你同意這樣的說法嗎？為什麼。

8. 一個抵押貸款組合如表6-5所示：

表6-5

貸款	貸款金額（$）	貸款利率（%）	剩餘期限（月）
1	215,000	6.75	200
2	185,000	7.75	185
3	125,000	7.25	192
4	100,000	7.00	210
5	200,000	6.50	180
總計	825,000		

分別計算加權平均貸款利率和加權平均貸款期限。

9. 一種過手證券，在第42個月初時的貸款餘額為$260,000,000，這個月的計劃本金償還為$1,000,000。如果這個月的提前還款額是$2,450,000，試計算第42個月的SMM和CPR。

10. 如果在第140個月時過手證券的標的貸款組合的貸款本金餘額還有$537,000,000。本月的計劃本金償還額是$440,000。假設在175PSA下，計算第140個月的月度提前還款金額。

11. CMO的設計是如何將提前還款的風險分配到不同的債券系列中去的？

12. 支撐債券系列在CMO結構設計中的作用是什麼？

13. 介紹剝離抵押支持證券的投資特性。

第七章　資產支持證券

本章學習目標：

　　通過本章的學習，應該掌握資產證券化的特點和基本流程，瞭解美國市場資產支持證券的幾種主要類型。

第一節　資產證券化概述

　　資產證券化（Asset Securitization）是指企業或者金融機構把缺乏流動性的、但有穩定未來現金流的資產進行組合，以資產池為支撐向市場發行資產支持證券。資產支持證券（Asset-backed Securities，ABS）是資產證券化的產物，也是固定收益市場上的重要產品，資產證券化的發展進程其實就代表了資產支出證券的發展歷程。

　　資產支持證券有許多獨特的地方。一般固定收益證券有一個具體的債務人，通常是證券的發行者。例如，國債的債務人是國家，公司債券的債務人是公司。資產支持證券的債務人不是一個確定的主體，也不是其發行者，而是某項貸款的眾多借款人。一般固定收益證券不存在提前償還的問題，而資產支持證券的提前償還風險則非常突出。

一、資產證券化的發展

　　資產證券化起源於20世紀70年代的銀行信貸資產證券化。20世紀60年代後期，美國經濟陷入衰退，通脹率較高，促使市場利率上升，從事住房抵押貸款業務的儲蓄與貸款協會（Saving and Loan Association）短存長貸的弊端顯現，造成該類機構出現流動性困難和經營收益下降。為幫助儲蓄與貸款協會擺脫困境，緩解資產流動性不足的問題，1970年美國聯邦全國抵押協會（FNMA）首次公開發行住房抵押貸款證券，資產證券化由此展開。

　　經過30多年的創新，資產證券化得到了空前的發展。目前，支持證券化的資產已經擴展到包括信用卡貸款、學生貸款、租賃資產、公司應收帳款、不良資產、路橋收費等。在美國等資本市場發達的國家，資產證券化已經成為一種主要的融資方式，並且仍然以較快的速度保持增長。20世紀90年代，美國資產證券化市場每年保持30%以上的增幅。

　　亞洲進行資產證券化開發的歷史較晚，在發展速度、市場規模、產品種類上同美國等國家相比都有較大的差距。在1997年亞洲金融危機後，亞洲企業都面臨了在國際

資本市場上融資能力下降的問題，這時資產證券化才脫穎而出。到了1998年，僅東亞的資產證券化活動就超過了250億美元，比1997年增加了96%。證券化業務迅速擴張到銀行、財務公司、貿易公司等領域。

根據證券業和金融市場協會（Securities Industry and Financial Markets Association，SIFMA）統計，截至2008年第一季度末，美國資產支持證券（含MBS，下同）餘額為9.88萬億美元，占美國債券市場餘額的32.34%，是第一大債券品種；歐洲資產支持證券餘額為1.21萬億歐元，主要集中在英國、西班牙、荷蘭、義大利等國家。2007年，美國共發行資產支持證券2.95萬億美元，占當年美國債券發行總額的47.58%；歐洲共發行資產支持證券4,537億歐元。2007年，資產支持證券中標準化程度最高的美國機構MBS（Agency MBS）的日均交易額約為3,201億美元，遠低於國債的日均交易額5,671億美元，換手率相對較低。

中國於2005年12月由國家開發銀行在銀行間債券市場成功發行首單信貸資產支持證券。根據中央國債登記公司統計，截至2008年7月底，中國共發行各類資產支持證券531.18億元，7月末餘額為434.4億元，基礎資產類型包括住房抵押貸款、汽車貸款、優質信貸資產以及不良貸款等。交易方式包括現券買賣和質押式回購，截至2008年7月底，累計成交158.65億元。

二、資產證券化的動機

促成資產證券化的主要因素有三個：

（一）提高發起人的權益收益率

發起人通過資產證券化或賣掉某些資產，可以減小資產負債表的規模。例如，應收帳款可以用來為商業票據的發行作擔保，即所謂的資產擔保商業票據。如果收入不變，資產負債表規模變小，則股權收益將增加。另外，作為證券化融資結構中的服務商，還可以獲得服務費收入。

（二）提供一種新的融資方式

資產證券化允許低信用等級的公司進入原本不能進入的資本市場。例如，商業票據市場原本只有高信用等級的公司才能夠進入，現在通過資產證券化，低信用等級的公司也可以進入。

（三）轉移風險

資產證券化可以將公司的部分風險轉移給投資者，公司減少了總體風險，而投資者通過承擔風險獲取收益。經過這個過程，公司可以為資本結構變動作準備。

三、適合證券化的資產和種類

進行資產證券化的資產應當具有以下特徵：資產在未來可以產生確定的現金流；基礎資產必須具有標準化、高質量的合同條款；基礎資產必須有相似的到期日結構期限；基礎資產的抵押物有較高的變現價值。

以美國為例，主要的證券化基礎資產品種一共有四大類：一是消費信貸，包括居民住宅抵押貸款、汽車銷售貸款、信用卡應收款及各種個人消費信貸。二是商業抵押貸款，包括商業房地產抵押貸款、貿易收款、各類工商企業貸款。三是租賃應收款，包括計算機租賃、辦公設備租賃、汽車租賃、飛機租賃。四是其他未來有穩定現金流的資產，包括人壽保單、公用事業費收入、航空公司機票收入、公園門票收入、俱樂部會費收入及債券收入（包括高收益/垃圾債券組合）等。

四、資產證券化的參與者

一般來說，資產證券化過程的主要參與者有：發起人、特殊目的機構、信用提高機構、信用評級機構、承銷商、受託管理人、投資者等。

（一）發起人

資產證券化的發起人一般是發放貸款的金融機構，也可以是其他類型的公司。發起人一般通過購買或提供融資兩種方式建立資產池。發起人與證券承銷商共同決定證券化的交易結構，起草相關文件和對證券進行定價。承銷商、服務商和受託管理人一般由發起人選定。

（二）特殊目的機構

特殊目的機構可以由發起人或第三方設立，接受轉讓的資產池，然後直接發行資產支持證券，或者把資產進一步轉讓給信託機構，由後者發行資產支持證券。特殊目的機構的參與是資產證券化的核心。通過特殊目的機構，債務人的信用風險分散給了投資者。特殊目的機構要嚴格地與原債權人進行破產隔離。

（三）信用提高機構

信用增級包括內部信用增級和外部信用增級兩大類。當內部信用不足以達到發行證券所需信用評級時，發起人一般會聘請信用增級機構提供外部信用增級。信用增級機構可以是母公司、子公司、其他金融機構、擔保公司或者保險公司。

（四）信用評級機構

信用評級機構對擬發行的資產支持證券進行評級，為投資者提供決策參考。信用評級機構通常由國際資本市場上廣大投資者承認的獨立的私營機構擔任。

（五）承銷商

發起人選擇一家或多家承銷商負責資產支持證券的承銷。在簽訂承銷協議之前，承銷商一般需對資產池、交易結構和有關當事人進行盡職調查，以確信證券發行文件所載內容的準確性。

（六）服務商

在資產證券化交易中，服務商直接或者通過分包服務來管理轉讓給信託或者特殊目的機構的資產池。服務商負責收取資產池產生的現金流（到期本金和利息），然後把收入存入受託管理人指定的帳戶，由受託管理人轉交給投資者。服務商一般通過受託

管理人向資產支持證券持有者通報資產狀況。

（七）受託管理人

受託管理人一般由提供公司信託服務的大銀行擔任。受託管理人的基本職責一般包括以下幾個方面：①託管資產，負責接受、持有和替換資產，提供資產狀況分析報告；②負責資產池產生現金流的收取、持有和分配工作；③向投資者或其他第三方支付現金；④作為受託人，為資產支持證券持有人保有資產的抵押權，向持有人分發相關信息以及替換服務人。

（八）投資者

證券化過程為投資者在市場中提供了一個高質量的投資選擇機會。投資者通過購買不同的組合資產的證券，能夠避免區域和行業的集中所帶來的風險。同時，投資者可以依賴第三方信用評級結果進行證券的選擇，降低投資成本。

五、資產證券化的基本運作程序

在典型的資產證券化交易中，發起人通過將不同的資產匯集，打包整理成資產池，並通過兩種方式轉讓這一資產池：一是發起人向信託受託人轉讓該資產池，換取資產支持證券；二是發起人向信託受託人或特殊目的機構轉讓資產池，獲得轉讓資產的價格。其基本流程如圖7-1所示。

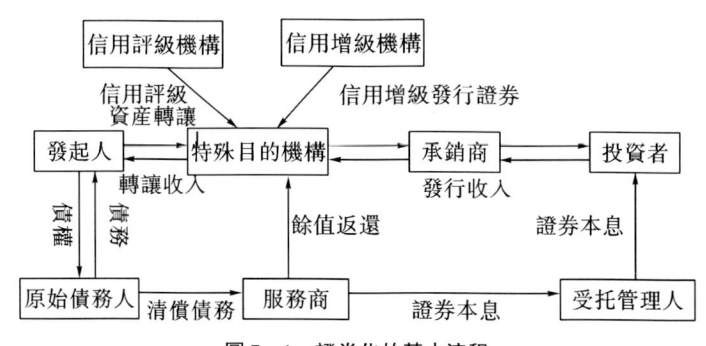

圖7-1 證券化的基本流程

資產證券化的基本運作包括以下幾個步驟：

（一）確定資產證券化目標，組成資產池

發起人首先分析自身的資產證券化要求，衡量借款人信用、評估抵押物的價值、預測資產現金流，並根據證券化目標確定資產池的規模，將資產進行組合構成資產池。

（二）資產轉讓

發起人與特殊目的機構簽訂買賣合同，發起人將資產池中的資產轉讓給特殊目的機構。

（三）信用增級

內部信用增級是由特殊目的機構用基礎資產中所產生的部分現金流來提供的，其

常見的方式有建立優先/次級結構和現金儲備帳戶等；外部信用增級是由外部第三方提供的信用增級工具，其常見的形式有擔保、保險等。

(四) 信用評級

信用評級由專門評級機構應證券化資產發起人或承銷商的請求進行。評級主要考慮資產的信用風險，而不考慮市場風險和發起人信用風險。由於出售的資產都經過了信用增級，資產支持證券的信用級別會高於發起人的信用級別。

(五) 證券發行和資產轉讓支付

確定信用評級結果後，承銷商以包銷或代銷方式向投資者發行證券籌集資金。特殊目的機構從承銷商處獲取證券發行收入，並按合同約定的價格支付給發起人。

(六) 資產售後管理和服務

發起人指定一家資產管理公司管理資產池，負責收取、記錄由資產池產生的現金收入，並將現金收入存入受託管理人的收款專戶。受託管理人按約定收取資產池現金流，並按期向投資者支付本息，向專業服務機構支付服務費。由資產池產生的收入在還本付息、支付各項服務費之後，若有剩餘，按協議規定在發起人和特殊目的機構之間進行分配。

六、信用增級的方法

有兩種主要的信用增級技術：內部信用增級和外部信用增級。前者主要依賴於應收帳款本身，後者則要看獨立的第三方的信用。

(一) 外部信用評級

外部信用增級依賴於提供信用擔保的機構的信譽。一般來講，這些機構應是那些不受經濟週期影響的機構。外部信用提供了一個承諾，當出現特殊目的機構不能支付它的債務的情況時，信用增級機構無條件地替特殊目的機構償還債務。外部信用增級最普遍的形式有：單線保險、相關方擔保和信用證。

1. 單線保險

單線保險公司只承擔一種業務，即金融產品（如市政債券或資產支持證券）擔保的單線業務，所以稱單線保險。通過單線保險公司進行信用增強的債券被稱為打包（Wrap）。這種保險的運作如下：當證券發行人不能償還債務時，單線保險公司承諾在某個限額內替發行人償還本金和利息。與市政債券承保全部本金不同，單線保險只對證券化產品面值的一個百分比承保。

通過一個單線擔保，發行人獲得一個經由單線保險達到的3A級別，而不是建立在交易結構的基礎上。在這樣的結構中，單線保險公司進行整個的分析和研究工作。而在不經過單線保險來「打包」的債權結構中，這些工作是由評級機構來做的。

單線保險公司擁有令人嫉妒的級別。他們都持有3A級的保險支付權能力級別，他們按照零損失承保原則承擔業務。評級機構分析單線保險公司承擔的每個角色，計算需要支持意外風險的資本，確認發行人自己的資源和整體的組合構成是否能夠有效地

保證它的信用級別。一般而言，單線保險公司只參與那些所要求擔保的風險已經至少是投資級的交易。

2. 相關方擔保

相關方擔保（通常是發起人或一個相關方提供擔保）的傳統優勢是它的形式簡單和不需要明確的費用。它的不利之處是：與之相連的更嚴格的帳戶標準不允許這種表外處理，同時還有來自投資者的抵制。這種支持存在三個問題：①這傾向於成為項目風險；②保證將發起人資產的風險和證券化資產的風險分散；③作為擔保人，可能會面臨自己的資產和抵押資產的管理的衝突。

3. 信用證

備用信用證是指代表一個明確具體數量的信用支持，它可以提供部分和完全的特殊目的機構債務的償還。備用信用證可以是主要來源，也可以是一個次要來源。備用信用證提供者處於完全可以替代特殊目的機構的地位，即信用證提供者直接償付，他們承擔對投資者進行償付的首要責任。在假設它會發生意外的負債之前，它私下要進行充分的審慎調查。如果它是一個次要來源，即備用形式，則對投資者進行還本付息的首要資金來源是抵押資產組合，或由抵押資產的創始人承擔首要責任，而提供信用證的機構只承擔第二責任。

銀行信用證的定價和保險的定價很相似，因為銀行可以對抵押的部分擔保。這樣，他們能夠對發行的部分而不是全部價值的風險進行收費。

在美國，相比單線保險，後面兩種外部信用增級的形式在實際中要少一些。原因是如果第三方保證人的評級降低，則即使該證券的運行與預期相符，證券本身仍然會降級。例如，在20世紀90年代早期，花旗銀行抵押證券公司（Citibank Mortgage Securites Inc.）發行的抵押貸款支持證券的等級被降低，就是因為作為第三方擔保人的花旗銀行的等級被降低。這種做法依據的是評級機構的薄弱環節的檢驗。根據這項檢驗，在對申請的證券結構進行評估時，無論基礎貸款的情況如何，證券的信用等級最高只能達到信用增級中最薄弱環節的等級。

（二）內部信用增級

內部信用增級採用的形式比外部信用增級的形式更為複雜，即使不發生違約，貸款現金流的特徵也可能改變。最普遍的形式是：準備金、超額抵押和優先/次級結構。

1. 準備金

準備金採用兩種形式：現金準備金（Cash Reserve Funds）和剩餘利差帳戶（Excess Spread Accounts）。

現金準備金由證券發行收入中直接存儲。這種情況下，部分現金準備金會被投資於貨幣市場工具中，在保持流動性的情況下產生收益。現金準備金經常與信用證等其他類型的外部信用增強形式同時使用。例如，擔保抵押證券可能具有10%的信用支持，其中9%來自信用證、1%來自現金準備金。

剩餘利差帳戶是在按月支付淨利息、管理費和所有其他費用之後，把利差或現金的餘下部分存入獨立的準備金帳戶。例如，假定總加權平均息票利率是7.75%，服務

費和其他費用是0.25%，淨加權平均息票利率是7.25%，這意味著有0.25%的剩餘利差。

在特殊目的機構計算利息支付、資產替代日期和本息分攤日期時，需要計算應保持的利差數量。有些資產級別，像個人信用卡貸款常產生大量的剩餘利差，以至於在交易的早期，能夠很快累積利差完成儲備帳戶的融資。

2. 超額抵押

超額抵押就是指抵押品的價值超過了特殊目的機構包裝的資產價值。比如，某證券機構發行了面額為1億美元的資產支持證券，抵押品的金額的市場價值是1.25億美元，則該證券機構的超額抵押有0.25億美元。因此，0.25億美元以內的損失不會對任何一個債券系列造成損失。

在一個超額抵押結構中，任何損失將首先進入超額抵押帳戶。所以，出售者將首先承受損失，如果損失超過抵押的數量，則剩餘部分可能被證券持有者和任何必要的第三方承擔。

充作抵押的財產價值大於貸款的部分構成了剩餘資產價值。如果違約發生，財產的額外價值就可期待用於緩衝損失。剩餘資產價值在保護投資者的本金償還時非常有效。

這種方法是所有方法中最簡單的一種，但由於它的高成本和資本使用的低效率，所以很少被使用。

3. 優先/次級結構

這是一種被廣泛運用的增級形式。優先/次級結構將發行證券分為兩個種類：優先級和次級。優先級債券持有者對從抵押資產產生的現金流和本金擁有第一優先權；次級債券持有者擁有第二優先權，只有當優先級債券持有者被支付後才能收到收益。次級結構中的投資者在優先結構的投資者之前承擔損失。這種結構把本來支付給次級證券持有者的本金和利息用來提供信用增級，使優先證券持有者的本金和利息的支付更有保障。

在一個優先/次級結構中，本息的支付是按照如下順序進行的：

（1）被要求的第三方支付（如管理人或信託人）。

（2）優先債券持有者的到期本息和過期本息。

（3）次級債券持有者的到期本息和過期本息。

我們舉這種形式的一個簡單例子：

債券種類	面值（百萬美元）
A（優先級）	90
B（次級）	10
總計	100

由於B類（次級）債券會承擔起先1,000萬美元的損失，所以A類（優先級）債券的信用得到了增強。因此，只要損失不超過1,000萬美元，優先級債券到期就會收

回全部的面值9,000萬美元。

有時交易會被分成幾個風險層次。這樣做可以降低融資的加權平均成本和作為第一損失保護的資本要求。

第二節 資產支持證券的種類

住房抵押貸款的證券化是迄今為止已經進行了證券化的資產中最主要的品種，這在上一章已經討論過。不過由其他資產（如消費者信貸、商業貸款以及應收帳款等）擔保的證券也進行了證券化。美國資產支持證券市場中所占比例最大的部分是信用卡應收款、汽車貸款、住宅權益貸款、預制房屋貸款、學生貸款、小企業管理局貸款以及債券抵押債務支持的證券。由於住宅權益貸款和預制房屋貸款是由不動產支持的，所以由這兩種貸款擔保的證券稱為不動產支持債券（Real Estate－Backed Securities）。其他資產擔保的證券包括由住房改良貸款、衛生保健應收帳款、農用設備應收帳款、設備租賃、音樂版權應收帳款、電影版權應收帳款、市政稅收留置權、市政停車費應收帳款等資產擔保的證券。這個清單還在不斷地擴展。表7-1為最著名的資產支持證券和首次發行時間。

表7-1　　　　　　　　美國資產支持證券種類和首發日期

按擔保品劃分的資產支持證券種類	首次發行日期	發行金額（億美元）
計算機租賃票據	1985年3月	1,847.8
汽車貸款	1985年5月	76,363.6
聯營公司票據	1986年7月	638.0
輕型卡車貸款	1986年7月	187.4
信用卡應收款	1987年1月	80,238.4
標準卡車貸款	1987年7月	478.6
貿易應收款	1987年9月	311.5
汽車租賃	1987年10月	470.0
消費信貸	1987年11月	1,092.5
遊艇貸款	1988年9月	1,202.5
預制房屋貸款	1988年9月	7,653.7
設備租賃	1988年10月	214.6
RV貸款	1988年12月	1,525.8
住宅權益貸款	1989年1月	24,718.0
摩托車貸款	1989年7月	86.1
時間分享應收款	1989年8月	115.5

表7-1(續)

按擔保品劃分的資產支持證券種類	首次發行日期	發行金額（億美元）
批發商汽車貸款	1990年8月	5,900.0
批發商卡車貸款	1990年12月	300.0
小企業貸款	1992年1月	349.8
鐵路車輛租賃	1992年5月	998.4
活動房屋貸款	1992年6月	249.9
農機設備貸款	1992年9月	1,052.4

下面介紹幾種最常見的資產支持證券及其收益特性。

一、信用卡應收帳款支持債券

信用卡應收帳款支持債券由信用卡應收帳款擔保，信用卡由銀行（維薩和萬事達卡）、零售商（芬尼和希爾斯）、旅行和娛樂公司（美國運通）發行。

信用卡證券化交易採用主信託人結構。主信託人結構的發行人可以通過同一個信託人發行若干個系列。例如，以花旗銀行作為主信託人的標準信用卡主信託人「I 1995－A」系列為例，就是標準信用卡主信託人I的第一集團發行的某個系列中的第22筆，它在歐洲發行。公開發行的憑證只有一種，即3億美元的浮動利率A級信用卡參與憑證。這筆1995年5月22日的主信託包括了20,092,662個帳戶，其應收本金約為243億美元，應收財務費用約為2.908億美元，平均信用額度為3,284美元，帳戶平均餘額為1,210美元。大約69%的帳戶存在了兩年以上。

信用卡應收帳款組合的現金流包括收取的財務費用、手續費和本金。收取的財務費用是指定期根據信用卡借款人在寬限期期滿後仍未清償的餘額計收的利息，手續費則包括拖欠費和年度會員費。

信用卡應收帳款支持債券向其持有人定期支付利息（如每月或半年）。但它的本金卻不是分期償還的。在所謂鎖定期（Lockout Period）或循環期（Revolving Period）的一定時間內，組合中信用卡借款人的本金還款再次投資於其他應收帳款，以維持應收帳款組合的規模。鎖定期從18個月至10年不等。因此，在鎖定期內，支付給證券持有人的現金流只包括收取的財務費用和手續費。鎖定期滿後，本金不再重新投資，而是分配給投資人。這個時期稱為本金分期償還期。

在信用卡應收帳款結構中有三種不同的分期償還結構：①轉付結構；②控制分期償還結構；③一次性支付結構。在轉付結構中，信用卡應收款的本金現金流向債券持有人的支付按比例進行。在控製分期償還結構中，要建立計劃本金償還數額。計劃本金償還數額很低，這樣即使在借款人違約或較慢還款造成的現金流減少的困難情況下，也能夠履行償還計劃本金的義務。支付給債券所有人的金額等於計劃本金數額和按比例數額中較小的一個。在一次性支付結構中，投資者在一次性分配中得到全部數額。由於一次性支付全部的數量沒有保證，委託人按月累計分配本金，以產生足夠的利息

進行定期利息支付，並累積本金進行償還。

信用卡應收帳款支持債券中有些條款要求，如果發生了某些事件，就要盡早償還本金。此類條款，稱為盡早分期償還或加速分期償還條款，用於保證所發行證券的信用質量。改變本金現金流的唯一方法是觸發盡早分期償還條款。盡早分期償還條款規定，當從應收帳款中賺取的超額利差的三個月平均值降至零或零以下時，就可以快速償還本金。在實施盡早分期償還時，要按順序清償信用卡的各個系列（即首先是 AAA 級債券，然後是 AA 級，以此類推）。只要把借款人償還的本金分配給投資者，而不是用還款去購買更多的應收帳款，就可以實現盡早分期償還。償還本金所需時間的長度大致是月度還款比例的一個函數。例如，假設 AAA 系列占整筆交易的 82%，如果月度還款比例等於 11%，則 AAA 系列將在 7.5 個月的時間內還清本金（82%/11%）。如果月度還款比例等於 18%，將使本金在 4.5 個月的時間內償清（82%/18%）。

二、汽車貸款支持債券

汽車貸款支持債券（Auto Loan–backed Securities）的發行者主要有：①汽車製造商的財務子公司，這一類包括三巨頭（通用、克萊斯勒、福特）的財務分支機構和外國汽車製造商（沃爾沃、奔馳、本田、尼桑和豐田）的財務分支機構；②商業銀行；③獨立的財務公司和較小的專營汽車貸款的金融機構，這一類包括西部金融、聯合信貸公司、奧林匹克財務公司。汽車貸款支持債券有關的擔保是以休閒汽車購買合同和汽車租賃組合為擔保的交易。

汽車貸款支持債券的現金流包括定期計劃本金月度貸款還款（利息加上計劃本金償還）以及提前還款。汽車貸款的提前還款由以下五種情況所致：①銷售及貿易保險要求全額償還貸款；②擁有新的汽車，繼而出售舊汽車；③汽車的丟失或損壞；④現金支付貸款以節省利息成本；⑤較低利率下的貸款重新融資。

在實際生活中，汽車貸款提前還貸的風險較小。儘管再融資或許是提前還貸的主要原因，但是它對汽車貸款的重要性很小。這是因為許多汽車貸款的利率遠低於市場利率，這種低利率是製造商促銷的一部分。另外，汽車貸款的壞帳比例也較低，僅為 2.2%，大大低於住宅貸款的 4.3% 和其他個人消費貸款的 3.2%。

對於大多數資產支持證券的提前還款衡量，用上一章提到的條件提前償付率（CPR），轉換成月度比率就是單月衰減率（SMM）。而汽車抵押貸款支持債券的提前償付，用絕對提前償付速度（Absolute prepayment speed，ABS）來衡量。其計算方法是以每月提前償付額除以該月初沒有償還的本金。

如果以 M 表示離貸款發放至今的月份數，則 SMM 與 ABS 的關係可以由下式表達：

$$SMM = \frac{ABS}{1 - [ABS \times (M-1)]}$$

三、住宅權益貸款債券

住宅權益貸款債券（HELS）由住宅權益貸款支持。住宅權益貸款（HEL）其實就是次順序抵押貸款（Second–lien Mortgage），它的產生是房屋業主以其已經抵押的房

子，再度向銀行抵押貸款。該種貸款在資產方面一般具有第二處置權。住宅權益貸款產生的條件是房屋業主對已經抵押的不動產（即期住宅）有充分的權益，而權益來源於兩個可能：①房屋業主在承貸商第一順序抵押貸款之後累積的還本；②房屋價格大幅上漲。業主向銀行申請融資之後銀行如果批准融資申請，會撥給業主一個額度，他可以自由支出，並按其所支額度繳納本息。

住宅權益貸款可以是封閉式或開放式。封閉式（Closed-End）住宅權益貸款的構成與住房抵押貸款是相同的形式，即它具有固定到期日、固定利率，支付的構成在到期日完全分期償清貸款。封閉式住宅權益貸款的現金流包括利息、計劃本金償還、提前償付，與資產支持證券很相似。開放式（Opened-End）住宅權益貸款是指給定房屋所有人信貸額度，能夠簽發支票或使用信用卡達到額度。信貸額度取決於借款人在其財產中的產權數或權益數，房屋業主能夠在循環期限內根據額度借入資金。在貸款期限末，房屋業主可以一次性支付來償清所借數額，或分期償還尚未償還的餘額。

住房權益貸款和標準抵押貸款的償還行為存在差別。為住宅權益貸款債券上市設計的華爾街公司，建立了這些貸款的償還模型，發現借款人信用特徵對於住宅權益貸款和第一抵押貸款之間提前支付行為發揮了重要的作用。

預測某筆具體交易的提前還款時，必須注意借款人特性和借新債的情況。在住宅權益貸款債券的招募說明書中，必須對提前還款做出基本假設，即該抵押資產解除抵押之前的初始還款進度和持續時間。因此，每家發行人預測的提前還款基準各不相同。招募說明書中採用的基準速度叫做招募說明書提前還款曲線（Prospectus Prepayment Curve，PPC）。和上一章介紹的 PSA 基準一樣，更慢或更快的提前還款速度用 PPC 的倍數來表示。例如，某筆非聯邦機構交易的 PPC 可能公告如下：

……100% 的提前還款假設，假定貸款壽命期內第一個月的條件提前還款速度的年率為當時抵押貸款未清償本金餘額的 1.5%，在第 20 個月之前年利率每月增加 0.5%。從第 20 個月開始，100% 的提前還款假設，假定條件提前還款速度的年利率在各月都等於 11%。

對於這筆交易而言，100% PPC、80% PPC 和 150% PPC 在前 20 個月的情況分別見表 7-2。

表 7-2

月份	100% PPC（%）	80% PPC（%）	150% PPC（%）
1	1.5	1.2	2.3
2	2.0	1.6	3.0
3	2.5	2.0	3.8
4	3.0	2.4	4.5
5	3.5	2.8	5.3
6	4.0	3.2	6.0
7	4.5	3.6	6.8
8	5.0	4.0	7.5

表7-2(續)

月份	100% PPC（%）	80% PPC（%）	150% PPC（%）
9	5.5	4.4	8.3
10	6.0	4.8	9.0
11	6.5	5.2	9.8
12	7.0	5.6	10.5
13	7.5	6.0	11.3
14	8.0	6.4	12.0
15	8.5	6.8	12.8
16	9.0	7.2	13.5
17	9.5	7.6	14.3
18	10.0	8.0	15.0
19	10.5	8.4	15.8
20	11.0	8.8	16.5

不同於 PSA 提前還款基準，PPC 不是通用的。也就是說 PPC 因發行人而異。與此相對，PSA 提前還款基準能夠適用於聯邦機構發行的任何貸款品種的抵押品。PPC 的這一特性十分重要，投資者在發行人和發行證券（新發和增發）之間比較抵押品的提前還款特徵和投資特徵時應該加以注意。

四、預制房屋支持債券

預制房屋支持債券（Manufactured Housing–backed Securities）是由預制房屋貸款擔保的。不同於現場建造的房屋，預制住房是在工廠中建造好以後，再運往預制住房社區或私人土地。這種貸款可以是按揭貸款（對土地及地上房屋）或者是消費者零售分期付款貸款。

典型的預制房屋貸款期限為 15～20 年。貸款的還款設計為對所借金額全額分期償還。因此，與住房抵押貸款和住宅權益貸款相同，預制房屋支持債券的現金流包括利息、計劃本金償還額以及提前還款。不過，預制房屋貸款支持債券的提前還款要穩定得多，這是因為這種貸款對再融資相對不敏感。與住房抵押貸款和住宅權益貸款相同，預制房屋支持債券的提前還款速度用 CPR 來衡量。

提前還款的速度之所以穩定，原因有以下幾點：①貸款餘額一般較小，因而再融資帶來的資金結餘並不明顯；②對移動房屋的折舊率的規定使得在前幾年的折舊額大於償還貸款的金額，這就使得為貸款再融資更加困難；③借款人的信用質量一般較低，所以通過再融資獲得資金比較困難。

五、學生貸款支持債券

發放學生貸款是為了支付大學費用（本科、研究生和專業教學計劃如醫學和法學院）和各類職業學校及技校的學費。由學生貸款擔保的證券，記作 SLABS（Student

Loan Asset-backed Securities）。

经过证券化的学生贷款中最常见的是根据联邦家庭教育贷款计划（Federal Family Education Loan Program，FFELP）发放的贷款。根据该计划，政府通过私营贷款人向学生发放贷款。如果贷款发生违约，而贷款的日常管理没有问题，则政府保证98%的本金和应计利息偿还。

不属于政府担保计划的贷款叫做选择性贷款（Alternative Loan）。这些贷款基本上属于消费信贷，贷款人发放选择性贷款的决定是基于申请人偿还贷款的能力。有些选择性贷款也经过了证券化。

学生贷款根据借款人的付款分成三个时期：延迟期、宽限期和贷款偿还期。一般的运作如下：学生在校时，无须为贷款还款，这就是延迟期；学生离校后，有一个宽限期，一般为6个月，在此期间也无须为贷款还款；这一时期过后，借款人就要偿还贷款了。

由于违约和贷款合并，学生贷款也会发生提前还款。即使发生违约时投资者不会损失本金，但是投资者还是面临着收缩风险。这种风险是指投资者必须以更低的利差把收回的资金重新投资，而如果债券是以溢价方式购入的，还会损失付出的溢价金额。研究表明，学生贷款提前还款对利率水平不敏感。当学生将其在几年内的若干笔贷款整合成一笔贷款时就发生了贷款合并。因贷款合并而产生的资金先分配给初始贷款人，然后转而分配给债券所有人。

六、小企业管理局贷款支持债券

小企业管理局（Small Business Administration，SBA）是经美国政府授权，可对经其核准的贷款人向合格借款人发放的贷款提供担保的机构。这些贷款由美国政府的全部信誉担保。大多数小企业管理局贷款都是浮动利率贷款，其参照利率是银行优惠贷款利率。贷款利率按月在每月的第一天进行调整，或者按季在1月、4月、7月和10月的第一天进行调整。小企业管理局的有关规定明确了二级市场中允许的最高利率。新发放的贷款期限为5~25年。

大多数浮动利率小企业管理局贷款都要按月支付利息和本金。一笔贷款的月度还款额按照下面的方法来确定。给定银行优惠贷款利率加上贷款利差报价的利率公式，就可以分别确定每一笔贷款的利率。给定利率就能确定等额分期偿还计划。求出的这个等额还款金额就是在下一次调整利率之前要在下个月偿还的金额。

小企业管理局支持债券的投资者收到的月度现金流包括：①根据当期设定的利率确定的利息；②计划本金偿还额；③提前还款。小企业管理局支持债券的提前还款速度用CPR来衡量。有几个因素会影响小企业管理局贷款组合的提前还款速度，其中一个因素是贷款的到期日。研究发现，小企业管理局贷款或贷款组合的期限越短，提前还款的速度越快。贷款用途也会影响提前还款速度，有些贷款是为了用做营运资金，有些贷款是为了给房地产建设或购买而融资。已经观察到期限在10年以下的、为营运资金目的而发放的小企业管理局贷款组合的提前还款速度最快。相反，以房地产作为担保的长期贷款的提前还款速度较慢。如果其他因素相同，则有利率上限的贷款组合

的提前還款速度比沒有利率上限的貸款組合的提前還款速度要慢。

本章小結

● 資產證券化是指企業或者金融機構把缺乏流動性的、但有穩定未來現金流的資產進行組合，以資產池為支撐向市場發行資產支持證券。

● 促成資產證券化的主要因素主要有三個：①提高發起人的權益收益率；②提供一種新的融資方式；③轉移風險。

● 資產證券化過程的主要參與者有：發起人、特殊目的機構、信用提高機構、信用評級機構、承銷商、受託管理人、投資者等。

● 信用增級技術有兩種主要的分類：外部信用增級和內部信用增級。外部信用增級的形式包括：①單線保險；②相關方擔保；③信用證。內部信用增級最普遍的形式包括：①準備金；②超額抵押；③優先/次級結構。

● 信用卡應收帳款支持債券由信用卡應收帳款擔保，信用卡由銀行（維薩和萬事達卡）、零售商（芬尼和希爾斯）、旅行和娛樂公司（美國運通）發行。

● 在信用卡應收帳款結構中有三種不同的分期償還結構：①轉付結構；②控製分期償還結構；③一次性支付結構。

● 汽車貸款支持債券的發行者主要有：①汽車製造商的財務子公司；②商業銀行；③獨立的財務公司和較小的專營汽車貸款的金融機構。

● 住宅權益貸款（HEL）其實就是次順序抵押貸款，它的產生是房屋業主以其已經抵押的房子，再度向銀行抵押貸款。

● 預制房屋支持債券（MHL）是由預制房屋貸款擔保的。不同於現場建造的房屋，預制住房是在工廠中建造好以後，再運往預制住房社區或私人土地。這種貸款可以使按揭貸款（對土地及地上房屋）或者是消費者零售分期付款貸款。

● 學生貸款根據借款人的付款分成三個時期：延遲期、寬限期和貸款償還期。

● 小企業管理局（SBA）是經美國政府授權，可對經其核准的貸款人向合格借款人發放的貸款提供擔保的機構。這些貸款由美國政府的全部信譽擔保。

練習題

1. 從微觀來看，資產證券化的經濟意義有（　　）。
   A. 改善了發行人的資本結構
   B. 改善銀行的期限管理
   C. 提高了資產的流動性，降低了資產的風險
   D. 提供了新的融資渠道
2. （　　）資產不適合資產證券化。
   A. 汽車銷售貸款　　　　　　　　B. 信用卡應收款
   C. 工商企業貸款　　　　　　　　D. 股權

3. （　　）不屬於內部信用增級。
   A. 準備金　　　　　　　　　B. 超額抵押
   C. 擔保　　　　　　　　　　D. 優先/次級結構
4. 假設某種資產支持證券的結構如下：

優先級	$ 220,000,000
次級 1	$ 50,000,000
次級 2	$ 30,000,000

基礎擔保品價值為 $ 320,000,000。次級 2 作為第一損失的債券類別。

（1）這種結構中的超額抵押價值是多少？
（2）如果違約損失為 $ 15,000,000，則各個類別的債券分別損失金額是多少？
（3）如果違約損失為 $ 35,000,000，則各個類別的債券分別損失金額是多少？
（4）如果違約損失為 $ 85,000,000，則各個類別的債券分別損失金額是多少？
（5）如果違約損失為 $ 110,000,000，則各個類別的債券分別損失金額是多少？

5. 預制房屋支持債券的現金流包括哪幾部分？為什麼由於再融資導致的提前償付對預制房屋貸款不重要。

6. 汽車貸款支持證券的現金流包括哪幾部分？由於再融資導致的提前償付對汽車貸款重要嗎？為什麼。

7. 比較單月衰減率和絕對提前償付速度，它們有什麼區別？

8. 比較延遲期和寬限期，它們有什麼區別？

9. 信用卡應收帳款支持債券在鎖定期的現金流情況是怎麼樣的？在鎖定期從信用卡借款人那裡收到的本金償還應如何處置？

10. 一個投資組合經理正在考慮購買信用卡應收帳款支持債券，因為他相信這種證券的好處在於既沒有收縮風險也沒有延展風險。你同意他的看法嗎？為什麼？

第八章 固定收益證券組合管理

本章學習目標：

　　本章在前面固定收益證券風險分類及風險度量的基礎上討論固定收益資產組合的管理策略。通過本章的學習，應該瞭解債券投資管理的主要策略分為消極策略和積極策略兩大類及這種分類的依據；其中消極策略又分為指數化策略和免疫策略，這兩種策略有各自不同的投資目標和方法；三種主要的積極的債券管理策略是債券替換、持有期分析和騎乘策略；消極策略和積極策略之間常常結合使用，沒有絕對界限。

第一節　消極債券管理

　　固定收益投資管理已經經歷了一個快速發展的過程。隨著組合分析技術的不斷發展，組合策略的應用範圍也在不斷擴大，這種擴大不僅引入了創新策略而且大大提高了管理效率。在債券投資組合管理策略中，採用消極的投資策略還是採用積極的投資策略主要取決於投資者對債券市場有效性的判斷。有效債券市場是指債券的當前價格能充分反應所有有關的、可得信息的債券市場。如果債券價格反應了所有的歷史信息，債券市場就是弱式有效市場；如果債券價格反應了所有公開信息，包括歷史信息和預期到的與未來有關的信息（如財務報表提供的信息），債券市場就是半強式有效市場；如果債券價格反應了所有信息（包括公開信息和內幕信息），債券市場就是強式有效市場。

　　如果債券市場是有效的，即債券的價格反應了所有公開、可得的信息，那麼通過尋找錯誤定價的債券和預測利率走勢來獲得風險調整後的超額回報率就是不可能的。在有效債券市場上最好的投資策略就是消極的投資策略。

　　消極債券管理者把債券價格看成市場均衡交易價格，因此，他們並不試圖尋找低估的品種，而只關注於債券組合的風險控製。一般而言，消極投資策略追求的目標主要有三類：一是為將來發生的債務支付預備足額資金；二是獲得市場平均回報率，即獲得與某種債券指數相同或相近的業績；三是在既定的流動性和風險約束條件下追求最高的預期收益率。與上述三種目標相適應，債券投資組合管理的實踐過程中，通常使用兩種消極管理策略：一種是指數化策略，目的是使所管理的資產組合盡量接近於某個債券市場指數的表現；另一種是免疫策略，這種策略被廣泛應用於金融機構（如養老基金和保險公司），目的是使所管理的資產組合免於市場利率波動的風險，並且其投資回報能滿足負債的支付需求。

指數化策略和免疫策略的共同之處主要表現在它們都認同市場是正確定價的。其不同之處主要表現在處理利率風險的方式上：指數化策略的債券組合與它所複製的債券市場指數具有相同的風險—收益狀況，而免疫技術則試圖建立幾乎是零風險的財務狀態，使利率風險不會影響到企業的價值。

一、債券指數基金的定義

債券指數基金（Bond Index Fund）與股票指數基金類似，就是以指數成分債券為投資對象的基金，即通過購買一部分或全部的某指數所包含的債券，來構建與指數基金相同或相似的投資組合。其目的就是使這個投資組合的變動趨勢與該指數相一致，以取得與指數大致相同的收益率。

作為固定收益證券指數化組合投資的基準指數，要滿足多種需求目標，這些需求包括：①準確的度量市場的業績和投資者的情緒；②資產合理配置；③建立其他的投資工具，有效的執行特定的投資策略以及進行風險管理；④評價基金經理的業績；⑤對共同基金進行風格分析。在美國的債券市場上，主要有三種重要的債券指數：雷曼兄弟綜合債券指數（Lehman Brothers Aggregate Bond Index）、美林國內市場指數（Merrill Lynch Domestic Master Index）和所羅門兄弟投資級債券綜合指數［Salomon Broad Investment Grade（BIG）Index］。這三種指數的資產組合如表 8-1 所示。

表 8-1　　　　　　　　　美國主要債券指數的資產組合

項目	雷曼指數	美林指數	所羅門指數
債券種數	6,500 種以上	5,000 種以上	5,000 種以上
上述債券的期限	≥1 年	≥1 年	≥1 年
不包括的債券	垃圾債券 可轉換債券 浮息債券	垃圾債券 可轉換債券	垃圾債券 可轉換債券 浮息債券
權重	市值	市值	市值
月內現金流再投資	無	有（特殊債券）	有（以一月國庫券利率）
每日計算	是	是	是

在構建和選擇基準指數時應該遵循一些必要的原則：①要有廣泛的市場代表性；②要具有可投資性和可複製性；③採用市場資本化加權；④應該保持方法的透明性和一致性；⑤必須採用持續的、一致的、合理的維護規則；⑥應該被投資者廣泛的認可和使用，從而滿足投資者多種不同的需要。顯然，在基準指數的選擇中也存在其他標準，但是以上六條標準是最重要，這些標準是一個構建良好的基準指數的基礎。

二、指數化策略

指數化策略分為兩種主要類型：①純指數化組合投資策略；②增強指數化組合投資策略。

純指數化組合投資策略試圖完全複製指數，即使自己的投資組合中各類債券的權重與債券指數相一致。因此，這種方法也稱為完全複製法（Full Replication Approach）。純指數化組合投資策略是一種相對於某個特定的基準指數，使債券組合的風險最低（同時預期收益率也最低）的方法，實質是保證債券投資組合的收益與指數收益的差距為兩者之間的成本差額（費用加上交易成本）。然而，在債券市場中，這種方法很難實現，並且成本額很高。這是因為指數中的許多債券是多年前發行的，其流通性一般不強，並且在發行時的利率與當前利率差別很大，現在的債券持有者可能不願意把持有的債券出售給指數基金。

2000年3月31日，雷曼兄弟綜合債券指數包括142只國債、890只聯邦政府機構債券、3,649只公司債券、161只資產支持債券、250只商業抵押貸款支持債券以及474只其他抵押類債券。對於國債市場，運用完全複製法是可行的，而對於機構債券、抵押債券或公司債券市場這樣做卻不可行。機構債券或公司債券被鎖定在機構投資者的長期債券投資組合中，只有當出價特別高時，才能從這些投資者手中購買到這些債券。因此，即使有可能完全複製出一種廣泛的債券指數，其結果也是非常低效的。

增強指數化組合投資策略包括兩種類型：一種是採用主要風險因子匹配來構建組合；另一種是採用少量風險因子不匹配來構建組合。第一種方法需要投資於大樣本債券，以便使投資組合的風險因素與指數的風險因素相匹配。這種投資組合與完全複製法相比，其月平均跟蹤差異較高，但其實現和維護的成本卻低很多，但是其淨投資績效還是接近基準指數的。需要被匹配的風險因素有久期、現金流分配、部門、信用品質、贖回風險。通過匹配的風險因子，在市場發生大的變動時（如企業債券的利差增加、利率水平改變、收益率曲線變形等）能夠保持和基準指數同樣的變動。通過有效率的構建方法以及在組合選入被低估的債券，增強指數化組合投資策略還能夠取得比純指數化組合投資策略高的收益率。第二種方法允許在風險因素（久期除外）中出現微小的匹配誤差，使組合投資傾向於某些特定因素（如部門、信用品質、期限結構、贖回風險等）。由於匹配（與對跟蹤的影響）誤差非常微小，它仍可被視為一種增強指數化組合投資策略。這些額外的增強實質上是在保持與指數相同的風險頭寸方向或暴露於相同的風險因素的同時，可採用進一步縮小與指數距離的調整策略。為成功地實行增強指數化組合投資策略，有很多種增強策略來彌補由於交易費用和成本帶來的跟蹤誤差。主要包括：成本增強策略、選擇發行人增強策略、收益率曲線增強策略、行業和信用品質增強策略、贖回風險增強策略。

三、債券投資組合指數化的原因

進行指數化有多種原因，如廣泛的分散化、降低成本、市場績效的可預測性以及能夠經受時間的檢驗等。下面將逐一進行討論。

（一）廣泛的分散化

廣泛的債券指數投資組合能很好地分散化。就雷曼兄弟綜合債券指數來說，在2000年3月1日，該指數有5,500多只債券，其市值超過5.5萬億美元。要複製這種

指數的債券指數投資組合，投資者可能得持有500只以上的債券，才能充分地分散化。然而絕大多數的積極投資組合很注重選擇特定發行人的債券，導致面臨顯著的發行人信用風險。另外，與雷曼兄弟綜合債券指數相匹配的指數組合不僅包括國債和政府機構債券，還包括抵押債券、工業、電子和通信設施及金融部門發行的債券、資產支持債券等。這樣的投資組合的收益率曲線，其到期期限可以為1～30年。相對於某一給定水平的收益率，這種分散化投資組合要比分散化程度較低的組合的投資風險低。

(二) 低成本

指數基金的績效競爭優勢主要來源於較低的成本。這種較低的成本的形成主要有兩個原因：一是較低的管理費用；二是因投資組合週轉率較低而產生的較低的交易成本。由於指數投資組合具有較低的管理費用和交易成本，自然，它們通常的績效表現要優於積極投資組合。畢竟，一個廣泛的指數投資組合就是被設計來代表市場上全部投資機會的。因此，所有積極管理投資組合的總和與指數投資組合在債券構成上是相同的，其投資績效的總和也應當等於指數投資組合的績效。

(三) 市場績效的可預測性

對一種廣泛的債券投資組合進行恰當地管理可保證與市場的績效相一致。這樣，不論市場走勢如何，可保證投資者獲得一種分散化的指數（即市場）的績效。

(四) 時間檢驗

自20世紀80年代初以來，人們對債券指數投資組合進行了成功的管理。這一時期經歷了利率升降的週期，也經歷了信用風險升降的週期。歷經這些市場的變化，債券指數化已被證明能取得更具競爭力的收益，同時風險也較低。

四、債券投資組合指數化的方法

通過複製指數構造資產組合的方法主要有以下六種：完全複製法、抽樣複製法、大量持有法、分層抽樣法、最優化方法、方差最小化方法。

(一) 完全複製法

指數化組合投資最簡單的方法就是採用完全複製法，即按照與基準指數相同的權重持有每一種成分證券。這樣，指數化組合投資就可以完全複製指數的風險和收益。完全複製法獲得的業績與基準指數的業績非常接近，但是並不完全一致。其差異主要來自於投資組合調整而產生的交易成本。隨著時間的變化，基準指數不斷調整其組成債券，指數化組合投資也必須隨之調整才能與之相適應，每次調整都面臨著交易成本的影響。交易成本和管理費用對指數化組合投資的收益率會產生負面影響。完全複製法儘管簡單，但是不論從概念上還是從計算上仍然存在一些缺點：①當指數中的成分債券進行調整時，投資組合中的每一種債券都需要進行調整以反應指數新的權重。②當一些組成債券缺乏流動性或者組成債券的流動性高度不平衡時，採用完全複製的指數基金承受較大的交易成本，產生較大的跟蹤誤差。因為完全複製法是一種成本非常高的指數化投資方法，所以在這種情況下，就需要構建一個與指數不同的投資組合：

該投資組合的交易成本要低於構建完全複製的投資組合，同時要與指數高度相關。

(二) 抽樣複製法

抽樣複製法是指複製基準指數的業績的過程中不購買所有的組成債券，而是採用部分有代表性的債券複製指數。抽樣複製法的優勢在於能夠減少交易成本。有許多方法進行抽樣，包括隨機抽樣、大量持有、分層抽樣和優化。不論採用何種抽樣方法，第一步都要確定構建投資組合所需要債券的數量。很明顯，隨著債券數目的提高，跟蹤誤差就會下降。這樣，跟蹤投資組合中債券的數目取決於投資者的風險厭惡程度。風險厭惡程度較高的基金經理偏好較小的跟蹤誤差，所以需要使用更多的債券構建投資組合；而對於風險厭惡程度較低的基金經理可能選擇持有少量的債券，承擔較大的跟蹤誤差。

(三) 大量持有法

大量持有法是比較簡單的方法，它根據指數的編制原理選擇債券，大量持有對指數影響大的債券。隱含在這種方法背後的邏輯非常簡單。大部分指數的收益率可能取決於一些相對數目較少的高權重的債券，所以這種方法可以獲得與指數近似的收益率。當然，可以選擇大量持有發行規模大的債券，也可以根據其他的標準選擇所持有的債券，如選擇具有高換手率的債券，選擇相對換手率較高的債券。但是，如果最終的投資組合只是所選債券的資本化加權的投資組合，那麼這個投資組合通常不是所選債券的最優組合。所以，在給定跟蹤投資組合中債券的數目以後，需要通過優化方法建立跟蹤誤差最小化的複製投資組合。大量持有法的主要缺陷在於缺乏風險控制。

(四) 分層抽樣法

分層抽樣法通過建立與指數具有相同風險暴露的投資組合，以使得跟蹤風險最小化。這個過程將債券按某些標準（到期期限、發行者、息票率、信用等級等）劃分為若干個子類別，計算每一類別債券的市值占指數全部債券市值的百分比。然後從每個子類別中選出有代表性的債券建立一個債券組合，組合的子類別結構與指數全部債券的子類別結構相匹配。例如，如果政府債券市值占指數中全部債券市值的 X%，則指數化資產組合中的政府債券市值也應當為 X%。表 8-2 表明了這種方法的思想。首先，債券市場被分成幾個子集。表 8-2 中顯示了一種由到期期限和發行者所在部門分類的簡單二分法。除此之外，債券息票率和發行者的信用風險也會用於形成網格。然後在每一網格下的債券被認為是合理的、相似的。其次，在每個網格下的整個領域的百分比會被統計和計算。最後，資產組合管理者建立一種債券資產組合，在每個網格中的比例與整個債券指數的那個網格相匹配。於是，在到期期限、息票率、信用風險和工業代表等方面的資產組合特徵將與指數特徵相匹配，因此資產組合的業績將與指數相匹配。

表 8-2　　　　　　　　　　　　債券分層網格　　　　　　　　　　單位:%

期限＼債券種類利率	國債	機構債	抵押支持債券	工業債	金融債	公用事業債	揚基債
<1 年	12.1						
1~3 年	5.4						
3~5 年			4.1				
5~7 年							
7~10 年		0.1					
10~15 年							
15~30 年			9.2			3.4	
30 年以上							

　　債券的類別劃分取決於資產組合的規模。例如，5,000 萬美元以下的資產組合如果使用過多的類別必然購買許多不常見的債券，從而導致購買成本上升，同時跟蹤誤差也會增加。減少類別也會增加跟蹤誤差風險，因為此時指數化資產組合的主要風險因素可能與指數的主要風險因素不符。

　　跟蹤指數的準確程度取決於基準組合與複製組合之間的差異。如果兩者之間的差異小，跟蹤效果就會較好，殘差風險也會很小。

　　分層抽樣法存在以下不足之處：

　　(1) 分層抽樣提供了一定程度的風險控製，但是這種風險控製是不夠的。因為殘差風險由兩部分構成：特殊風險和超市場協方差（XMC）。特殊風險是與個別債券相關的風險。為了使一個投資組合與每個債券的特殊風險免疫，投資組合中每個債券的權重應該與指數中的權重相一致。此外，殘差風險還存在其他成分，即超市場協方差。超市場協方差是來自於經濟中基本因素的風險。當投資組合與指數對這些因素存在不同的風險暴露時，就存在超市場風險。由於抽樣方法從發行規模大的債券開始抽樣，就會減少發行規模小的債券的持有量，增加對一些因素的風險暴露，不能有效控製超市場協方差。所以，當投資組合與指數存在差異時，投資組合相對基準指數就會產生殘差風險。在這種情況下，抽樣方法失敗。

　　(2) 分層抽樣法也不能控製指數化組合投資的系統風險。系統風險取決於頭寸的大小以及選擇債券的範圍。分層抽樣法可能過多地持有發行規模大的債券，從而減低系統風險，但是不能完全控製系統風險。

　　(3) 用抽樣方法不會明確解釋增加或刪除一只債券所帶來的相對利益或成本。在修正投資組合時這個問題尤為重要，因為在跟蹤指數時，必須比較交易成本和相關利益。因為沒有定量度量跟蹤誤差，不會知道是否交易成本會對投資組合產生的具體影響。換句話講，分層抽樣法不能說明交易成本是有益的還是無益的。

(五) 最優化方法

　　最優化方法是一種能夠有效控製風險的方法。在最優化方法中，基金經理不僅使資產組合符合上述分層法，而且還要在其他約束條件下實現特定目標的最優化。該目

標可能是使凸性最大化，也可能是期望總收益最大化。除了分層抽樣，約束條件還可能避免購買同一發行人或發行團體發行的超過一定數量的債券。基本的思路是在給定債券數目的前提下，結合風險的預測，建立一個具有最小跟蹤誤差和最低交易成本的投資組合。優化過程是通過多次反覆交易實現的，即在某一時間建立一個投資組合進行一次「交易」，在每次交易之後度量預期跟蹤誤差，直到預期跟蹤誤差通過反覆交易也不能得到改善，最後完成投資組合的構建。

相對於分層抽樣法而言，最優化方法一般用於資產組合規模大、債券品種較多的情況。因為在這種情況下，需要分出較多的子類別，構造組合的難度增大了。同時，對每個類別的債券挑選時憑主觀定奪，跟蹤誤差增大。當約束條件被精確定義時，最優化方法可以減少問題的複雜性，由大量數據得出最優化結果。

(六) 方差最小化方法

方差最小化方法是最複雜的方法，需要使用歷史數據來估計指數中每個債券的跟蹤誤差的方差。首先為每個債券構建一個價格函數。該價格函數包含兩組因素：一是以理論即期利率貼現該債券的現金流；二是其他因素，如久期或者板塊特徵。選取大規模的債券歷史數據，結合統計方法，可以由歷史數據估計價格函數。價格函數確定之後，便可以建立跟蹤誤差方程。然後使構建的指數化資產組合的跟蹤誤差方差最小。由於該變量是一個二次函數，以最小化跟蹤誤差為目標的最優化指數化資產組合應使用二次規劃。

五、指數化組合投資策略的基本原則

目前，對於指數化投資策略的選擇還沒有統一的標準，但是可以明確的是所有的指數化組合投資方法都具有可選擇性，選擇何種方法取決於現實條件。具體來講，指數化組合投資策略的選擇應該服從以下基本原則：

(一) 滿足特定的投資目標

任何投資方法都必須滿足特定的投資目標，服務於特定的投資目標，指數化組合投資也不例外。總的來說，主要有兩種類型的指數基金：被動管理的指數基金和增強型指數基金。最流行的是被動管理的指數基金。它的基本目標是緊密的跟蹤特定的基準指數。這些基金基本上都採用完全複製方法，即持有全部的或大部分組成債券。增強型指數基金努力獲取超過目標基準指數的收益，因此大部分基金都使用了「收益提升技術」。一些基金經理使用槓桿來提升收益，另一些基金經理使用抽樣技術來提升收益，還有一些基金經理利用「傾斜投資」或使用衍生工具來提升收益。

(二) 建立針對特定基準指數的組合投資

選擇指數化組合投資策略必須充分考慮到基準指數的結構。在理想狀態下，如果存在構建良好的指數，那麼採用完全複製法將是主流的指數化投資方法。對於一些設計不良的市場指數，以及成分債券缺乏流動性的市場指數來說，採用以抽樣複製為基礎的方法是非常有益的。一般來說，如果一個基準指數中包含的債券較少，而且每一

個組成債券具有足夠的流動性，交易成本也不高，那麼採用完全複製法是可行的。與此相反，如果一個基準指數含有太多的債券，而且大部分債券缺乏流動性，那麼就應該選擇抽樣複製方法。

(三) 在跟蹤誤差和交易成本之間做出適當的平衡

成功的指數化組合投資需要在跟蹤誤差和交易成本之間做出適當的平衡。有許多方式可以獲得這種平衡。在這些方法中，一些方法簡便易行，如選擇大量持有一些成分債券。而另一些方法非常複雜，在優化方法中結合了風險的預測，以期找到一個具有最小跟蹤誤差的投資組合，同時維持較低的交易成本。交易成本主要與指數化投資組合中的債券數目有關，而債券數目又直接影響到了跟蹤誤差的大小。一般來說，持有的成分債券越多，跟蹤誤差就會越小；持有的成分債券越少，跟蹤誤差就會越大。

(四) 在跟蹤誤差和超額收益之間做出適當的平衡

從競爭的角度來看，對於指數基金，獲取超額收益非常重要。如果所有基金都採用同樣的方法跟蹤指數，則對於這些基金來說競爭的基礎是成本（我們的收費最低）。然而，如果某些基金犧牲了一定程度的跟蹤誤差，獲得了高於指數的收益（超額收益 >0），則競爭的基礎將改變（我們的基金能獲得超越指數的收益）。所以，在選擇指數化組合投資方法時，指數基金應該在跟蹤誤差和超額收益之間做出適當的平衡。如果基金的首要目標是要獲取競爭優勢，就應該適當放寬對跟蹤誤差的限制，選擇更加靈活的投資方法，如使用衍生工具和利用槓桿投資；相反，如果基金的首要目標是控制跟蹤誤差，就應該選擇較為保守的投資方法。

六、指數化組合投資策略的績效評價

標準投資學教科書中所定義的收益和風險是總收益和總風險，而指數化組合投資更加關注相對收益和相對風險。所以，指數化組合投資的績效評價與傳統的績效評價具有不同的評價指標，這些指標從相對（而不是絕對）的角度評價了指數基金相對基準指數的績效。

(一) 跟蹤誤差

跟蹤誤差具有多種定義，最簡單的方法是用投資組合與基準指數之間收益率的偏差來度量。其表達式為：

$$TE_1 = R_P - R_B$$

式中，R_P 表示投資組合的收益率，R_B 表示同期基準指數的收益率。投資組合的收益率一般用指數基金單位資產淨值的變化比率來度量，基準指數的收益率一般用總收益率來度量。在任何給定的時間內，如 1 個月、1 個季度或 1 年，對 TE_1 進行簡單的比較是有益的，但是作用也是有限的。因為簡單比較的結果會因時間的變化而有所差異，對於事前和事後的績效沒有任何參考價值。從表 8-3 中可以看到，儘管兩組收益率是存在差異的，但是簡單比較的結果不能說明投資組合相對於基準的績效。所以，要準確地說明投資組合跟蹤基準指數的績效，需要連續的度量方法。

表 8-3　　　　　　　　　　　投資組合相對基準的績效比較

期限	基準指數收益率（%）	投資組合收益率（%）	TE_1（%）
3 個月	0.1	0	-0.09
6 個月	7.08	6.67	-0.41
12 個月	17.08	16.63	-0.45
2 年	18.21	18.24	0.03

為了能夠對投資組合相對基準指數的收益進行連續的分析，就應該計算每個期間內投資組合與基準指數之間收益率的差額，這些差額的標準差（或方差）被稱為跟蹤誤差（TE_2）。TE_2 度量了在一定時期內投資組合與基準指數收益之間的偏離程度。其表達式為：

$$TE_2 = \sigma(RPt - RBt)$$

$$= \sqrt{\frac{\sum_{i=1}^{n}\{(RPt - RBt) - (\overline{RPt} - \overline{RBt})\}^2}{n-1}}$$

對於開放式指數基金，為了能有效控製風險，通常需要計算年化的跟蹤誤差。年化的跟蹤誤差採用如下的公式得到：

$$年化跟蹤誤差 = TE_1 * \sqrt{D}$$

式中，D 表示每年的實際交易天數。對於不同的指數基金，跟蹤誤差越小越好。

(二) 貝塔

根據資本資產定價模型（CAPM），資產收益率是隨時間的波動而波動的，而資產的風險特徵在不同時間卻是相對穩定的。因此，準確地評價投資組合的績效需要明確的度量指數化投資所面臨的風險。幸運的是，有許多度量投資組合風險的方法，這些方法可以告訴我們投資組合的總風險的大小，以及哪些風險來自於市場因素的影響（β），哪些因素來自於其他因素的影響，其他因素的影響加在一起被稱為跟蹤誤差。β 是投資組合對市場波動的敏感係數。為了獲得 β 通常使用迴歸分析，這樣可以得到投資組合歷史的 β，還可以得到 ε 的預測值。迴歸方程可以表示為：

$$rP = \alpha + \beta rB + \varepsilon$$

迴歸方程的擬合優度 R，度量了實際結果和通過 β 預測的結果之間的差異。$R^2 = 0.99$，說明投資組合 99.96% 的績效可以用 β 來解釋；$R^2 = 0$，說明 β 不能解釋投資組合相對基準指數的波動。如果 $\beta = 1.001,2$，這說明投資組合的波動要略高於基準指數，當基準指數的市值上升 100 元時，指數化投資組合的市值上升 100.12 元。

除了要計算 β 之外，指數化投資者常常對於預期的 β 感興趣。對於建立一個新的投資組合或者對原有的投資組合進行調整，預期的 β 非常重要。對於債券或者一個投資組合的 β 可以通過債券或投資組合收益率和基準指數收益率之間的迴歸分析來得到。投資組合預期的 β 則可以通過投資組合中各個成分證券 β 的簡單加權獲得，即：

$$\beta p = \sum_{i=1}^{n} Xi\beta i$$

如果指數基金採用完全複製法，投資組合與基準指數具有完全相同結構的成分債券，那麼 β 應該等於1。但是如果投資組合的結構與基準的成分出現了偏離，如運用抽樣方法建立跟蹤投資組合，那麼迴歸分析就會表明 $a \neq 0$，$\beta \neq 1$。通過使 $\beta \neq 1$，可以獲得預期超額業績，但是投資組合收益的方差也會隨之增加。所以，最具吸引力的方式是運用正的 a，而不是 $\beta \neq 1$，來獲得預期超額業績。

（三）相關關係

相關係數是對指數基金進行績效評價的另一種主要指標。相關係數取決於迴歸方程殘餘跟蹤誤差的方差 σ_ε^2，投資組合相對基準的風險暴露 β，以及基準指數收益率的方差 σ_B^2。其具體表達式為：

$$\rho = \sqrt{1 - \frac{\sigma_\varepsilon^2}{\sigma_P^2}}$$

$$= \sqrt{1 - \frac{\sigma_\varepsilon^2}{\beta^2 \sigma_B^2 + \sigma_\varepsilon^2}}$$

對於不同的指數基金，相關係數越大越好。相關係數小，表明具有較大的跟蹤風險。但是相關係數為1，並不意味著沒有跟蹤風險。相關係數為1，意味著殘餘的跟蹤誤差的方差是0，或者意味著相對基準指數的風險暴露無窮大（$\beta = \infty$）。所以，除非限制 β 的取值小於1，否則相關係數不能準確地評價投資組合相對基準的績效。

七、指數化組合投資方法的局限性

指數化策略可以保證投資組合業績與某種債券指數相同，但該指數的業績並不一定代表投資者的目標業績，與該指數相配比也並不意味著資產管理人能夠滿足投資者的收益率需求目標。

與此同時，資產管理人在構造指數化組合時將面臨其他的困難，其中包括：

（1）構造投資組合時的執行價格可能高於指數發布者所採用的債券價格，因而導致投資組合業績較債券指數業績差；

（2）公司債券或抵押支持債券可能包含大量的不可流通或流通性較低的投資對象，其市場指數可能無法複製或者成本很高；

（3）總收益率依賴於對息票利息再投資利率的預期，如果指數構造機構高估了再投資利率，則指數化組合的業績將明顯低於指數的業績。

第二節　免疫策略

一、免疫策略

傳統的免疫策略（Immunization）是指債券組合的價值不受利率波動影響的策略，它可以被看成這樣一個過程：利用久期和凸性構造債券組合，並調整投資比例，使該

組合可以在指定投資期限獲得確定的、不受利率變化影響的收益。免疫策略需要考慮用資產組合產生的現金流（息票償付和部分到期還本的債券）的再投資收益去平衡資產組合的期末價值。換言之，免疫策略要求抵消利率風險和再投資風險。表 8-4 總結了古典免疫策略的一般原則。

表 8-4　　　　　　　　　　古典免疫策略的一般原理

目標：鎖定最小目標收益率和累計價值不受投資期內利率變化的影響。 **利率變動風險**： 　　再投資風險 　　利率或價格風險 **假設**：收益率曲線平行移動（即各種期限的收益率同步變動）
原理： **情景 1**：利率上升 **後果**： 　　（1）再投資收益增長； 　　（2）到期期限長於投資期的債券組合價值下降。 **目標**：再投資收益增加≥資產組合價值損失 **情景 2**：利率下降 **後果**： 　　（1）再投資收益減少； 　　（2）到期期限長於投資期的債券組合價值上升。 **目標**：再投資收益損失≤資產組合價值增加

　　銀行、養老基金、保險公司等資產負債對利率風險變動敏感的機構多會採取免疫策略，因為他們有嚴格的支付義務。所以資產投資組合的目的不是高收益而是消除利率變動的風險，以使資產投資組合的價值滿足負債的支付。

　　銀行負債主要是其所吸收的存款，大多數在期限上是短期的，即久期很短。相反，銀行資產主要由未付的商業票據和客戶貸款或抵押構成。這些資產的久期比存款的久期要長，它們的價值相應地對利率浮動更敏感。當利率突然上升時，資產價值比負債價值下降更多，從而銀行的淨值會減少。

　　養老基金的資產利率敏感性和負債的利率敏感性同樣存在不匹配的情況，不同的是資產久期低於負債的久期。在通常情況下，養老基金的負債平均期限是 15 年，而其資產組合的平均期限一般僅有 5 年。當利率下降時，負債的現值增加比資產價值增加更快。

　　保險公司面臨和養老基金相似的情況，所以也會使用免疫策略。

二、古典的單期免疫

　　免疫策略是通過價格風險與息票現金流再投資風險相互抵消的原理，從投資期限的角度考慮利率風險免疫的。對於債券投資者而言，如果利率下降，從短期看，債券價格將上漲，債券的短期投資者將會從利率的下降中獲取資本利得；反之就會蒙受損失。但從長期投資看，情況恰恰相反。因為債券到期時，它的價格一定等於票面值，但是利率下降導致了債券息票付款的再投資收益率下降，因此債券投資者在長期內的全部收益下降。利率變動，在長期和短期出現相反的結果，意味著它們之間存在一個「中期」，

從「中期」看，投資者的收益不受利率變動的影響，這就相當於投資一個與這個「中期」相同期限的貼現債券，在該持有期內，投資收益不受利率變動的影響。如果投資者建立的債券組合的久期等於這個「中期」，那麼投資收益就不會受利率變動的影響。

在負債為單一確定現金流的情況下，構造一個免疫組合需要滿足以下兩個條件：①資產的久期和債務的久期相匹配；②資產的現值必須與負債的現值相匹配。

下面我們將以保險公司出售擔保投資合同（Guaranteed Investment Contract，GIC）為例來說明資產久期和負債久期相匹配的情況下，保險公司將免受利率波動的影響。合同規定，保險公司在未來指定日期一次性向合同持有者支付規定數額的現金。具體情況如下：一家保險公司發行了一份 10,000 美元的擔保投資合約，5 年到期，且保證每年實現 8% 的債券等價收益率。5 年後，保險公司必須支付給合同持有者的金額為 14,693.28 美元。為了達到免疫的目的，保險公司的投資經理在將這 10,000 美元進行債券投資時，其投資目標是 5 年後該投資的累計價值應為 14,693.28 美元，相當於 8% 的債券等價收益率。

假設投資經理按面值買進價值 10,000 美元、6 年到期、息票率為 8% 的債券，構成投資組合。該債券的久期可以通過計算麥考利久期為 5 年。表 8－5 給出了 5 年後債券資產組合的終值。

表 8－5　　5 年後債券資產組合的終值（所有收益再投資）

支付次數	距債務到期的剩餘年數	所有現金流的累積價值
a. 利率維持在 8%		
1	4	1,088.39
2	3	1,077.77
3	2	933.12
4	1	864.00
5	0	800.00
債券出售	0	10,000.00
		14,693.28
b. 利率降至 7%		
1	4	1,048.64
2	3	980.03
3	2	915.92
4	1	856.00
5	0	800.00
債券出售	0	10,093.46
		14,694.05
c. 利率升至 9%		
1	4	1,129.27
2	3	1,036.02
3	2	950.48
4	1	872.00
5	0	800.00
債券出售	0	9,908.26
		14,696.03

註：債券資產組合的出售價格等於資產組合的最後支付（10,800 美元）除以 1＋r，因為債券的到期時間在銷售時將是 1 年。

表8-5中的a表明：如果利率維持在8%，從債券投資中累計的價值正好與債務的14,693.28美元相同。在5年期間，每年年底的息票收入是800美元，以當前的8%的市場利率再投資。在投資期結束時，債券可以以10,000美元售出。5年之後，從再投資的息票收益和債券售出的價格加在一起的總收入正好是14,693.28美元。

但是，如果利率發生變化，投資者將面臨兩種相互抵消的利率風險類型：價格風險和再投資風險。利率下降引起價格上升，但同時減少了再投資收入；反之，利率上升引起資金價格損失，但同時增加了再投資收入。如果資產組合的久期和負債久期相匹配，也就是投資組合的久期與組合的投資期相同時，則這兩種影響正好抵消。

在本例中，保險公司出售GIC籌集的資金，投資到6年期的債券上，該債券的久期是5年，與負債的期限（也是久期）相同，由於是單一負債現金流，所以5年也是資產的投資期限。在久期匹配的前提下，保險公司將免受利率浮動的影響。表8-5中的b和表8-5中的c證明了這種情況，債券投資能產生足夠收入來支付到期債務，與利率變動無關。

表8-5中的b表明：當利率降至7%時，期末全部的資金為14,694.05美元，有0.77美元的盈餘；表8-5中的c表明：當利率升至9%時，期末全部資金為14,696.03美元，有2.75美元的盈餘。

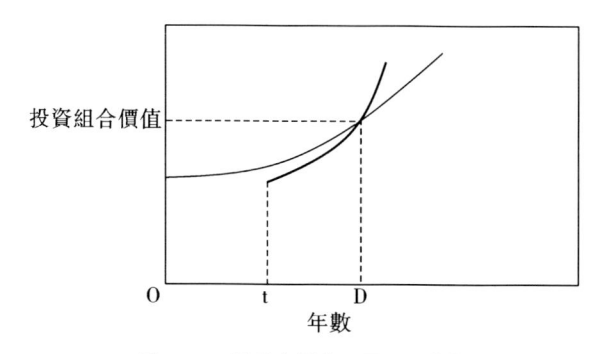

圖8-1　抵消力量作用原理示意圖

註：細線部分代表在初始利率時資產組合價值的增長。在t時刻，如果利率上漲，資產組合價值開始下降，但是此後會以粗線部分代表的較快利率上漲。在久期（D）時，兩曲線相交。

由圖8-1可知，如果公司選擇投資這種久期為5年的債券，則不管利率下降或者上升，該公司都能夠穩定地獲得8%的總收益率。但值得注意的是，前例中，儘管做到了久期匹配，當利率變動較大時，息票債券的累積收入相對於債務支付有一個小的差額。即息票債券的現值或未來價值與GIC的現值或未來價值並不完全相等。產生差額的原因是價格—收益率曲線的凸性。由於息票債券比GIC（相當於零息票債券）有更大的凸度，因而當利率出現較大變動時，兩條價格—收益率曲線分開了。另一種解釋是隨著利率變動，債券的久期發生了變化，與負債不再久期匹配。

三、免疫組合再平衡

在現實中，市場收益率並不像我們在上面討論的例子中那樣發生一次性瞬間變動，

而是不斷變動的。因此，資產組合的久期會隨市場收益率的變化而變化。另外，隨著時間的推移，即使利率維持不變，資產組合的久期也會發生變化。為確保資本利得和再投資收益之間抵消效應的實現，免疫策略中的投資組合必須被再平衡（Rebalancing），以使組合的久期總是一直等於計劃持有期的剩餘時間。這種平衡過程要求息票收益、再投資收益、到期本金、長期債券的可能清算收入等，都要被再投資於那些可以維持組合久期等於計劃持有期剩餘時間的債券。由於在整個投資計劃期內需要多次再平衡處理，以使債券組合總是處於久期匹配狀態，因此無論利率怎麼變動，都可以達到設定的目標收益。

我們通過下面的例子理解管理者如何構建免疫的資產組合以及如何實現在平衡。

【例】7 年後，保險公司必須支付一筆 19,487 美元的款項。市場利率為 10%，所以債務的現值為 10,000 美元。公司的投資經理想用一個包含 3 年期零息債券和永續年金（均為年息票支付）的投資組合來滿足債務支付的需要。投資經理如何使債務免疫呢？

免疫要求資產組合的久期等於債務的久期。他需要執行四個步驟：

（1）計算債務久期。此例中負債久期計算簡單，是一個一次支付的 7 年負債。

（2）計算投資組合的久期。投資組合的久期是每一成分債券的久期的加權平均，權重是每一債券在組合中的價值比例。零息債券的久期就是其到期期限，即 3 年。永續年金的久期是 11 年（1.10/0.10）。如果投資零息債券部分的權重為 w，投資永續年金部分的權重則為（1－w），投資組合的久期為 [w×3 年+(1－w)×11 年]。

（3）設定資產久期等於債務的久期 7 年。直接由方程 w×3 年+（1－w）×11 年=7 年 求出 w=1/2。投資經理應該把組合的一半投資零息債券並把另一半投資永續年金。

（4）債務資金的使用。債務的現值是 10,000 美元，即發現債務籌集資金 10,000 美元。按照前面的計算，這些資金應該平均投資到零息債券和永續年金，即投資經理購買了 5,000 美元的零息債券和 5,000 美元的永續年金。注意：零息債券的面值將是 6,655 美元 [5,000 美元×(1.10)^3]。

但是，即使某一時點資產負債是免疫的，管理者還是不能放鬆，這是因為需要根據利率變化進行再平衡。此外，即使利率不變，隨著時間推移資產負債的久期也會變化，也有再平衡需求。

假定過了 1 年，並且利率維持在 10%。投資經理需再考察自己資產組合的變化情況。此時的組合還是免疫的嗎？如果不是，要採取什麼樣的措施？

1 年後，債務的現值漲至 11,000 美元，比到期又近了 1 年。投資經理的基金也漲至 11,000 美元。隨著時間的流逝，零息債券的價值從 5,000 美元漲至 5,500 美元。但是，永續年金支付了每年 500 美元的息票且剩餘價值為 5,000 美元。所以，債務還是全部被償還。但是，時間的改變會讓資產投資組合的權重發生改變。現在的零息債券久期只有 2 年，而永續年金久期還是 11 年。債務現在是 6 年到期。權重現在必須滿足這一公式：

$$w \times 2 \text{年} + (1-w) \times 11 \text{年} = 6 \text{年}$$

這意味著 w = 5/9。為了再平衡資產組合和維持資產匹配，管理者現在必須投資 6,111.11 美元（11,000×5/9）到零息債券。這需要將全部永續年金的 500 美元息票收入投資到零息債券，再加上額外售出 111.11 美元的永續年金，轉向投資零息債券。

債券組合的調整頻率一般不宜過高，也不宜太低，頻率太高會增加交易費用，從而降低債券組合的收益率；而頻率太低，可能會使債券組合的久期偏離剩餘投資期限太遠，不能有效的免疫利率風險。因此，投資者在實際操作中可以設定一個久期偏離誤差的上限，當偏離誤差超過上限時，就對債券組合進行重新調整。

四、多期免疫及其再平衡

至此，我們已經驗證了為構建一個單期免疫的投資組合所必需的兩個條件。進一步，可以把這兩個條件進行擴展，構建一個新的免疫組合來滿足多期債務支付的要求，如同養老基金的管理，需要持續的現金流支付給退休人員這種情況。

比如，一項債務支付時間表是包含了持續 30 年的每年債務支付，那麼就可以構造出 30 個單期免疫的投資組合來滿足支付需要。進一步，如果這 30 個資產組合的總體久期等於債務久期，並且資產價值大於負債的現值，那麼這個債務支付時間表要求的支付就完全可以被滿足，整個組合也是免疫的。

計算多期債務的久期並不像計算單期債務久期那樣直觀，因為單期債務的剩餘期限就是它的久期。由於具有多個債務支付現金流，因此債務的久期是通過用資產的內部收益率作為折現因子推導出來的。當然，除非我們知道精確的資產組合構成和它的久期等情況，否則資產的內部收益率是難以確定的。

這兩個問題的同時存在而且相互作用，結果使得構建一個多期免疫組合成為一個不斷反覆的過程。在這個過程中，首先要為組合估計一個合適的內部收益率；然後以這個估計的內部收益率為基礎來計算債務的久期；接著模擬一個最優的免疫組合來匹配債務的久期；最後把組合的內部收益率和預測的內部收益率相比較，而如果兩者不一致，就要對內部收益率作一個新的預測，然後重複上述步驟，直到一致為止。

多期免疫策略同單期免疫一樣，當免疫條件中有一個被違背時，它就必須進行再平衡。例如，如果資產和負債的久期隨著時間推移發生偏離，那麼必須再平衡投資組合使它恢復到久期匹配狀態。

在多期投資組合中，當一項債務支付到期時，組合的久期會發生變動。考慮如下一個極端的例子：由一項 1 個月後到期的價值 1,000 萬美元的一次還本付息型債務（久期幾乎為零），和一項 10 年後到期的價值 1,000 萬美元的一次還本付息型債務，構建一個投資組合。兩項債務的平均久期大約是 5 年。

從現在開始的 1 個月後，1 個月期限的債務將會到期，而另一項債務的存續期還有 9 年零 11 個月。由於初始債務有接近 5 的平均久期，資產組合的久期也約為 5 年，因此當債務的久期從起初的 5 突然跳升到 1 個月的接近 10 時，將會產生嚴重的久期不匹配，因此需要進行再平衡。

五、免疫策略的實際應用

免疫策略主要應用於養老基金、保險、銀行業務和一些儲蓄機構中，如表 8-6 所示。

表 8-6　　　　　　　　　　　　免疫策略的應用

	市場		
	養老基金	保險金	銀行業務和儲蓄
單　期	資產策略（可用 GIC 代替）		
多　期	退休金融資	為 GIC 和結構化結算融資	缺口管理
	一次性買斷	投資組合保險	匹配的增長
	投資組合保險		投資組合保險

養老基金市場中已經廣泛使用單期免疫策略和多期免疫策略。單期免疫一般被認為是與擔保投資合約（GIC）類似的另一種可選方法。這兩種方法都是要在一個有限的計劃期內試圖鎖定目前的利率水平。但是免疫具有流動性的優勢，因為組合是由市場化的證券構成的。擔保投資合約是投資計劃創立者和保險公司之間私下簽訂的合同，一般不在二級市場中交易。

免疫組合的一個額外好處是，投資組合經理可以通過把那些相對價值較低的證券加入到組合中，從而在組合構建和再平衡過程中充分利用市場套利機會。投資者可以在那些他們認為便宜或具有上升潛力的行業債券和貸款中積極主動地構建投資組合，通過積極構建這種免疫組合，投資者可以為組合帶來價值增值，並且在一個固定的時間段內組合的表現可能會超過流動性差的擔保投資合約。

多期免疫策略在養老基金市場中也得到了廣泛應用，它一般用做構建支付給退休人員未來的預期收益支付時間表這類收益確定型計劃。通過把一個免疫組合的久期與相應債務的久期相匹配，投資計劃創立者可以鎖定目前的利率水平，提高會計上的收益率假設，並且減少現金支出對養老基金的財務壓力。

在保險市場中多期免疫策略廣泛應用於固定債務支出的保險產品上，如擔保投資合約和結構化結算等。因為擔保投資合約、結構化結算以及一次性買斷資產和負債的做法，同一般性的會計資產和負債是相分離的，所以企業整體可以通過免疫最小化利率風險並以利差的形式鎖定利率。同樣，積極構建這類組合也可以提高對市場套利機會的利用。

最後，銀行和儲蓄行業使用多期免疫策略來協助進行資產/負債缺口管理，確保資產和負債在久期匹配狀態下實現未來增長。

六、應用中的問題

在實際構建免疫組合的過程中，債券選擇十分重要。債券信用品質越差，收益和潛在風險就越高。免疫理論假設不存在違約，證券只對利率一般變化有反應，而債券的信用品質越差，該前提成立的可能性越低。此外，含內置期權的債券（如提前贖回

權和抵押貸款支持債券面臨的提前償付），其現金流和久期的測度變得更加困難，甚至不可能實現，這使得免疫策略的基本原理難以應用。最後，資產組合必須不斷重新調整，因此，實施免疫策略不得不考慮債券的流動性問題。

最優化過程可以應用於構建免疫資產組合。一般地，免疫採取最小化初始組合成本的方法，條件是在期末持有足夠多的現金以償還負債。更進一步的條件還可能包括平均信用級別，債券集中度限制以及對發行者的限制。有必要對整個過程制定一個現實的指導方針和目標。此外，由於最優化方法對可選擇債券的定價非常敏感，準確的定價和有經驗的交易員是非常有價值的。由於眾多輸入變量具有可得性，最優化過程應採用迭代法，最終結果是通過一系列試算得出的。

採取免疫策略來取得目標收益率，在該過程中，交易成本非常重要。交易成本不僅在初始免疫（即構建免疫資產組合）時需要加以考慮，而且在定期調整久期的再平衡過程中也要考慮：經理不能只為追求風險最小化而頻繁交易，結果收益微薄。不過，交易成本可以作為一個變量納入最優化分析的框架，這樣便可以在交易成本與風險最小化之間進行權衡。

七、古典免疫理論的推廣

古典免疫理論的充分條件是，資產組合久期與負債久期相匹配。古典理論建立在下列假設基礎上：

（1）收益率曲線的任何變動均為平行移動，即所有到期期限所對應的利率向相同方向變動相同幅度。

（2）資產組合在給定的投資期末變現，期間無現金流入或現金流出。

（3）若利率結構不發生變化（遠期利率不變），投資的目標價值就被定義為期末資產組合價值。

其中第一個假設最為重要，即利率期限結構變化的方向。古典免疫策略的特徵是，若利率曲線平行移動，那麼期末資產組合價值將高於目標價值。這個假設看起來是不現實的，因為現實中利率的表現很少如此。根據該理論，若利率變化時收益率曲線未保持原狀，那麼即使資產組合的久期等於負債的久期，也不能保證組合能夠免疫。

古典免疫理論的推廣試圖用某種技術修正利率平行移動的假設。其中一種方法可以處理任何利率的變化，從而不必另外尋找久期量度。Gifford Fong（馮積福）和OldrichVasicek（範思克）提出適用於任何利率變化方式的免疫風險量度。對該量度求最小化，約束條件是組合久期等於投資期限，這樣資產組合對於任何利率變動的風險暴露將最小。

圖8-2顯示了免疫風險最小化的一種方法。該圖中的兩條線上的刻度代表實際現金流。長刻度表示由債券到期還本產生的實際現金流，短刻度表示息票支付產生的現金流。組合A和組合B均由兩種債券組成，久期均等於投資期限。組合A實際上是一個「啞鈴式」資產組合，即組合由長期工具和短期工具組成，期間還有息票收益。組合B中的兩個債券到期日與投資期都非常接近，在整個投資期按面值收取利息。像B這類資產組合被稱為「子彈式」資產組合。

組合A：高風險的免疫組合

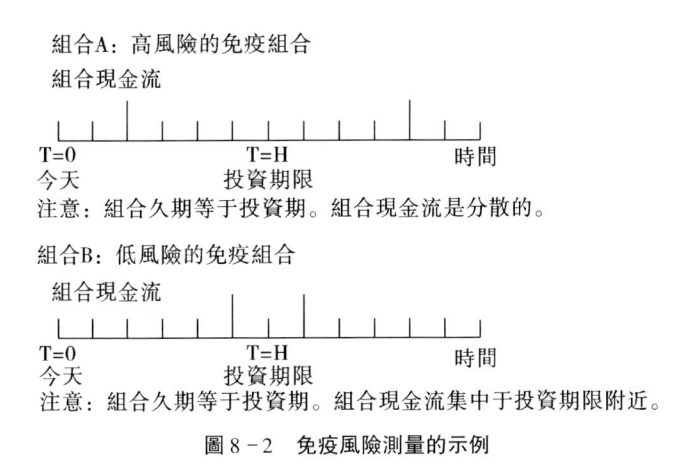

組合現金流

```
|   |   |   |   |   |   |   |
T=0         T=H             時間
今天        投資期限
```

注意：組合久期等于投資期。組合現金流是分散的。

組合B：低風險的免疫組合

組合現金流

```
|   |   |   |   |   |   |   |
T=0         T=H             時間
今天        投資期限
```

注意：組合久期等于投資期。組合現金流集中于投資期限附近。

圖 8 - 2　免疫風險測量的示例

很容易看出，「啞鈴式」資產組合的免疫風險比「子彈式」資產組合更大。假設兩個資產組合的久期均等於投資期，從而這兩個資產組合都對利率的平行移動免疫。這是通過平衡投資期內再投資率變化的影響和在期末佔有很大權重的債券價值變化的影響而得到的。非平行的、無序的利率變動對這兩個組合的影響卻並不相同。例如，假設短期利率下降的同時，長期利率上升，那麼兩個組合的價值都降低，且期末累計價值低於目標價值。這是因為，除了再投資收益率降低以外，債券本身的價值損失更是雪上加霜。組合價值的下降在「啞鈴式」資產組合身上表現得更為明顯，有兩個原因：①「啞鈴式」資產組合中的債券比「子彈式」資產組合以再投資率計算收益的時間更長，因此再投資風險更大。②「啞鈴式」資產組合中的債券到期期限比「子彈式」資產組合中的債券到期期限長，這意味著同等利率上升幅度將產生更大的資本損失。與「啞鈴式」資產組合相比，「子彈式」資產組合對利率結構變化的風險暴露更小。

所以，從前面的討論我們得知，免疫風險是再投資風險。再投資風險是最小的資產組合，其免疫風險必定最小。當資產組合的現金流分佈於投資期且離差較大時，如「啞鈴式」資產組合，就將暴露於較大的再投資風險之下；相反，若資產組合的現金流集中於投資期末，如「子彈式」資產組合，其再投資風險就小。

零免疫風險資產組合是只包含到期期限等於投資期的零息債券的組合，因為零息債券不存在再投資風險。對於附息債券，問題是選擇怎樣的附息債券以提供最好的免疫保護。前述討論說明，應選擇現金流集中於投資期末的債券。因此，如果投資經理能夠用附息債券複製到期期限等於投資期的零息債券，那麼該組合的免疫風險將會最小。

八、現金流匹配

與免疫相關的問題看上去有一個簡單的解決辦法。為什麼不買零息債券？購買量正好提供足夠擔保映射的現金支出。如果我們遵循現金流匹配的原則，自動地使資產免受利率變動的影響，因為從債券得到的現金流和債務支付正好抵消。

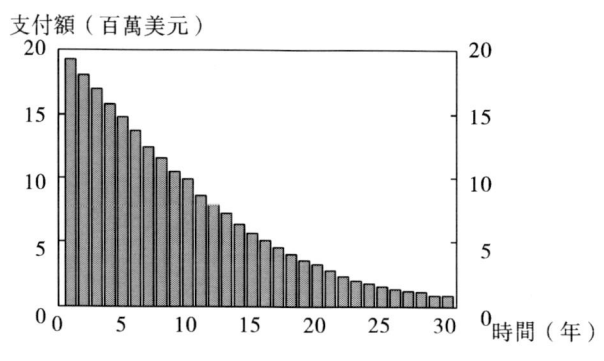

现金流匹配策略是指通过构造债券组合，使债券组合产生的现金流与负债的现金流在时间上和金额上正好相等，这样就可以完全满足未来负债产生的现金流支出的需要，完全规避利率风险。这种策略之所以是一种消极管理策略，是因为一旦债券资产组合确定后，组合没有任何再投资现金流，也没有任何再投资利率风险。并且由于债券仅在到期时才出售，所以也没有利率风险。因此，任何变化因素，甚至是收益率曲线较大的变化也不会影响组合结构，仅仅在债券存在违约风险时，才会改变匹配策略所决定的债券组合构成。

现金流匹配策略的操作方法如下：选择与期限最长的负债具有相同期限的债券；该债券的投资金额需满足：到期本金偿付加最后一次息票支付，正好等于期限最长的负债支付金额；接下来将负债现金流中其余各期金额减去该债券同期息票支付额，然后再选一个债券与负债现金流中期限次长的现金流相匹配，如此反覆，直至每一期负债的现金流都有相同的资产的现金流相对应。

作为一个专项债券投资组合方法，现金流匹配策略最典型的表现为纯现金流匹配投资组合。图8-3表示的是一个典型的养老基金在30年期间的按规定需支付的债务流。此投资组合的目标是建立一个组合，确保在每次按规定支付债务前，该组合能够产生足够的现金流满足支付需求。

图8-3 养老基金规定支付的现金流

若全部负债的现金流流均与组合中资产产生的现金流完美匹配，那么该组合不存在任何再投资风险，因此也就不会面临免疫风险和现金流风险。然而，对于现实中的一些负债结构而言，如长达百年的负债支付计划，即使动用任何可以使用的债券来进行匹配，要达到这种完美的现金流匹配也是不可能的。有时候投资组合的管理者也会在完美匹配和超额收益之间权衡，选择挑选特别的债券，放弃完全迎合负债结构。

第三节　积极的债券组合管理

积极的债券组合管理策略认为，市场存在两种潜在的利润来源：一是利率预测，预计固定收益市场利率水平的动向。由于久期是利率敏感的量度，因此，如果利率趋

於下降，應增加資產組合的久期，利率趨於上升則相反操作。二是識別固定收益市場的錯誤定價。如投資者認為某一債券的違約溢價過高，債券價格被相對低估，就可以買入該債券來替換組合中的其他債券。基於此，債券管理者進行債券選擇，力圖識別定價錯誤的債券或對市場利率做出精確的預測以把握市場時機進行買賣。積極的債券管理往往都是這兩種方法的結合使用。

積極的債券組合管理是在一定風險程度範圍內，對固定收益證券進行最優選擇，以此獲取預期報酬最大化。由於涉及期望收益，投資者必須預測影響固定收益證券報酬的因素，如利率水平的變化、長短期利率相對改變、各種類型固定收益證券的利差變化等，因此投資者是否具有預測能力及預測的準確與否，將直接影響到積極型組合投資的績效；同時，投資者還要積極尋找價格被錯估的固定收益證券，拋售高估固定收益證券，買進低估固定收益證券。固定收益證券的積極型組合投資適用於低效率市場，投資者尋求「錯誤定價」，積極進行組合調整，在承受一定風險後，獲取超額報酬。

一、債券替換（Swap）

債券替換，大體而言就是將預期收益率更低的債券轉換為預期收益率更高的債券。具體而言，就是同時購買和出售具有相似特性的兩個以上債券，從而獲得收益率級差。不同債券之間的差異，如票息、違約風險、利率、久期、稅負、可回購條款、市場流動性等諸因素，決定了債券替換的潛在可獲利性。債券替換可用來提高當前收益率和到期收益率，可以利用利率的變動和收益率差的調整來獲利，並能提高投資組合質量以及用於稅負減免等目的。在評估債券時，投資者一般都要考慮如下兩個方面以決定是否進行互換操作：收益率級差的大小和過渡期的長短。過渡期是債券價值從偏離值重新返回平均值的時間。總而言之，收益率級差越大，過渡期越短，投資者從債券互換中獲得的回報率就越高。

債券替換的主要類型有：替代替換（Substitution Swap）、市場內部價差替換（Intermarket Spread Swap）、利率預測替換（Rate Anticipation Swap）、純收益率選擇替換（Pure Yield Pickup swap）、稅收替換（Tax Swap）。

（一）替代替換

替代替換是指將債券組合中的債券替換為市場上同質但收益更高的債券。這裡的同質債券主要是指兩種債券在票面收益率、期限結構、風險等級、贖回特徵等方面基本上是相同的。採用替代替換策略的原因在債券管理者認為，市場對這兩種債券的定價存在錯誤，或者說兩種債券的收益率差異不合理。隨著時間的推移，這兩種債券的不合理比價關係會消失，那麼這種價格的不一致必會帶來獲利的機會。

當兩種債券的收益率出現暫時的不一致時，投資者也可以通過買入價值低估（收益率高估）同時賣空價格高估（收益率低估）的債券，將來當兩種債券的價格一致時投資者就可以獲得超額利潤。當然，債券替換策略也適用於債券組合的替換。

例如，某債券投資者持有一只10年期AA級金融債，票面利率為3.5%，按照目前

的市價計算，到期收益率為4%。如果市場上同時還存在一種10年期的AA級金融債，按照目前的市價計算，到期收益率為4.1%。這樣市場上便存在著替換獲利的機會。該投資者將其目前持有的第一種債券替換成同等金額的第二種債券，便能從中賺取收益。

需要特別注意的是，兩種同質債券的收益率存在差異，很可能是兩種債券的風險、流動性或凸性不一致造成的。如果債券市場考慮了這些因素的不同，正確地確定了債券的價格，那麼替代替換就無法獲得超額利潤。

(二) 市場內部價差替換

市場內部價差替換是指投資者認為在債券市場上兩種不同的債券類別之間的收益率差額暫時失衡，從一個收益率低的市場轉移到一個收益率高的市場以獲得額外收益。這種策略是在對市場正常收益率差額預測與現行市場實際收益率差額比較的基礎上進行的。同時，債券投資者相信利差的實際值與預測值不一致只是暫時的情況，隨著時間的推移這種偏離現象會逐漸消失。例如，如果公司和政府債券之間的收益率差額當前過大，並在將來會縮小，那麼投資者就會將政府債券替換成公司債券。如果收益率差異率最終收窄，投資公司債券的業績比投資政府債券的業績要好。具體來說，如果在10年期國債和10年期BBB級公司債券之間的收益率差異現在是4%，而歷史數據顯示的平均收益率差異是3%，投資者可以考慮將國債替換成公司債券。當收益率差異最終迴歸正常水平，投資BBB級公司債券的業績將超過投資國債的收益。

其實，市場內部價差替換策略的基本思想還是發掘錯誤定價的債券，與替代替換策略關注同類債券比價（收益率關係）是否合理不同，這種策略關注的是不同類型債券的利差是否合理，賣出收益率偏低的債券或買入收益率偏高的債券。但是，這裡要注意一個問題，就是對不同種類的債券利差的判斷問題。由於不同種類的債券的利差決定受多種因素的影響，所以一定要判斷清楚兩種債券的利差是不是由於市場環境的變化而造成的，如經濟週期處於繁榮階段導致公司違約風險減少，違約風險報酬就會下降。在這種情況下，公司債券與政府債券的利差就會比歷史平均值要小。也就是說，此時利差的變化只能看成是正確地反應了風險變化的一個調整而已。在這種情況下，債券投資者採用跨市場利差互換策略就無法獲得超額回報率。市場內部價差替換的關鍵是投資者應當認真考慮收益差的存在是否有其他原因。

(三) 利率預測替換

利率預測替換是指債券投資者根據對市場利率變動的判斷，來調整手中所持有投資組合的久期，以獲得更高的收益或避免更大的損失。

如果投資者預測利率上升，他應該將久期長的債券替換成久期短的債券，避免更大的損失；如果投資者預期利率下降，他應該將久期短的債券替換成久期長的債券，從而能獲得更大的資本利得收益。

利率預測替換的關鍵是對利率走勢預測的準確度。若預測失誤，則投資者做了完全相反的操作，他將面臨更大的損失。

(四) 純收益率選擇替換

純收益率選擇替換是指債券投資者並不是由於發現了錯誤定價，而是通過持有較高收益債券增加回報的一種手段。當收益率曲線向上傾斜並在持有期保持不上移，投資者賣出短期債券、買入長期債券，以獲得預期的期限溢價。

這種方法會帶來相應的利率風險，投資者把短期債券換成長期債券，如果在持有期收益率曲線不發生上移，則投資者將獲得很高的收益；反之，投資者將面臨較大的資金損失。

(五) 稅收替換

稅收替換是指利用稅收優勢的一種替換。例如，一個投資者願意替換一種價格下降了的債券，可以通過資本損失而獲得納稅方面的好處。

二、持有期分析

持有期分析（Horizon Analysis）是一種基於對未來利率預期的債券組合管理策略，主要的一種形式被稱為利率預期策略（Interest Rate Expectations Strategies）。持有期分析策略認為，一種債券在任何既定的持有期中的收益率在一定程度上取決於債券的期初價格和期末價格以及息票利率。由於期初價格和息票利率都是可知的，持有期分析主要集中在對期末債券價格的估計上，並由此來確定現行市場價格是偏高還是偏低。這是因為，相對於一個既定的期末價格估計值而言，如果一種債券的現行價格相對較低，其預期收益率則相對較高；反之，如果一種債券的現行價格相對偏高，則其預期收益率相對較低。

在任何持有期間，債券的收益都包括資本利得和利息收益。資本利得會受到時間推移和收益率變化兩個方面的影響。在持有期分析中，把資本利得變動分為兩部分：一部分是時間推移的影響，不包括收益變動因素，即隨著到期日的推進，債券價格日益接近票面價值；另一部分是收益率變動的影響，不包括時間因素，即隨著收益率增加，債券價格下降，或隨著收益率下降，債券價格上升。此外，還有息票利息額與利息的再投資收入共同構成的利息收益，所以還要估計一個再投資的利率。簡而言之，某種債券的全部貨幣報酬是由四個方面構成的：時間影響、收益率變化的影響、息票利息額以及息票利息再投資獲得的利息。

用公式表示為：

全部貨幣收益 ＝資本利得時間影響＋資本利得收益率變化影響＋息票利息額＋息票利息的利息

在這四項中，由於收益率變化的影響是不確定的，因此要對其進行進一步的分析。通過估計不同的期末收益率，可以計算出不同的總收益率；通過這些收益率發生的概率的估計，可以判斷債券的風險，從而為資產管理人員的投資決策提供依據。可見，對未來收益率的預測是持有期分析中的關鍵。

【例】一種期限為 20 年，息票利率為 10% 的債券現在收益率為 9%，以 1,092.01 元出售。一位有 5 年投資計劃的投資者會關心 5 年後債券的價格和息票再投資的價值。

投資者會預測 5 年後 15 年期債券的收益率來決定債券的預期期末價格。假定 5 年後 15 年期債券的收益率預計為 8％，則債券的期末價格為（半年付息）：

50×年金現值係數（4％，30）＋1,000×現值係數（4％，30）＝1,172.92（元）

債券的資本利得為：

1,172.92－1,092.01＝80.91（元）

同時，5 年中支付的息票利息需要再投資，分析人員必須預測息票利息的再投資收益率。

假定再投資利率為每半年 4％，10 次半年息票利息支付再投資 5 年後的累計本息為：

50×年金終值係數（4％，10）＝600.31（元）

債券 5 年的總收益為：

80.91＋600.31＝681.22（元）

5 年持有期的總收益率為：

681.22/1,092.01＝62.4％

年化收益率為：

$(1.624)^{1/5} - 1 = 10.18\%$

分析人員在多種債券上重複這個過程，從而選出具有最優持有期收益的資產組合。

三、騎乘策略

騎乘策略（Riding The Yield Curve）又稱收益率曲線追蹤策略，它是利用收益率曲線在部分期限段快速下降的特點，買入期限即將下降的債券品種，等待其收益率出現快速下滑時，產生較好的市場價差回報。其思想在於打賭未來收益率曲線不會發生變動或者變動很小，根據之前的持有期回報分析框架，在收益率曲線向上傾斜的情況下，長期債券的預期持有期回報率將高於短期債券，從而購買長期債券比購買短期債券更有優勢。

這種方法的使用者主要是那些著眼於債券的流動性管理的投資者。他們主要是購進短期固定收入債券並持有這類債券，到期後進行再投資。如果滿足條件，他們便可以採取騎乘收益率曲線的方式進行投資。

騎乘收益率曲線的基本思路是，認為期限風險溢價是影響期限結構的最主要因素，長期債券由於風險更大，理應享受比短期債券更高的回報率。由於收益率曲線在絕大部分情況下是往上傾斜的，因此，相對於特定的持有期限而言，應該選擇購買剩餘期限更長的債券。

騎乘效應是指在債券持有期間，一只債券的剩餘期限也會逐漸變短，其收益率沿著收益率曲線下滑而給投資者帶來的收益。簡單地說：假設當前一級市場 3 年期債券、6 年期債券、10 年期債券的收益率分別為 3％、6％ 和 10％，則 3 年期債券與 6 年期債券之間的利差為 3％，10 年期債券和 6 年期債券的利差為 4％。那麼對於需要投資 3 年期債券的投資者甲來說，可以先買入 6 年期債券然後在 3 年後賣出；同樣，需要投資 6

年期債券的投資者乙，也可以先買入 10 年期債券然後 6 年後賣出。

採用騎乘收益率曲線的方式必須滿足以下兩個條件：

（1）收益率曲線向上傾斜，即長期債券的收益率較短期債券高。

（2）投資者確信收益率曲線將繼續保持上升的態勢，而不會發生變化。

在這兩個條件具備時，騎乘收益率曲線的投資者則會購買比要求的期限稍長的債券，然後在債券到期前售出，從而獲得一定的資本收益。但是必須注意到，如果收益率曲線發生變化，騎乘收益率則可能會對投資者的投資收益率發生不利的影響。同時，騎乘收益率曲線兼有購入債券和售出債券這兩種交易行為，而原來的「一次到期策略」只有購入債券這一種交易行為。因此，騎乘收益率曲線的交易成本也會較高。

常用的騎乘策略包括子彈式策略、啞鈴式策略和梯式策略三種。子彈式策略是使投資組合中債券的到期期限集中於收益率曲線的一點，一般集中在收益率曲線的中端；啞鈴式策略則選取剩餘期限在兩端的債券構建投資組合。例如，啞鈴式策略可構建為剩餘期限為 5 年和 20 年的債券的組合，將組合中債券的到期期限集中於兩極。梯式策略就是選取不同剩餘期限的債券，使之在投資組合中有相同的頭寸。例如，投資組合中可能含有等量的一年到期、二年到期、三年到期的債券。這樣，債券收益率曲線的變動將帶來投資組合的不同業績表現，投資者需要根據自身的需求和風險承受能力選擇適當的投資策略。例如，子彈組合是否能夠優於啞鈴式組合將取決於收益率曲線的斜率，當收益率曲線很陡時，子彈組合的業績才會經常優於啞鈴式組合。也可以對債券收益率曲線可能發生的變化進行情景分析，以確定投資者最終將選擇的投資策略。

當收益率曲線有正的斜率，並且預計收益率曲線不變時，長期債券的收益率較短期債券的收益率更高。這樣，騎乘收益率曲線的投資者可購買比要求期限更長的債券，然後在債券到期前售出，從而獲得超額投資收益。例如，某投資者持有 90 天國庫券，目前一張面額為 100 元的 90 天期的國庫券價格為 98.75 元，到期收益率為 5%。同時，市場上 180 天期的國庫券價格是 97 元，到期收益率為 6%。如果投資者確定，未來 3 個月收益率曲線形狀保持不變，那麼按照收益率曲線策略，購買 180 天期的國庫券持有 90 天出售，比簡單地購買 90 天國庫券並持有到期會獲得更高的回報。

當收益率曲線向上（向下）平移時，最優策略是縮短（增加）久期。但是在調整久期的同時，使用啞鈴式組合能夠提高組合收益率，在收益率曲線向下平移時該策略能夠增加收益。一般在實際投資中，梯式策略較啞鈴式策略更為實用。因為在久期既定的情況下，梯式策略由於具有持續到期的特點，提高了組合的靈活性，能夠適應現實中收益率曲線出現重大變化的情況。

但是，騎乘策略也會導致風險的提高。投資者必須權衡更高的預期收益與更高的價格波動風險，以調整其債券投資組合。

四、或有免疫

或有免疫（Contingent Immunization）是一種積極—消極混合型的投資策略，目的是使組合在整個計劃期內通過積極管理可以獲得一個有保證的最低收益。它同時確定兩個目標值：一個是免疫目標收益；另一個是客戶要求的最低保底收益。投資者預計

的投資收益包括積極投資策略帶來的收益和消極策略帶來的收益兩個部分。如果出現不利情況導致這兩部分的收益下降到保底收益附近，則投資者需要考慮啟動免疫模式；否則，只要不跌破保底收益，投資者可採取積極的投資策略。

我們可以用圖 8-4 來說明或有免疫的思路。

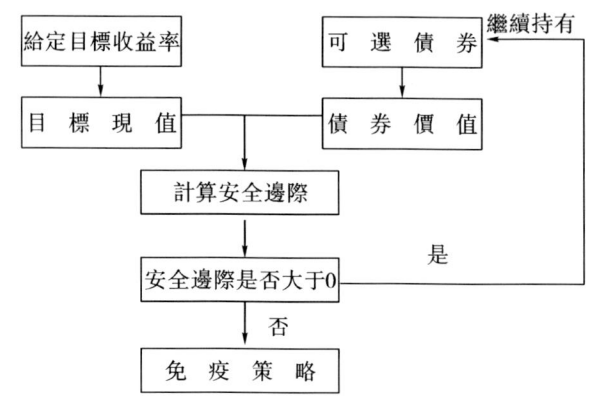

圖 8-4　或有免疫的步驟

實施或有免疫策略的關鍵是在於：①確定一個準確的、能夠從投資期初持續到期末的免疫收益率；②確定一個適當的、可免疫的保底收益水平；③執行一系列有效的監控措施以保證保底收益不受威脅。

我們將以下面的例子來說明或有免疫的基本原理。假定現行利率為 10%，投資者的資產組合現價為 1,000 萬元。管理者可以通過常規的免疫技術鎖定兩年後資產組合的未來值為 1,210 萬元。現在假定管理者願意從事積極的投資管理，但是只願意承擔有限的風險損失，即要保證資產組合的終值不低於 1,100 萬元。由於在現行利率下只要有 909 萬元 [1,100/（1.10）2] 就可以在兩年後達到最小可接受的終值，因此開始時投資者可以採用一些積極的策略，而不用立即採取免疫策略。

計算投資期結束前的任一時點，利率為 r，剩餘期限為 T，需要鎖定未來 1,100 萬元終值的組合投資價值：

$$\frac{1,100 \text{ 萬元}}{(1+r)^T}$$

這個值成為一個觸發點（Trigger Point）。一旦投資組合的價值跌至該值，投資者就會停止積極的管理，換之以免疫策略，以實現最小可接受終值。

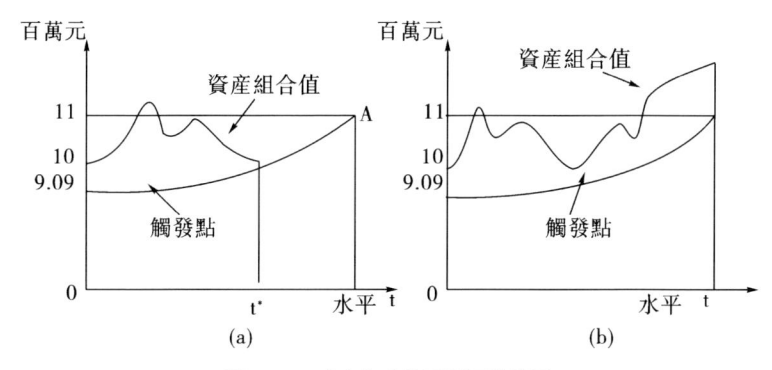

圖 8-5　或有免疫的兩種可能結果

　　圖 8-5 表明或有免疫策略的兩種可能結果。在圖 8-5（a）中，資產組合價值下降並在點 t^* 點觸及觸發點，並在該點資產組合獲得利率免疫，其資產組合價值將平滑地升至 A，即 1,100 萬元。在圖 8-5（b）中，資產組合表現很好，並未觸及觸發點，因而資產組合值也高於 1,100 萬元。

　　制定精確的免疫目標，一方面能確定免疫策略初始狀態的基礎，另一方面對投資期內免疫水平的確定也是必不可少的。若保底收益率與初始目標收益率過於接近，那麼觸發免疫程序的概率將大大上升，而保底收益率太低則使免疫程序失去意義，因為過低的保底收益率可能永遠不會觸發免疫程序。最後，如果缺乏足夠的監控程序就無法得知何時採取何種行動是合適的，本策略也會失去意義。

　　實施或有免疫策略必須具備實時控制和監測投資組合運作狀況的能力。這樣，投資者才能清楚實行積極管理策略的空間有多大，以及何時需要對組合實施免疫策略，從而保證最低收益目標。

　　然而由於存在著超出投資者控制範圍的因素出現，可能會無法實現最低目標收益率。例如，市場收益率可能會發生迅速和巨大的不利變化，而投資者可能沒有足夠的時間來迅速從積極的策略轉換到免疫策略。此外，若市場收益率以幾百個基點的幅度頻繁跳躍，就會阻礙或有免疫策略的有效執行。

本章小結

● 指數化策略是以指數成分債券為投資對象的基金，即通過購買一部分或全部的某指數所包含的債券，來構建指數基金的投資組合。

● 純指數化組合投資是一種相對於某個特定的基準，使債券組合的風險最低（同時預期收益率也最低）的方法。這種方法的實質是保證債券投資組合的收益與指數的差距為兩者之間的成本差額（費用加上交易成本）。純指數化組合投資試圖完全複製指數，即使自己的投資組合中各類債券的權重與債券指數相一致。因此，這種方法也稱為完全複製法。

● 通過複製指數構造資產組合的方法主要有：完全複製法、抽樣複製法、大量持

有法、分層抽樣法、最優化方法、方差最小化方法。
- 免疫策略利用久期和凸性構造債券組合，並調整投資比例，使該組合可以在指定投資期限獲得確定的、不受利率變化影響的收益。
- 免疫策略的基本原理是，用資產組合現金流（息票償付和部分到期還本的債券）的再投資收益去平衡資產組合的期末價值。換言之，免疫策略要求抵消利率風險和再投資風險。
- 構造一個免疫組合需要滿足以下兩個條件：①資產的久期和債務的久期相匹配；②資產的現值必須與負債的現值相匹配。
- 免疫組合的久期會隨著市場收益率的變化而變化。另外，隨著時間的推移，即使利率維持不變，資產組合的久期也會發生變化。為確保資本利得和再投資收益之間抵消效應的實現，免疫策略中的投資組合必須被再平衡，以使組合的久期保持與負債久期的匹配。
- 現金流匹配策略是指通過構造債券組合，使債券組合產生的現金流與負債的現金流在時間上和金額上正好相等，這樣就可以完全滿足未來負債產生的現金流支出的需要，完全規避利率風險。
- 債券替換，大體而言就是將預期收益率更低的債券轉換為預期收益率更高的債券。其主要類型有：替代替換、市場內部價差替換、利率預測替換、純收益率選擇替換、稅收替換。
- 持有期分析是一種基於對未來利率預期的債券組合管理策略，主要的一種形式被稱為利率預期策略。
- 騎乘策略，又稱收益率曲線追蹤策略，由於債券的收益率曲線隨時間變化而變化，債券投資者就能夠以債券收益率曲線形狀變動的預期為依據來建立和調整組合頭寸。
- 採用騎乘收益率曲線的方式必須滿足兩個條件：①收益率曲線向上傾斜，即長期債券的收益率較短期債券高；②投資者確信收益率曲線將繼續保持上升的態勢，而不會發生變化。
- 或有免疫同時確定兩個目標值：一個是免疫目標收益，另一個是客戶要求的最低保底收益。投資者預計的投資收益包括積極投資策略帶來的收益和消極策略帶來的收益兩個部分。如果出現不利情況導致這兩部分的收益下降到保底收益附近，則投資者需要考慮啟動免疫模式；否則，只要不跌破保底收益，投資者可採取積極的投資策略。

練習題

1. 解釋指數化投資的動因以及指數化資產組合構造方法。
2. 表8-7是一個債券組合以及基準指數連續6個時期的收益率。計算此債券組合的跟蹤誤差（TE_2）。

表 8-7

時期	債券組合收益率（%）	基準指數收益率（%）	TE$_1$（%）
1	14.10	13.70	0.400
2	8.20	8.00	0.200
3	7.80	8.00	-0.200
4	3.20	3.50	-0.300
5	2.60	2.40	0.200
6	3.30	3.00	0.300

3. 如果採用指數化策略，以下哪一項不是限制投資經理複製債券基準指數的能力的因素？（   ）

　　A. 某種債券發行渠道的限制
　　B. 無法及時追蹤基準指數數據
　　C. 成分指數中的某些債券缺乏流動性
　　D. 投資經理與指數提供商對債券價格的分歧

4. 一位投資經理說：「對債券組合進行單期免疫，僅需要滿足以下兩個條件：資產的久期和債務的久期相等；資產的現值與負債的現值相等。」他的說法對嗎，為什麼？（   ）

　　A. 對
　　B. 不對，因為還必須考慮信用風險
　　C. 不對，因為還必須考慮收益率曲線的平行移動
　　D. 不對，因為還必須考慮投資期限

5. 表 8-8 有三種債券投資組合，它們分別對一筆 7 年到期的負債免疫。所有債券都是政府發行的無內置期權債券。

表 8-8

組合	組合構成	組合到期收益率（%）
A	7 年期零息債券	4.20
B	6 年到期的債券 8 年到期的債券	4.10
C	5 年到期的債券 9 年到期的債券	4.15

有人認為：「因為三種組合都對負債進行了免疫，所以它們有同樣程度的再投資風險。」他的看法正確嗎？（   ）

　　A. 不對，B 組合比 A 組合的再投資風險小
　　B. 不對，C 組合比 A 組合的再投資風險小
　　C. 不對，B 組合比 C 組合的再投資風險大
　　D. 不對，C 組合比 B 組合的再投資風險大

6. 一家保險公司必須在1年後向客戶支付1,000萬元且在5年後支付4,000萬元。該公司的收益率在2%時是平的。

(1) 如果該公司想向客戶全部資助和免疫債務，一次發行零息債券，它必須購買什麼樣久期的債券？

(2) 那種零息債券的面值和市場價值是什麼樣的？

7. 假設1年期債券的票面利率為6%，1年支付1次；4年期債券的票面利率為8%，1年支付一次。折現率為10%。負債是5年期分期付款，每年支付100元。如何免疫負債？

8. 假定到期收益率如表8-9所示，目前某銀行的資產包括305個單位的3年期零息債券，面值為11,522元。負債包括300個單位的20年期付息債券，該付息債券的面值為1萬元，票面利率為6.162%，銀行交易員希望持有20年的付息債券，但希望調整3年期零息債券的頭寸，如果該交易員考慮購買或發行20年期的零息債券，該20年零息債券的面值為34,940元。問如何調整可以讓銀行實現免疫？

表8-9

期限	折現因子	期限	折現因子
1	0.956,9	11	0.533,9
2	0.912,7	12	0.498,9
3	0.869,7	13	0.465,8
4	0.822,9	14	0.434,5
5	0.778,3	15	0.405,2
6	0.734,4	16	0.377,8
7	0.691,4	17	0.352,3
8	0.649,7	18	0.328,5
9	0.609,4	19	0.306,5
10	0.570,8	20	0.286,2

9. 某銀行交易員在某交易日快結束時持有5年期公司債券面值100萬元，票面利率為6.9%（半年支付），價格為平價。該債券流動性很差，因此出售該債券會遭受很大的損失。而隔夜持有該債券也有很大風險，因為市場利率上升可能性比較大，該銀行交易員賣空流動性很強的國債來對沖風險。具體情況是，市場中有下面的債券：

10年期，利率為8%，價格P=1,109（面值1,000元）

3年期，利率為6.3%，價格P=1,008.1（面值1,000元）

問題：

(1) 為了避險，應該賣空多少10年期國債？如果賣空3年期國債，賣空多少？

(2) 如果所有債券到期收益率一夜之間上升1%，該交易員在完成賣空頭寸操作之後，其交易結果如何？

（3）如果要賣空兩種國債，那麼10年期和3年期國債各賣空多少？

10. 判斷債券組合管理中採用的指數策略屬於哪一種策略（積極、消極或混合型），並說明現實中採用該策略面臨的困難。

11. 一位投資經理當前持有價值100萬元的固定收益組合，希望未來5年的投資期內實現至少3%的收益率。3年後市場利率為8%。解釋或有免疫的含義，並計算此時組合的觸發點是多少？

第九章　固定收益衍生工具

本章學習目標：

通過本章的學習，掌握遠期合約、期貨合約、互換合約和期權合約的基本特徵與它們之間的區別，以及利率遠期、利率期貨、利率互換和利率期權的分類，能夠運用定價模型對各種合約進行定價。

第一節　遠期利率合約

一、遠期交易

遠期是指雙方約定一方在未來約定時間以約定的價格向另一方購買特定資產的行為。合約中約定的價格被稱為執行價格、約定的時間也就是遠期合約的到期日、而特定資產又可稱為標的資產或合約的基礎資產。遠期合約是用戶特制化的，也就是交易的合約雙方可以自由約定合約條款，如資產的交易價格、交易時間、交易地點等。所以遠期是可以「量身定做」的，可以根據客戶的特定需求找到交易對手（Counter Partner）來簽訂特定的協議。遠期交易市場是通過場外市場來進行的，是一個私人的、幾乎未被監管到的市場。任意一個有關兩方未來購買/出售資產的協議均可以稱為遠期合約，因此合約雙方都面臨著對方到期不履行義務的風險。

在遠期合約中，未來買入資產的人稱為遠期合約的多方或多頭（Long），賣出資產的人稱為合約的空方或空頭（Short）。在一個遠期合約到期時，雙方可有兩種方式來進行結算。一是標的資產的實際交割。即多方支付給空方約定的價格，空方將標的資產交付給多方，是標的資產的實際轉移。二是現金結算。即多空雙方只需在遠期到期時支付資產的淨現金差價。實際情況中，更廣泛應用的是現金結算。因為有時資產交付是不切合實際的，如一個基礎資產是債券指數的遠期，到期時，空方需支付給多方一個包含了指數中每個債券的資產組合，且每個債券在組合中的比重也要與在指數中的比重相同，這往往工作量巨大或者幾乎是不可能的。所以，現金結算是更切合實際的做法。現金結算的遠期合約也被稱為不交付遠期合約（Nondeliverable Forwards），簡稱為 NDFs。也就是說，合約到期支付時並不涉及標的資產的真實交割。在合約到期時，如果標的資產的市場價格高於合約約定的執行價格時，由賣方向買方支付價差；反之，如果合約約定的執行價格高於標的資產的市場價格，則由買方向賣方支付價差。在實際交易中，多空雙方往往會在遠期合約訂立之初就協商好結算方式。在合約到期時多

空雙方的收益或損失都是不確定和無上下限的，取決於標的資產的市場價格和執行價格的高低。當標的資產市場價格高於合約約定的執行價格時，多方盈利，盈利額為（標的資產的市場價格－執行價格）；反之，多方虧損，虧損額為（標的資產的市場價格－執行價格）。由於遠期合約是一個零和合約，所以多空雙方的盈虧正好相反，將它們的虧損表示在圖9－1中。

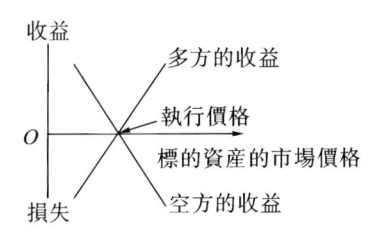

圖9－1 多空雙方的收益率曲線

遠期合約一個很重要的特點是：在訂立合約時，雙方均不需要支付給對方任何費用。這也為我們下面對遠期定價提供了依據。

在金融市場上，遠期合約交易存在於由銀行、投資銀行、政府及大型公司組成的大規模的私人市場中。參與遠期合約的也多為規模較大的公司、金融機構、非營利性的組織和政府等。

在所有遠期交易中，有一類稱為利率遠期合約，如國債或遠期借貸。下面我們就分別介紹利率遠期的兩種基本類型：遠期債券合約和遠期利率協議。

二、遠期債券合約

遠期債券交易中的基礎資產主要是指無違約風險的短期國庫券。在遠期債券合約中，合約一方同意在國庫券到期前的某一時刻以約定價格買入約定的國庫券。短期國庫券一般以面值折價買賣，其價格也以貼現率標價。比如，一個標價以4%的貼現率賣出的180天短期國庫券，它每一美元面值債的價格是0.98美元 [1－4%（180/360）]。這也是遠期合約中的約定價格，在遠期到期時，多方應該以0.98美元的價格買入標的債券。多方買入此債券並持有到期，將會在債券到期時收到1美元。從計算中可以看出，貼現率和價格之間的轉換是很容易的，所以短期國庫券在交易中，經常以貼現率而不是價格來進行標價。

除了有零息短期國庫券上的遠期合約外，在美國也有無違約風險的付息債券遠期，即以中長期國庫券為標的資產的遠期合約。長期國庫券通常半年一付息，由息票率和市場收益率之間的關係，從而決定價格是高於、等於或低於票面值。其報價通常不含應計利息，但是在實際交割時應把累積的應計利息一併支付給債券出售者。

由於遠期債券合約和利率期貨合約在定價機制上相差不大，所以將在介紹完利率期貨合約時，一併說明它們的定價機制。

三、遠期利率協議

遠期利率協議（Forward Rate Agreement，FRA）是指合約雙方約定在未來某一時間進行遠期借貸的交易。合約雙方會有一個協定的借貸利率，到期時雙方交換以一定本金計算的協議固定利率利息和市場的參考利率利息的現金流，即遠期利率協議到期時會採用現金結算，並不實際發生借貸。遠期利率合約的名義本金一般為 1,000 萬美元或其整數倍，參考利率為未來的市場即期利率。買入遠期利率協議的又稱為多頭或多方，一般是出於對利率上升的擔心，支付的是約定的固定利率利息，賣出遠期利率協議的被稱為空頭或空方，由於擔心市場利率會下降，空頭支付的是以參考利率計算的不確定利息。遠期利率協議到期時，合約多頭以約定的固定利率與空頭交換以市場利率如 LIBOR 計算的利息現金流，其中的計息名義本金為協議中約定的金額，如 1,000 萬美元。

在遠期利率協議中，往往會有幾個術語我們需要注意：①協議中約定的金額也就是合同金額，即名義本金；②協議利率是合約中的固定利率；③參考利率是某種市場上的即期利率，如 LIBOR；④交易日是合約雙方達成或簽訂遠期利率協議的日期；⑤結算日是遠期借貸開始計息的日期；⑥確定日是確定參考利率的日期；⑦到期日是遠期借貸結束的日期。一般情況下結算日和確定日是同一天，在確定了參考利率後，名義本金就開始分別以協議利率和參考利率開始計息。遠期利率協議的價格指的就是合約中約定的固定利率，它是每天變化的，具體遠期利率協議行情可通過路透終端機的「遠期利率協議 T」畫面得到。遠期利率協議一般是由銀行給出的收益率來報價的，如銀行報價（3×9LIBOR5.5）指的是在今天簽訂的遠期利率協議於 3 個月後確定參考利率值並開始計息，9 個月後借貸交易到期，參考利率是 6 個月（9-3）的 LIBOR，協議固定利率是 5.5%。

【例】銀行對遠期利率協議的報價是（3×9LIBOR5.5），客戶和銀行按此價格簽訂了合約。90 天後，交易雙方確定即期市場上 180 天的 LIBOR，我們假設為 6%。需要注意的是，180 天的 LIBOR 是在 90 天後確定的，但理論上利息的交換卻是在 270 天（90+180）後進行的。由於 90 天後，即期市場上 180 天的 LIBOR 大於協議中的固定利率，所以應由空方支付給多方相應的利息差額，即 270 天後，空方應支付給多方 25,000 美元 [1,000×(0.06-0.055)×(180/360)] 的現金流。由於遠期利率協議一般在借貸交易開始時就進行結算，所以這筆現金流也可由空方在 90 天時進行支付，數額為 24,272 美元 [25,000/1+0.06×(180÷360)]。

總的來說，在結算日，即 90 天後空方應支付給多方的計算式為：

$$10,000,000 \times \left[\frac{(0.06-0.055) \times (180 \div 360)}{1+0.06 \times (180 \div 360)} \right] = 24,272 \text{（美元）}$$

如果 90 天後，即期市場上 180 天的 LIBOR 小於合約約定的固定利率，則應該由多方支付給空方相應的利息差額。

我們給出遠期利率協議的一般公式：

$$名義本金 \times \left[\frac{(標的利率 - 合約固定利率) \times (計息天數/基礎天數)}{1 + 標的利率 \times (計息天數/基礎天數)} \right]$$

式中，計息天數和基礎天數的使用在不同的國家或地區有著不同的標準，不同的金融工具所採用的計息方式也經常是不同的。計息天數可按計息期間的實際天數或一月固定 30 天來計算；基礎天數可按一年的實際天數（365 天或 366 天）或一年固定 360 天來計算。綜合來說，計息方式大致可以分為三種：①實際計息天數/360 天是指一年以 360 天固定不變，而每個計息期間則以實際天數為準；②實際計息天數/365 天是指一年以實際天數計算，可為 365 天或 366 天，每個計息期間的天數也以實際天數為準；③ 30 天/360 天是指一月以 30 天來計算，而一年也是固定的 360 天。在涉及計息方式的合約中，一般都會註明具體是哪一種計息方式，而沒有指明的，則根據慣例來使用。在美國，長期國債經常採用實際計息天數/365 天的計息方式，而貨幣市場產品如短期國債則以實際計息天數/360 天來計息，歐洲美元存款的 LIBOR 也為實際計息天數/360 天。在本章給出的例子，為了計算的簡便，所涉及的計息方式並沒有做特別明確說明，多為 30 天/360 天。此外，如果付息日或者是結算日當天正好是法定假日，還要對工作日進行調整，應根據具體情況對計息日或計算日向前或向後調整至下一個工作日。

需要注意的是，在計算時應把年利率化作計息期間的利率，而且理論上的利息支付是發生在合約計息期後的，所以從合約結算日的時間點上看，應把最後支付的現金流折現到合約到期點上，而使用的折現率正是結算時的市場參考利率。

遠期利率協議可以用來防範將來利率變動，鎖定未來借貸的籌資成本或是投資收益報酬率。用遠期利率協議防範將來利率變動的風險，實質上是用遠期利率協議市場的盈虧抵補現貨資金市場的風險；同時遠期利率協議並不涉及本金的交換，而只是結算協議利率和參考利率計息的利息差額，並不占用過多資金，所以在遠期利率協議市場中，合約的使用者經常是需規避利率風險又不願改變資產負債結構的銀行或其他國際大型企業。同時銀行也通過報出買入價和賣出價從中獲取差價利潤，此時合約的一方就必定是報價銀行。如某日需要遠期利率協議合約的一方向銀行詢價（也被稱為詢價方），得知銀行遠期利率協議報價為（3×9LIBOR 5.50% ~ 3×9LIBOR 5.56%），意味著結算日和參考利率是 90 天後，合約到期日為 270 天後，參考利率是 180 天的 LIBOR，5.50% ~ 5.56% 是報價銀行給出的遠期利率協議買賣價格，其中，5.50% 是報價銀行的買價，若與詢價方成交，則意味著報價銀行（買方）在結算日支付 5.50% 的利率給詢價方（賣方），並從詢價方處收取參照利率；5.56% 是報價銀行的賣價，若與詢價方成交，則意味著報價銀行（賣方）在結算日從詢價方（買方）處收取 5.56% 的利率，並支付參照利率給詢價方。

第二節　利率期貨

　　利率期貨合約最早出現於20世紀70年代中期的美國，主要是由於美國國內推行的金融自由化政策使得利率波動頻繁且劇烈，各類金融產品的投資者尤其是各類金融機構迫切需要一種有效可行的金融工具來管理利率風險。於是，1975年10月芝加哥期貨交易所首先推出了政府國民抵押協會抵押憑證期貨合約，這也標誌著利率期貨的誕生。1976年年初，芝加哥商品交易所的國際貨幣市場又推出了以3個月的美國短期國庫券為標的資產的期貨合約交易，該合約在未來的幾年內便一直是交易很頻繁的一個品種。1977年8月，美國長期國庫券期貨合約在芝加哥期貨交易所內上市也非常成功。1981年12月，國際貨幣市場推出了3個月期的歐洲美元定期存款期貨合約。這一品種發展很快，其交易量現已超過短期國庫券期貨合約，成為短期利率期貨中交易最活躍的一個品種。雖然利率期貨比外匯期貨晚出現了幾年，但其發展速度卻比外匯期貨快得多，使用範圍也很廣泛。在美國，利率期貨的成交量甚至已經占到期貨交易量的一半。

一、期貨的交易機制

　　期貨是指合約雙方約定在未來特定時間由一方向另一方以約定價格購買標的資產的合約。約定買入標的資產的一方被稱為期貨多頭或多方，約定賣出標的資產的一方被稱為期貨的空頭或空方。期貨作為金融衍生品工具，是在期貨交易所內交易的，有著它獨特的交易規則：

（一）標準化合約

　　期貨是在指定交易所交易的標準化合約，合約的標準化是指期貨合約是由交易所制定的，有著特定的、標準化的商品品種、交割月份、交割地點、交割數量等條件。合約中唯一的變量僅有價格。投資者可以同時買入或賣出多份期貨合約來進行交易。

（二）保證金制度

　　由於交易所在期貨交易中承擔了履約責任，所以在期貨交易市場上，多空雙方均被要求繳納保證金以作為確保履約的保證。保證金分為初始保證金、維持保證金和追加保證金。初始保證金是投資者在進入期貨交易時即被要求在其帳戶上存約為合約面值5%～10%的保證金；維持保證金是交易者帳戶上保證金的最低限度；一旦投資者的帳面保證金低於維持保證金，投資者將被要求在下一個交易日開始前補足保證金至少至初始保證金，這個補足的保證金也就是追加保證金。如果投資者在下一交易日開市之前沒有將保證金補足，按照規定，可以對該帳戶的持倉實施部分強制平倉或全部強制平倉，直至留存的保證金符合規定的要求，從而保證交易所對另一方的履約。保證金多為現金，但投資者有時也可存入有價證券，如短期國債可以按其面值的90%來代替現金，股票則更少，為50%。

(三) 盯市制或逐日結算制

期貨交易中，交易所指定的清算所要根據當日的期貨結算價格和前一日的期貨價格的變化對期貨合約雙方的頭寸進行清算，保證金帳戶都要發生相應變化，將盈虧反應到保證金水平上，及時反應投資者的風險暴露，這被稱為盯市制。由於每天都要根據當日的期貨結算價格和前一日的期貨價格的變化對期貨合約雙方的頭寸進行清算，以反應投資者盈虧，而不是在期貨到期時才進行結算，這被稱為逐日結算制。所以，如果投資者當日保證金帳戶餘額增加，說明投資者在當天的交易中盈利；如果保證金餘額減少，說明投資者在當天交易中發生了虧損。保證金帳戶如果餘額較大，超過了某個水平，可由投資者適當支取，如果虧損並低至維持保證金，應予以補足。

為了說明保證金制度和逐日結算制度，我們給出下面的例子：

考慮這樣一個期貨合約，T=0 日的結算價為 90 美元，初始保證金為 5 美元，維持保證金為 3 美元。此時投資者買入 10 份期貨合約，成為期貨合約的多頭，並假定在保證金帳戶出現盈餘是並不支取的，但是在保證金餘額低於維持保證金時，會及時繳納追加保證金。我們看一下在 6 天內投資者保證金帳戶的變動情況，見表 9-1。

表 9-1　　　　　　　　　　　投資者保證金帳戶的變動情況

天數 T	日初帳戶餘額	追加保證金	結算價格	期貨價格變化	盈虧變化	日末帳戶餘額
0	0	50	90			50
1	50	0	91	1	10	60
2	60	0	92	1	10	70
3	70	0	90	-2	-20	50
4	50	0	87.5	-2.5	-25	25
5	25	25	86.5	-1	-10	40
6	40	0	88	1.5	15	55

在 T=0 時刻，投資者以當日期貨的結算價 90 美元買入 10 份期貨合約，那麼應在開倉之初就在保證金帳戶上存入 50 美元的初始保證金，所以該投資者帳戶當日末的帳戶餘額為 50 美元。在 T=1 日時刻，期貨的結算價格為 91 美元，一份期貨合約上漲了 1 美元，投資者的保證金帳戶就根據當日期貨的結算價格與前日的結算價格的變化而變化，增加了 10 美元，T=1 日的保證金帳戶餘額為 60 美元。在 T=2 日時刻，期貨合約的結算價為 92 美元，仍較前一日的結算價格每份期貨合約上漲了 1 美元，投資者的保證金帳戶又增加了 10 美元，餘額為 70 美元。在 T=3 日時刻，由於期貨結算價較上日下跌了 2 美元，保證金帳戶相應地減少了 20~50 美元。在 T=4 日時刻，期貨的結算價格為 87.5 美元，下跌了 2.5 美元，當日投資者保證金帳戶餘額在減少 25 美元後，僅為 25 美元，低於維持保證金所要求的 30 美元（每份期貨合約的維持保證金為 3 美元。投資者持有 10 份期貨合約，所以為 30 美元），所以投資者將被要求在下一個交易日開始前繳納追加保證金，使保證金帳戶餘額至少達到初始保證金水平。所以，投資者在 T=

5日開始時即補入25美元的追加保證金，是保證金餘額至初始保證金水平50美元，但是當天期貨價格進一步下跌了1美元，所以當日末投資者的保證金帳戶餘額為40美元。在T=6日時刻，由於期貨結算的價格每份上漲了1.5美元，所以保證金帳戶當日增加了15美元，達到55美元。如果投資者在T=5日開市之前沒有將保證金補足，按照規定，交易所可以對該帳戶的持倉全部強制平倉，或是部分強制清倉，直至留存的保證金符合規定的要求。

二、遠期交易與期貨交易的區別

遠期交易與期貨交易從定義上看幾乎相同，都是雙方約定一方在未來約定時間以約定價格向另一方購買特定資產的行為。但是兩者又有著明顯的區別：

（1）遠期交易是交易雙方間的私下合約，存在於場外交易中，合約條款也是交易雙方自行約定的，是非標準化的；期貨合約不是一個私人的、用戶定制化的合約，相反，它是公開交易的、標準化的合約。期貨交易所給期貨交易者提供了一個便利的場所，建立了買賣合約的參與者都認同的交易機制。標準化合約意味著由交易所來確定到期時間、基礎資產及一份合約包含多少單位的基礎資產等其他條款和條件。遠期合約只有在合約到期時才進行結算，而期貨合約則是逐日結算制，每天都要根據當日的期貨價格和前一日的期貨價格的變化對期貨合約雙方的頭寸盈虧進行清算。

（2）期貨合約和遠期合約另一個很重要的區別在於合約雙方面臨的違約風險不同。在遠期合約中，合約雙方都很關心對方的違約風險，尤其是虧損一方違約的風險更大。雖然違約後果較嚴重，但是也有陷入財務困境而不得不違約的情況發生。因此，只有那些信譽好、評級高的公司相互建立遠期合約。在期貨合約中，交易所向雙方保證：其中任意一方違約，交易所將會履約，承擔起違約責任。現實中，交易所是各種合約交易的仲介，合約一方其實是與交易所簽約，而不是直接與需要合約相反頭寸的另一方簽約，所有的支付結算都是通過交易所來實現的。上述的保證金制度又是交易所防範交易雙方違約風險的有效手段。

（3）合約的結束在遠期交易和期貨交易中也不同。遠期合約更多的是持有到期，到期時進行實物或是現金結算。有時候投資者會在合約到期前，找到另外一個遠期對手，簽訂一個相反方向的合約來抵消頭寸也是可行的。但此時存在著兩份遠期合約，仍然面臨著違約風險。在期貨市場中，合約有著標準化條款，市場也有著充足的流動性，合約的一方可以隨時再次進入市場，建立與之前期貨合約規模、到期期限等相同，而僅有方向相反的合約頭寸，交易所會認為其頭寸已經完全抵消掉了，即投資者的淨頭寸為0，這種退出交易的方式稱為平倉。

三、期貨市場的主要參與者

期貨合約的交易是非常活躍的，期貨市場的主要參與者有以下幾個：

（1）期貨交易所。它是以會員制為組織形式的期貨交易場所，它自行制定標準化的期貨合約，並設定相關制度，為會員提供交易場所和服務的營利性機構或非營利性機構。表9-2給出了國際市場上一些主要的期貨交易所。

表 9－2　　　　　　　　國際市場上一些主要的期貨交易所

交易所名稱	英文名稱	簡稱
芝加哥交易所	Chicago Board of Trade	CBOT
芝加哥商品交易所	Chicago Mercantile Exchange	CME
巴西商品及期貨交易所	Bolsa de Mercadorias & Futuros	BM&F
歐洲期貨交易所	Eurex	EUREX
韓國股票交易所	Korea Stock Exchange	KSE
紐約交易所	New York Board of Trade	NYBOT
紐約商品交易所	New York Mercantile Exchange	NYMEX
倫敦國際金融期貨交易所	London International Financial Futures Exchange	LIFFE
倫敦金屬交易所	London Metal Exchange	LME
蒙特利爾交易所	Montreal Exchange	ME
北美股票交易所	American Stock Exchange	AMEX
新加坡交易所	Singapore Exchange	SGX
悉尼期貨交易所	Sydney Futures Exchange	SFE
東京穀物交易所	Tokyo Grain Exchange	TGX

（2）期貨交易所會員。它指的是可以在交易所內直接進行期貨交易的機構或單位，它們在期貨交易所內擁有席位。期貨交易所會員可以分為兩類：一種是自營類，是用自有資金，代表自己進行交易；另一種是擁有交易資格的專門從事期貨經紀業務的公司，它們是專門接受客戶委託進行期貨交易的會員。

（3）期貨投資者。他們是期貨合約的終端交易者，是為了規避風險而參與期貨交易的套期保值者，或者是期貨交易投機者，以獲得投機收益。他們通過經紀公司進行期貨交易，是期貨合約的最終持有者。

（4）監管部門。同時還有著自律性的行業協會，他們對會員進行自律性管理，維護市場的公平、公開和公正。

四、利率期貨的分類

利率期貨是以與利率有關產品為基礎資產的期貨合約。根據基礎資產的不同，利率期貨又可以進一步分類。

（一）短期國庫券期貨

最早出現在 1976 年的短期國庫券期貨的標的資產就是 90 天的美國短期國庫券。短期國庫券是一種折現債券，它的價格等於面值減去貼現利息。這種期貨合約的規模一般為 100 萬美元，以國際貨幣市場（International Monetary Market，IMM）指數進行標價，其中 IMM 指數 = 100 - 年收益率。期貨市場上每天都會有 IMM 指數的報價。值得注意的是，這個指數並不等於期貨的真正價格，期貨的實際價格等於 $100 \times (1 - r \times 90/360)$，其中 r 是債券的年收益率。比如，某 90 天國債期貨報價為 92，這意味著 90 天短期國庫券的年收益率為 8%，該期貨合約的實際價值為 98 美元 $[100 \times (1 - 8\% \times 90/360)]$。同

時我們可以算出，一個基點的利率變動會造成期貨25美元（1,000,000×0.000,1×90÷360）的價格變動。

但是在今天，由於短期國庫券利率受政府和調控政策的影響較大，在整個短期利率工具中，所占總量的比例較小，所以短期國庫券期貨在期貨市場上交易並不是很活躍，且許多持有者只是將短期國庫券視為現金的安全替代品，對通過期貨交易進行套期保值的需求並不大。而LIBOR被市場投資者認為是更能反應銀行間資金借貸真實成本的短期市場利率，歐洲美元期貨也受到了越來越多的重視。

(二) 歐洲美元期貨

歐洲美元是指存放在美國以外銀行的美元。自芝加哥商品交易所在1981年12月開發並推出歐洲美元期貨，經過近30年的發展，歐洲美元期貨已經成為全球金融期貨市場中最具有流動性、最受歡迎的合約之一。目前交易最活躍的歐洲美元期貨是在芝加哥商品交易所的國際貨幣市場交易的、主要以倫敦銀行3個月期限面值為100萬美元的定期存款為標的資產的期貨合約，一般交割月份有3月、6月、9月、12月，天數計量一般為實際天數/360天。它也是使用IMM指數進行報價，LIBOR每變動一個基點，保證金帳戶就要變動25美元。與短期國庫券期貨合約一樣，IMM指數報價是每天變動的，根據盯市制和每日結算制，LIBOR的每一個基點的變動都會反應到投資者當日的保證金帳戶的盈虧上。由於IMM指數和利率的反向變動關係，所以當利率下降時，IMM指數是上升的，從而多頭將獲利；反之，利率上升，IMM指數下降，則空頭將獲利。如歐洲美元期貨報價由98.25變動至98.50，上升了25個基點，則多頭將在保證金帳戶上增加625美元（25×25），而空方保證金帳戶減少625美元。可以看出短期國庫券期貨和歐洲美元期貨在交易方式上是相差不大的，僅是基礎利率有所差異。前者是美國短期國庫券的收益率，後者是100萬歐洲美元存單的利率，兩者都屬於短期利率期貨品種。

(三) 中長期國債期貨

在美國市場上，中長期國債期貨的標的債券主要是美國財政部發行的償還期限為2~10年的中期國債和償還期限超過10年的長期國債。除了在債券到期時間上有所差別外，中期國債期貨和長期國債期貨在芝加哥交易所交易時並沒有太大不同，所以我們以長期國債期貨說明它們的交易特性。

美國國債期貨的合約面值為10萬美元，一般以點數進行標價，它的報價與長期國債現貨交易的報價方式相同，如110-04，意味著價格為面值的$110\frac{4}{32}\%$，最小波動幅度是1/32%，標的債券是假想的息票率為6%的長期國債，多為實物交割，且可以在交割月內的任意時間進行交割。這個債券是虛構的，在期貨合約到期時，是不能夠作為真實交割的債券。所以，空方在交割時可以使用任何一種芝加哥商品交易所認可的可接受債券來進行交割。在長期債券期貨的交割中，任何一個剩餘期限超過15年的付息國債都是可接受、可進行交割的債券。如果是可回購債券，那麼它至少在15年內是不可回購的。這就意味著最終可交割的債券不止一個，從而避免了多方操縱單一債券的

市場價格來進行盈利，也有利於整個債券市場的平穩發展。如果最終交割的債券的息票率高（低）於6%，那麼空方在向多方交割完債券後，應得到一個向上（下）調整的價格。這個價格的調整由轉換系數來完成。轉換系數是1美元面值的實際交割債券在交割月份之初以6%的收益率計算得到的淨價。

假定最終交割債券時的票面利率為8%，剩餘到期期限為15年，那麼1美元面值的此債券價格為1.196美元，這個值就是此債券的轉換系數。實際上，轉換系數是由交易所在期貨交割月之初就已經確定下來的。

在計算轉換系數時，由於債券的剩餘期限不會都恰好是年或半年的整數倍，經常會出現不能以整月計量的情況，因此還應將債券的到期時間進行近似處理：算出當前到債券的最終償付時間，把其近似到最近的季度，如果正好為6個月的整數倍，那麼假定下次付息時間為6個月後，如果不為6月的整數倍，那麼假設下次付息時間是在3個月後，此時計算轉換系數時，應將應計利息從當前價格中減去。

【例】如果可交割債券的票面利率為8%，剩餘期限為15年3個月，則它的轉換系數應為多少？

該債券的下次付息日為3個月後，在下次付息時，債券價格為 $4 + \sum_{t=1}^{30} \frac{4}{(1+3\%)^t} + \frac{100}{(1+3\%)^{30}} = 115.6$（美元），再把該債券折現到當前時刻，則債券現價為 $\frac{115.6}{\sqrt{1+3\%}} = 113.9$（美元）。

由於這個價格包含了自上次付息到現在的應計利息2美元，所以在計算轉換系數時，應把這個應計利息減去。則一美元面值的該債券的淨價為1.12美元〔(113.9 - 2)/100〕。也就是說該債券的轉換系數為1.12。

要注意的是，期貨交易所給出的期貨報價是淨價（Clean Price），而實際交付的價格（Dirty Price）應該包含應計利息。因此，

國債期貨的交割價格 = 期貨價格 × 轉換系數 + 應計利息

轉換系數給出了不同息票率、到期時間的國債之間的價格關係，使得空方在選擇交割債券時可選擇多種可接受債券中的一種而不存在差異，即空頭方在公開市場上買入一定數量的可交割國債後，在期貨市場上交割給多方。但是，債券之間的價格關係是複雜的，不能僅僅由轉換系數完全概括。且交易所規定的某一具體交割月份的可交割債券只有一個轉換系數，但該交割債券在交割月內的實際價格是變化著的，且空方選擇的交割日期也是不確定的，所以空方也總能找到比其他債券更便宜的國債來進行交割，稱為最便宜交割債券（The Cheapest to Deliever）。它是使空方利潤最大或損失最小的國債。其中，空方的交割成本 =（買入國債的現貨價格 + 應計利息）- 國債的交割價格 = 現貨價格 - 期貨價格 × 轉換系數，那麼最便宜交割債券也就是使空方的交割成本最小的可交割國債。

其實，在中長期利率期貨交易中，空方持有的不僅僅是選擇具體交割債券的品種選擇權（Quality Delivery Option），還有選擇具體交付日和交割時間的選擇權。

交付日選擇權（Delivery Option）是指空方可以在合約到期的交割月內選擇對自己

有利的日期進行交割。如果是9月份到期的期貨合約，空方可以選擇9月份的任何一個營業日向多方交割債券。

野卡選擇權（Wildcard Option）是指在空方確定了具體的交割日期後，還可以選擇該天內對自己有利的時段來進行債券的交割。芝加哥商品交易所的長期國債交易於當地時間下午2點結束，但是長期國債的即期交易要進行到下午4點才結束。另外擁有期貨空頭頭寸的交易員在晚上8點以前都可以在結算中心下達交割意向的通知。在下達交割通知後，交割價格（Invoice Price）是以當天的成交價格為基礎來結算，該成交價格為下午2點封倉鈴響之前剛剛進行的交易價格。[①]

需要注意的是，空方所擁有的以上三個選擇權，並不是免費的，這些權利的價值都會反應到期貨價格中，使得實際的期貨價格比理論價格偏低。

五、利率期貨的無套利定價

無套利是指具有相同風險和收益的兩種金融工具應該有相同的確定價格，否則就會出現套利機會，市場參與者的套利活動使價差逐漸消失，最終使價格回到均衡價格，兩者價格一致。

無套利定價模型是在一系列的假設條件下建立的，主要假設有：
（1）市場是充分的、有效的；
（2）交易是沒有費用和稅費的，或者雙方稅率相同；
（3）投資者可以以無風險利率自由在資金市場上借貸；
（4）允許賣空交易；
（5）交易不存在違約風險等。

雖然遠期合約和期貨合約在交易場所、條款設置等方面存在差異，但是兩者在定價機制上是一致的，所以我們在這裡一起考慮對遠期合約和期貨合約的定價。對遠期合約和期貨合約進行定價，很重要的一點是遠期和期貨合約在訂立之初，雙方均不需要支付給對方任何費用，定價機制我們採用的是無套利定價。

（一）假設標的資產在合約期間不提供中間收入

已知債券現在價格為1,073.6美元，則國債期貨價格應為多少呢？

對債券期貨合約多頭來說，T=0時刻買入期貨合約，同時賣空債券，得1,073.6美元，投資到資金借貸市場上，賺取市場無風險收益。半年後收回本息，共計1,105.81美元 [1,073.6×(1+6%÷2)]，按期貨合約的價格買入債券，歸還之前賣空的債券，則1,105.81美元就應是期貨價格。如果遠期/期貨價格高於或低於1,105.81美元，市場上均會出現套利行為。對債券合約的空頭來說，T=0時刻賣出遠期/期貨合約，同時借入資金1,073.6美元，買入債券。半年後向多方交付債券，收到合約中的期貨價格，並歸還本金和市場無風險利息，共計1,105.81美元。那麼

---

① 約翰·赫爾. 期權、期貨及其他衍生產品 [M]. 7版. 王勇, 索吾林, 譯. 北京：機械工業出版社, 2009：91.

1,105.81 美元也應是合約價格，否則也將出現套利行為。比如，期貨的交易價格為 1,110 美元，高於無套利價格，那麼投資者會賣出遠期合約，以市場無風險利率借入 1,073.6 美元，買入債券並持有，半年後把債券交割給多方得到 1,110 美元，歸還借款本息共計 1,105.81 美元〔1,073.6×（1+6%÷2）〕，淨盈利 4.19 美元。這就是套利收益。投資者不需投入自有資金即可獲得無風險收益 4.19 美元。如果市場中的投資者意識到這樣的套利機會，紛紛都會賣出遠期進行套利，直至期貨價格回到 1,105.81 美元，套利機會才消失。同理，若交易價格低於 1,105.81 美元，市場上出現的套利行為也會使期貨價格回到無套利價格 1,105.81 美元。

我們給出期貨合約定價的一般公式為（合約期限以年為單位）：

遠期/期貨價格＝標的資產現價×（1＋無風險利率×合約期限）

如果無風險利率是以連續計息的方式，公式則變為：

遠期/期貨價格＝標的資產現價 $e^{無風險利率 \times 合約期限}$

(二) 如果標的資產在合約期間提供中間收入

如果債券在合約期間支付券息，由於券息屬於債券持有人所有，而不是合約多頭所有，所以在計算遠期/期貨價格時，應把券息從價格中減去。簡單地說，我們應先計算出資產在合約期限內提供的總的中間收入的現值，將其從標的資產現價中減去，然後再計算它的遠期價格。其計算公式為：

遠期/期貨價格＝（標的資產現價－中間收入現值）$e^{無風險利率 \times 合約期限}$

如果知道標的資產的收益率，其計算公式為：

遠期/期貨價格＝標的資產現價 $e^{(無風險利率 - 標的資產收益率) \times 合約期限}$

從上面的公式中可以看出，無風險利率和標的資產收益率的大小決定了標的資產現價和遠期/期貨價格的關係。當無風險利率大於標的資產收益率時，遠期/期貨價格大於資產現價；反之，當無風險利率小於標的資產收益率時，遠期/期貨價格小於標的資產現價；當無風險利率等於標的資產的收益率時，遠期/期貨價格也應該等於資產現價。

在現實中，遠期/期貨價格經常不是一個確定的數值，而是在一個區間的範圍內。其原因是我們介紹無風險套利模型是假定投資者可以以無風險利率自由借貸的，而這是與現實情況不符的。實際上，投資者借入和貸出資金的成本或收益是不相等的，往往是借入資金的借款利率高於將資金貸出的貸款利率。這並不與我們的定價過程相違背，仍然可以在定價過程中得以說明。那麼標的資產在合約期間不提供中間收入的情況下，對合約多頭來說，遠期/期貨合約價格應為：

遠期/期貨價格＝標的資產現價×（1＋貸款利率×合約期限）

對合約空頭來說，遠期/期貨合約價格應為：

遠期/期貨價格＝標的資產現價×（1＋借款利率×合約期限）

則實際的價格應在下面的區間內：

標的資產現價×（1＋貸款利率×合約期限）≤遠期/期貨價格≤標的資產現價×（1＋借款利率×合約期限）

在利率以連續計息的方式計算和在標的資產在合約期間提供中間收入的情況，需分別將公式中原有的無風險利率代換為借款利率和貸款利率，均可得到一對不同的數值，而實際的遠期/期貨價格在兩個數值組成的區間內。

(三) 影響遠期/期貨合約定價的主要因素

一般來說，影響遠期/期貨合約價格的因素主要有以下幾個：

(1) 標的資產現價。遠期/期貨合約價格應該是收斂於現貨市場價格的，否則就會出現套利機會。標的資產的現價在一定基礎上也決定了遠期/期貨價格的高低。因為遠期/期貨是關於標的基礎資產的合約，是在一定時間後買賣該基礎資產的合約，所以在其他條件相同的情況下，標的資產現價越高，遠期/期貨價格就越高；標的資產現價越低，遠期/期貨價格也就越低。

(2) 無風險利率。在推導遠期/期貨定價公式時，我們是將賣空債券的資金投入到資金借貸市場上，以賺取無風險收益，然後再買入債券歸還。所以，在其他條件相同的情況下，無風險利率越高，遠期/期貨價格就越高；無風險利率越低，遠期/期貨價格也就越低。即使投資者借入資金和貸出資金的利率是不一樣的，借入資金的利率要高於貸出資金的利率，遠期/期貨價格是位於標的資產現價×(1＋貸款利率×合約期限)≤遠期/期貨價格≤標的資產現價×(1＋借款利率×合約期限)的區間內。那麼借款利率越高，遠期/期貨價格的上限越大，貸款利率越高，遠期/期貨價格的下限也增大，那麼遠期/期貨價格也會出現一定程度的上漲。所以，利率和遠期/期貨價格存在同向關係。

(3) 標的資產的收益（率）。由於遠期/期貨是關於標的資產未來買賣的合約，所以在合約期間標的資產分配的收益是屬於資產現在持有人所有，而不是未來要買入資產的合約多頭所有。那麼標的資產在合約期間產生或分配的收益會降低遠期/期貨價格。標的資產的收益（率）越高，遠期/期貨價格越低；標的資產的收益（率）越低，遠期/期貨價格越高，兩者存在反向關係。

(4) 合約期限。合約期限對遠期/期貨價格的影響較為複雜，需要看無風險利率和標的資產收益率大小。對於標的資產在合約期間不發生券息的分配或收益率小於利率，那麼期限越長，遠期/期貨價格就越高；如果合約期間券息分配較多或標的資產收益率大於無風險利率，那麼期限越長，遠期/期貨價格就越低。

第三節　利率互換

一、利率互換簡介

互換（Swap）市場起源於20世紀70年代末，是為了逃避外匯管制而出現的金融創新。最早出現的互換交易是貨幣互換，1981年IBM與世界銀行之間簽署的利率互換協議是第一個利率互換協議。以後利率互換市場發展迅速，現在可以說是衍生市場上

規模最大的產品。但是互換市場的規模指的是利率互換中名義本金的大小，實際上，利率互換一般不涉及本金的交換而僅僅是利息現金流的交換。

互換可以看成是一系列的遠期合約，是雙方約定交換一系列現金流的協議。互換同遠期合約一樣都是場外交易，是根據客戶的特定需求定制化的，且不受監管當局的直接監管，所以互換雙方都面臨著違約風險。利率互換經常用於將浮動利率與固定利率負債/資產之間的互換，如一家公司現在以浮動利率借款，擔心利率會上升，於是進入互換合約，約定支付對方一系列的固定利息、收到一系列與借款利息相當的浮動利息，從而它支付給貸款人的浮動利息與互換對手方支付的浮動利息抵消掉，有效地將浮動利率借款轉變為固定利率借款，從而規避了浮動利率上升的風險。

在利率互換中，合約雙方約定在一定期限內交換一系列以同種貨幣、相同面值、不同計息方式產生的現金流，不同的計息方式是指一方以固定利率計息、一方以浮動利率計息或者是兩方均以浮動利率計息，但利率水平不一。利率互換的期限可為1年、2年、3年、4年、5年、7年、10年甚至更長的30年、50年。最一般的利率互換，是一家公司向另一家公司支付固定利率，反過來另一家公司向它支付浮動利率。其中，支付固定利率的一方被稱為互換的多頭或多方，支付浮動利率的一方被稱為互換的空頭或空方。利息計算是基於同種貨幣的相同名義本金計算的，但並不涉及本金的交換。在實際交付中，真正的交換額僅是雙方支付利息的淨差額。

很多利率互換中的浮動利率都採用的是倫敦銀行同業拆借利率LIBOR，由於利息支付一半為半年支付一次，所以經常使用的是6個月的LIBOR；而相應的固定利率也就是互換利率，是在合約設定之處就確定了的。由於在簽訂互換合約時，合約任何一方均不需向另一方支付任何費用，所以給互換合約定價就是確定相應的固定利率，使得互換合約在訂立之時，價值為0。

二、利率互換產生的原因

(一) 金融市場比較優勢的存在

比較優勢是指兩家企業甲和乙均能生產兩種商品，甲在兩種商品上都具有絕對優勢，乙在兩種商品的生產上均處於絕對劣勢。如果甲僅生產絕對優勢較大（具有比較優勢）的那種商品，乙生產絕對劣勢較小（具有比較優勢）的那種商品，那麼通過這樣的專業化分工和雙方貿易，雙方均能從中獲益。這是國際貿易的一般理論解釋。利率互換就是比較優勢理論在金融市場的很好應用。比如，AAA公司和BBB公司，均要借入期限為3年的1,000萬美元。AAA公司欲借入浮動利率，BBB公司欲借入固定利率。這兩家公司在固定利率市場和浮動利率市場上借款的利率如表9-3所示。

表9-3　　　　　　　兩家公司在不同市場上的借款利率　　　　　　　單位:%

	固定利率市場借款	浮動利率市場借款
AAA公司	5	LIBOR+0.2
BBB公司	6	LIBOR+0.8

AAA 公司的信用等級較高，在兩個市場上都能獲得比 BBB 公司更優惠的借款利率，也就是說在兩個市場上它都具有絕對優勢。但它在固定利率市場上借款比 BBB 公司少付 1%，在浮動利率市場上借款比 BBB 公司少付 0.6%。由比較優勢理論我們知道，AAA 公司在固定利率市場上借款有比較優勢，而 BBB 公司在浮動利率市場上借款有比較優勢。因此，AAA 公司和 BBB 公司可以安排如圖 9－2 所示的互換合約。

```
              LIBOR
     5%  ┌───────┐  ┌───────┐
    ←────│ AAA公司│──│ BBB公司│──── LIBOR+0.8%
         └───────┘ 5%└───────┘
```

圖 9－2　兩家公司簽訂互換合約後的現金流

互換後的結果是：

AAA 公司的現金流為：

（1）在固定利率市場借款，支付 5% 的固定利率；

（2）與 BBB 公司簽訂互換合約，支付給 BBB 公司 LIBOR，收到 5% 的固定利率。

AAA 公司共計支付浮動利率 LIBOR。

BBB 公司的現金流為：

（1）在浮動利率市場上借款，支付 LIBOR＋0.8% 的浮動利率

（2）與 AAA 公司簽訂互換合約，支付給 AAA 公司 5% 的固定利率，收到 LIBOR 的浮動利率。

BBB 公司共計支付 5.8%（5%＋0.8%）的固定利率。

也就是說，AAA 公司在固定利率市場上以 5% 的利率借款，BBB 公司以 LIBOR＋0.8% 的利率在浮動利率市場上借款。同時，AAA 公司與 BBB 公司簽訂互換合約，合約中 AAA 公司支付給 BBB 公司 LIBOR；反過來，BBB 公司支付給 AAA 公司 5% 的年利。最終的結果是 AAA 公司獲得了它想要的浮動利率借款，利率為 LIBOR；BBB 公司獲得了它的固定利率借款，利率為 5.8%，分別比它們直接在相應市場上借款少支付 0.2%，每年節省至少 2 萬美元。現實中，互換合約中支付的固定利率與支付的浮動利率是可以由雙方協商確定的。可以看出，利率互換使得雙方均節省了借款成本。

（二）利率風險管理的需要

互換的產生也是企業或機構進行利率風險管理的需要，因為互換可以轉變公司資產或負債的表現形態。上例就是把公司的負債屬性進行了轉變，AAA 公司把它原本 5% 的固定利率負債通過互換變成了 LIBOR 的浮動利率負債，BBB 公司把它原本 LIBOR＋0.8% 的浮動利率負債轉化成了 5.2% 的固定利率負債。現在我們換一種思路來看：

AAA 公司持有三年期債券，收益為年固定利率 5%，BBB 公司持有 3 年期債券，年利率為浮動利率 LIBOR＋0.8%。但 AAA 公司擔心未來利率為上升，或者公司更擅長於管理浮動利率債券，或者與公司現有資產負債結構不匹配的擔心，出於對利率風險的管理需要，需把公司 3 年期的固定利率收益債券轉變為浮動利率收益債券。與 BBB 公司簽訂互換合約，支付給 BBB 公司 5% 的年利，相應收到 BBB 公司 LIBOR 的浮

動利息。這樣一來，AAA 公司成功地把固定利率債券轉換為浮動利率債券，有效地規避了利率上升給公司帶來的風險。同樣，BBB 公司也成功地把浮動利率資產轉變為固定利率資產。見圖 9－3。

```
        5%   ┌──────┐ LIBOR ┌──────┐ LIBOR+0.8%
    ←──────→ │AAA公司│←─5%──→│BBB公司│←──────→
             └──────┘       └──────┘
```

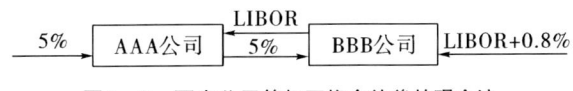

圖 9－3　兩家公司簽訂互換合約後的現金流

可以看到通過利率互換，互換雙方可以獲得理想的籌資方式和較低的籌資成本，或是有效地轉變資產或負債的性質，但並不改變資產負債表中資產負債的表現形態，很好地進行了利率風險管理。

三、互換交易的終止

互換合約自身有一個終止日期，那就是最後一筆支付發生的時間。但是如果一方想提前終止合約，那麼提前終止有以下幾個方式：

（1）與原互換方簽訂反向互換合約，又稱為鏡子互換。雖然互換合約在簽訂時價值為 0，但是隨著市場利率的變化，互換合約的價值也發生了變化，擁有市場價值為 X 的互換合約方只需讓合約對方支付 X，便可提前終止合約。這樣的方式既實現了已有收益，又完全對沖掉了原有的互換風險，且省下了尋找新的交易對手的成本，但具體的細節還需互換雙方協商。

（2）簽訂一個新的對沖互換合約。合約方在互換市場上尋找一個新的對手，簽訂與原互換合約完全獨立、但方向相反的互換合約。比如，互換合約的一方是支付 LIBOR，收到固定利率的，現簽訂一個新的互換，是支付固定利率，收到 LIBOR。新合約和舊合約的固定利率可能會因市場情況發生變化而不同，但它可以完全對沖掉浮動利率支付的風險。它與鏡子互換的不同在於鏡子互換完全對沖掉了原有的互換風險，但簽訂一個新的對沖互換使得合約方的違約風險沒有抵消，而是增加了一倍，因為此時市場上有著兩個互換合約；而且如果舊的互換合約設計得較複雜且為「量身定做」，那麼要在市場上找到新的合約對手就較為困難。

四、利率互換的其他幾種形式

（1）交叉貨幣利率互換（Cross－currency Interest Rate Swaps）。它是貨幣互換和利率互換的結合，是以一種貨幣的固定利率與另一種貨幣的浮動利率進行現金流的互換。

（2）遠期互換（Forward Swaps）。它是指在互換合約簽訂之時，雙方並不立即開始利率的互換，而是約定在一段時間之後才進入利率互換合約，開始進行利息現金流的交換。

（3）名義本金可變型互換。在一般的利率互換中，名義本金一經設定就是不會發生改變的，而在名義本金可變型互換中，名義本金是可變的。具體地又可以分為增長型互換（Accreting Swaps）、減少型互換（Amortizing Swaps）和滑道型互換（Roller－coaster Swaps）。其中，增長型互換的名義本金在互換開始時數額較小，之後

隨著時間的推移逐漸增長變大；減少型互換的名義本金在互換開始時數額較大，之後隨著時間的推移逐漸減少；滑道型互換的名義本金在互換期內有時大有時小。當然了，名義本金的變化是在互換合約訂立時就已經確定了的。

(4) 基點互換（Basis Swaps）。在一般的利率互換中，一方支付的是固定利率，另一方支付的是浮動利率，但是在基點互換中，雙方支付的都是浮動利率，只是浮動利率的參照不同，如 3 個月的 LIBOR 和 6 個月的 LIBOR 之間的互換等。

還有其他類型的利率互換，如固定期限互換（Constant Maturity swaps）、可延長互換（Extendable Swaps）、可贖回互換（Potable Swaps）等。

五、互換的做市商制度

在互換市場剛起步時，互換僅僅發生在有互換需求的雙方之間。但是由於互換業務是非標準化的，甚至經常是根據自己公司的需要而特別定制的，所以僅靠公司自己的能力去尋找一個完全符合的互換交易對手是非常困難的。因此，商業銀行和投資銀行開始以做市商的角色活躍在互換市場中，通過在網路上報出買價和賣價，與雙方分別簽訂合約。當有互換需求時，做市商先與之簽訂合約，持有未結清的頭寸、進而建立互換庫，當有相反的需求出現時，做市商可以迅速與另一方達成互換合約而完成頭寸的對沖，從互換業務中脫身。做市商是直接參與並與雙方建立了互換頭寸，賺取了兩倍的手續費，並從兩次互換合約的簽訂中獲得了差價，但做市商卻面臨著兩份的違約風險，因為互換合約的最終使用方是與做市商簽訂的合約，當一方違約時，應由做市商承擔起支付責任。

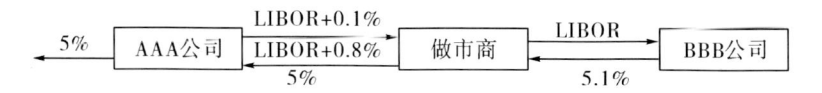

圖 9-4　引入做市商制度後，兩家公司及做市商的現金流

之前是 AAA 公司與 BBB 公司直接簽訂互換合約，現在雖然 AAA 公司與 BBB 公司是最終互換的使用者，但他們之間並沒有直接簽約，而是通過做市商建立了聯繫。AAA 公司與做市商簽訂互換合約，同時做市商也與 BBB 公司簽訂互換合約。

AAA 公司的現金流為：

首先在固定利率市場借款，支付 5% 的固定利率。

然後與做市商簽訂互換合約，支付給做市商 LIBOR +0.1%，收到 5% 的固定利率。

AAA 公司共計支付浮動利率 LIBOR +0.1%。

BBB 公司的現金流為：

首先在浮動利率市場上借款，支付 LIBOR +0.8% 的浮動利率。

然後與做市商簽訂互換合約，支付給做市商 5.1% 的固定利率，收到 LIBOR 的浮動利率。

BBB 公司共計支付 5.9% 的固定利率。

做市商的現金流為：

首先與 AAA 公司簽訂互換合約，收到 AAA 公司支付的 LIBOR+0.1%，支付給 AAA 公司 5% 的固定利率。

然後與 BBB 公司簽訂互換合約，收到 BBB 公司支付的 5.1%，支付給 BBB 公司 LIBOR 的浮動利率。

淨收入為 0.2% 的利率。

做市商在互換業務中，賺取了 0.2% 的差價，但是由於做市商同時與 AAA 公司和 BBB 公司簽訂了互換協議，所以同時面臨著 AAA 公司和 BBB 公司的違約風險。在 AAA 公司與做市商簽訂的互換合約中，AAA 公司是支付給做市商 LIBOR+0.1% 的浮動利率，收取 5% 的固定利率。所以當市場 LIBOR 上升時，AAA 公司實際支付的浮動利率也是上升的，比之前預期支付的利息高，就有可能發生到期不履約的行為；而 LIBOR 的上升對 BBB 公司沒什麼影響。所以，此時做市商面臨的違約風險更多的是 AAA 公司有可能不支付。假設 AAA 公司真的到期違約，但這不能影響做市商對 BBB 公司間互換合約的履行。做市商仍然要支付給 LIBOR 的浮動利率，收取 5.1% 的固定利率。市場 LIBOR 上升的風險需要做市商自己來承擔。同理，若市場 LIBOR 下降，做市商面臨的違約風險更多的是 BBB 公司的不履約，但它仍然要履行與 AAA 公司的互換合約，支付給 AAA 公司 5% 的固定利率，收取 LIBOR+0.1% 的浮動利率。所以，做市商是面臨著雙份的違約風險的，但互換讓最終使用者所面臨的違約風險大大降低，因為一般互換市場上的做市商都是信譽好、可靠的大型商業銀行或投資銀行。

所以，做市商制度的建立使得最終互換雙方可以迅速地找到交易對手，也降低了買賣差價，方便了雙方交易，刺激了互換需求；同時做市商成為互換雙方的交易對手，降低了最終互換雙方的違約風險。

六、利率互換市場的主要參與者

互換業務曾被西方金融界稱為是 20 世紀 80 年代最重要的金融創新。利率互換一經推出便得到了投資者的熱愛，發展迅速，尤其是西方經濟發達國家。

金融機構一直活躍在利率互換市場中，包括了商業銀行、投資銀行、證券公司、保險公司，現在養老基金也開始在一定範圍內使用互換進行風險的管理。其中，商業銀行和投資銀行交易踴躍，它們不僅利用其信息優勢作為仲介方促成合約雙方的簽約，也直接成為互換的一方，成為做市商來賺取合約差價，同時也出於自身風險管理或融資的需要而直接進入互換市場。

一些大型的國際公司出於管理利率風險、匹配資產與負債，或降低籌資成本的需要也直接參與到互換市場交易中。

出口信貸機構在認識到互換可以減少資金成本和靈活調整利率借款結構等好處後，逐漸進入到互換市場中，它們主要是為了降低借款成本，獲得價格便宜的資金與國內出口商共享優惠，擴大本國的出口額。

各國政府或政府機構也經常出現在互換市場中，它們主要是管理利率風險、調整固定利率與浮動利率資產或債務的比重。

除此之外，超國家機構也是互換市場上的常客。超國家機構是指由兩個或兩個以上政府共同組織建立的機構。它們的資產負債比良好，信用也較高，經常能夠得到十分優惠的利率進行借款。

在中國，互換業務開展的時間還不長，利率互換在 2006 年才開始了試點交易，還處於初級階段，僅限於一些簡單的利率互換和貨幣互換等形式。中國目前進行的利率互換交易的浮動利率基準主要有兩種：7 天回購利率和 1 年期存款利率。後者非市場化利率，與大多數市場成員的資金成本關係不大，目前並無機構對該種利率互換產品提供做市服務。對於以 7 天回購利率為基準的利率互換，目前國家開發銀行和中國銀行均提供做市服務。這兩家機構對該種利率互換提供的品種包括季度支付利息和年度支付利息兩種，均採用 7 天回購利率的滾動複利值，期限最長到 10 年。報價利差方面，短期的價差大約在 10bp 左右，長期價差在 15～16bp 左右[①]。可以看出，中國目前利率互換的報價價差比起西方國家來說較大。隨著中國金融市場對外開放程度的提高，國內銀行、各企業所面臨的競爭越來越大，利率互換可以增強各部門對利率風險的防範，降低融資成本，提高投資收益，增強企業在國際市場上的競爭力。隨著金融全球化，可以相信，中國利率互換市場的投資參與者將越來越多、市場也將逐漸成熟。

七、利率互換的定價

在互換市場引入了做市商制度後，往往會由做市商對利率互換合約進行報價。利率互換的報價指的就是利率互換中固定利率的報價，且多為利差報價，即固定利率往往為一定年限的國庫券收益率加上一個利差，而浮動利率則為相應的參考市場利率。其中，國庫券收益率是年限與互換年限相同的國庫券的收益率。比如，某做市商對 5 年期的互換報價為 46～50bp，意味著投資者以 5 年期國債收益率加 50 個基點的固定利率買入互換合約，向做市商支付浮動利率；以 5 年期國債收益率加 46 個基點的固定利率賣出互換合約，收取做市商支付的浮動利率。如果已經知道了 5 年期國債的收益率，如為 5%，那麼互換利率為 5.46%～5.5%，其中 5.46% 是做市商買入互換合約的固定利率，5.5% 是做市商賣出互換合約的固定利率。即買入互換合約的投資者是向做市商支付 5.5% 的固定利率，收到浮動利率；向做市商賣出互換合約的投資者是收到做市商支付的 5.46% 的固定利率，向做市商支付浮動利率。在兩個公司自行簽訂的互換合約中，固定利率的值應該怎麼確定，或者是做市商所給出的互換利率是如何得到的呢？那麼具體的固定利率數值應通過下面介紹的互換定價方法中得到。

前面已經說過，互換合約在訂立之初價值為 0，也就是說投資者在簽訂合約之初均不需要支付給對方現金或費用。互換的定價就是指確定相應的固定利率，使得合約在訂立時價值為 0。

（一）利用遠期利率協議對互換定價

由於合約價值訂立之初為零，所以在 T = 0 時刻，合約期限內的固定利息現值與期

---

① 範秀蘭. 利率互換市場 [EB/OL]. www.wenku.com.

望的浮動利息現值應該相等。仍以上例說明，BBB公司同意每半年支付6個月期的LIBOR給AAA公司，現計算對應的固定利率，即使得這個合約在簽訂之初，雙方均不需支付給對方任何費用的協議利率。這裡的天數計算規則是實際計息天數/360天，即全年設為360天，而計息天數則是根據每次付息期間的實際天數來計算的。所以，實際上每次固定利息的支付也因計息天數的不同而不同。

$$固定利率利息現值 = \sum_{t=1}^{T} 名義本金 \times 互換利率 \times \frac{計息天數}{360 天} \times t 期貼現因子$$

$$浮動利率利息現值 = \sum_{t=1}^{T} 名義本金 \times 當期浮動利率 \times \frac{計息天數}{360 天} \times t 期貼現因子$$

令固定利率利息現值 = 浮動利率利息現值，從上述三個式子可以看出：

$$0 = \sum_{t=1}^{T} 名義本金 \times (互換利率 - 當期浮動利率) \times \frac{計息天數}{360 天} \times t 期貼現因子$$

正如前面我們所講，利率互換可以看成是一系列固定利率與浮動利率的遠期利率協議的組合。對互換的定價就是算得各期遠期利率協議的現金流，確定各期的貼現因子，將其折現後的總和為0的那個固定利率就是所要求的協議利率。

名義本金是在訂立合約時給出的，計息天數是可以實際算得的，浮動利率則可以通過各期的歐洲美元期貨價格獲得。知道了遠期利率，再根據遠期利率與即期利率的關係，計算出即期利率，$1/(1+即期利率)^t$也就是當期的貼現因子。在知道了相關數據後，就可以依據上述公式求得互換利率。

(二) 利用債券組合對互換定價

雖然利率互換不牽涉本金的交換，但是我們可以假設在互換結束後，雙方進行本金的交換，這對互換本身並無任何影響，因為本金的幣值大小相同，不會改變雙方的現金流，對互換的價值也沒有影響。在上面的互換例子中，在考慮了期末本金的交換後，便可以看成是AAA公司持有BBB公司發行的固定利率（待求）的債券1,000萬美元，同時向BBB公司發行了浮動利率為LIBOR（半年一付息）的1,000萬美元債券。則在第一個利率確定日即T=0時刻，浮動利率債券的價值等於其面值1,000萬美元，因為T=0時，AAA公司發行的浮動利率債券的票面利率是等於市場利率的，兩者均為LIBOR。給互換定價也就是找到固定利率使得固定利率債券現值也等於浮動利息債券面值，也就是互換的名義本金。即：

$$名義本金 = \sum_{t=1}^{T} 互換利率 \times 名義本金 \times \frac{計息天數}{360} \times t 期貼現因子 + 名義本金 \times T 期貼現因子$$

所以，只要知道了每一期的貼現因子之後，就可以通過上述公式算出互換利率。

【例】假設甲公司和乙公司間有一筆利率互換業務。互換合約的名義本金是100萬美元，期限為1年，半年付息一次，付息時間為6月份和12月份的第一天，在這裡，為了計算的簡便，我們忽略掉前面公式處所講的天數計量規則，僅僅將每6個月的付息期間簡單地記為0.5年，已知浮動利息支付按LIBOR計算。現在從期貨市場上可以看到，6月份和12月份的6個月歐洲美元期貨價格為94和93.5。現給該合約定價。

由期貨價格我們知道6月份，12月份的LIBOR分別為6%和6.5%。那麼我們可以

先算出 6 月份和 12 月份的貼現因子：

$$6 \text{ 月份的貼現因子} = \frac{1}{1 + 6\% \div 2} = 0.97$$

$$12 \text{ 月份的貼現因子} = \frac{1}{(1 + 6\% \div 2)(1 + 6.5\% \div 2)} = 0.94$$

設該互換中的固定利率為 r，給互換定價找出相應的固定利率 r，使得互換交易現在價值為 0。

首先利用遠期利率協議給互換定價：

固定利息現值 = $1,000,000 \times r \times 0.5 \times 0.97 + 1,000,000 \times r \times 0.5 \times 0.94$

浮動利息現值 = $1,000,000 \times 6\% \times 0.5 \times 0.97 + 1,000,000 \times 6.5\% \times 0.5 \times 0.94$
$= 59,650$（美元）

令固定利息現值 = 浮動利息現值，有：

$1,000,000 \times r \times 0.5 \times 0.97 + 1,000,000 \times r \times 0.5 \times 0.94 = 59,650$（美元）

$r = 6.25\%$

或 $0 = 1,000,000 \times (r - 6\%) \times 0.5 \times 0.97 + 1,000,000 \times (r - 6.5\%) \times 0.5 \times 0.94$

解得 $r = 6.25\%$

然後利用債券組合對互換定價：

固定債券現值 = $1,000,000 \times r \times 0.5 \times 0.97 + 1,000,000 \times r \times 0.5 \times 0.94 + 1,000,000 \times 0.94$

浮動債券現值 = $1,000,000$（美元）

令浮動利率債券現值 = 固定利率債券現值，有：

$1,000,000 = 1,000,000 \times r \times 0.5 \times 0.97 + 1,000,000 \times r \times 0.5 \times 0.94 + 1,000,000 \times 0.94$

解得 $r = 6.28\%$

利用遠期利率協議和債券組合對互換定價，除去計算上的不精確，兩種方法算出來的值應該是相同的。則 6.25%（6.28%）就應是互換合約中的固定利率值，這樣互換合約在成立時的價值為 0。

不管是利用遠期利率協議或是債券組合對互換進行定價，都是讓互換協議在訂立之初價值為 0。但是隨著時間的推移，真實的浮動利率與我們根據歐洲美元期貨得到的 LIBOR 會出現差異，協議的價值也對合約雙方來說變得不一樣。對於互換合約的多頭來說，協議的價值等於固定利息現值與浮動利息現值之差。所以，在互換合約期間的任意時間點，只要知道了貼現率曲線後，都可以算出合約的價值。如果是位於兩次利息支付日之間，則只需算出到下次利息支付日的固定利息現值與浮動利息現值，再分別貼現到當前時刻就可以了。

一般來說，當實際的浮動利率較預期的浮動利率上升時，互換合約對固定利率支付方來說有正的價值，對浮動利率支付方來說有負的價值；當實際的浮動利率較預期的浮動利率下降時，則對互換合約雙方有相反的效果。

(三) 影響利率互換定價的因素

從上面兩種利率互換的定價模型可以看到，影響利率互換的因素包括：

（1）預期的未來各期的浮動利率。雙方在簽訂互換合約時，並不能得到未來浮動利率的真實值。因為浮動利率是每隔一段時間即進行重置的，所以雙方在根據現在市場上資金借貸情況，或相同期限的歐洲美元期貨價格對未來的浮動利率進行推測和估計。互換利率和浮動利率應該是同向變化，當預計浮動利率以後會上升或是一直處於較高的利率水平，那麼互換利率的值也就較大。因為互換合約的初始價值為 0，一方支付的浮動利息（固定利息）現值應該和收到的固定利息（浮動利息）現值相等。同理，當預期浮動利率以後會下降，那麼互換利率也就較低。

（2）各期貼現因子。對互換合約定價，是將浮動利息現值和固定利息現值相減得零得到的。而利息並不是在簽訂合約之初就一次性交換的，是在互換期限內每個計息期後逐次交換。所以，在計算現值時，應把各個計息期後交換的利息流逐次折現到當前時刻。各期貼現因子對互換利率的影響較為複雜，不存在一個特定的正向或反向關係。

（3）各期的計息天數。在例子中，我們為了計算的簡便，計息天數規則經常使用 30 天/360 天，但實際上互換的天數計量慣例是實際計息天數/360 天，或者根據合約中的具體規定來決定。各期實際計息天數的不同，也影響著互換定價的大小。

需要注意的是，雖然我們的計算公式中都包含著名義本金，但名義本金並不影響互換的定價，我們可以假定名義本金為 1 或任何非零值。

第四節　利率期權

一、期權的基本特徵

期權是指期權持有人有權利向期權出售人在特定時間內以約定的價格買入或賣出特定資產的金融工具。合約建立時就已經確定的、買入或賣出基礎資產的固定價格被稱為執行價格（Exercise Price）。期權購買者為了得到以後買入或賣出標的資產的權利，同時也彌補期權出售者到期的風險，期權買方必須要在一開始支付給賣方一定的價格補償，稱為期權費（Option Premium）或期權價格。我們一般以 S_0 為標的資產在 $T=0$ 時的價格；S_T 為標的資產在 T 時的價格；X 為執行價格；C_0 為看漲期權在 $T=0$ 時的價格；C_T 為看漲期權在 T 時的價格；P_0 為看跌期權在 $T=0$ 時的價格；P_T 為看跌期權在 T 時的價格。

期權最根本的兩個類型是看漲期權（Call Option）和看跌期權（Put Option）。給予期權持有人以約定價格買入標的資產的權利的期權是看漲期權；看跌期權則是給予了期權持有人以約定價格賣出標的資產的權利。所以，在期權合約中，有四個類型的投資者，分別為看漲期權多頭（Buy Call）、看漲期權空頭（Sell Call）、看跌期權多頭

（Buy Put）和看跌期權空頭（Sell Put）。

根據期權的可行權日和到期日關係的不同，期權又可以分為美式期權（American Option）和歐式期權（European Option）。美式期權是指期權多頭可以在期權到期日前的任何時間內行權，而歐式期權則只能在期權到期日當天行權。毫無疑問，它們的名稱和行權地點是沒有關係的。

期權可以分為實值期權（In The Money Option）、虛值期權（Out of The Money）和平價期權（At The Money）。實值期權是指現在行權能給持有者帶來正的現金流的期權；虛值期權是指現在行權能給持有者帶來負的現金流的期權；平價期權是現在執行期權不能給持有者帶來任何現金流變化的期權。假設執行價格為 X，標的資產價格為 S_t，對看漲期權來說，當 $S_t > X$ 時為實值期權，因為此時如果行權，可以給持有者帶來 $S_t - X$ 的正的現金流入；當 $S_t < X$ 時為虛值期權；當 $S_t = X$ 時為平價期權。對看跌期權來說，當 $S_t > X$ 時為虛值期權，當 $S_t < X$ 時為實值期權，當 $S_t = X$ 時為平價期權。

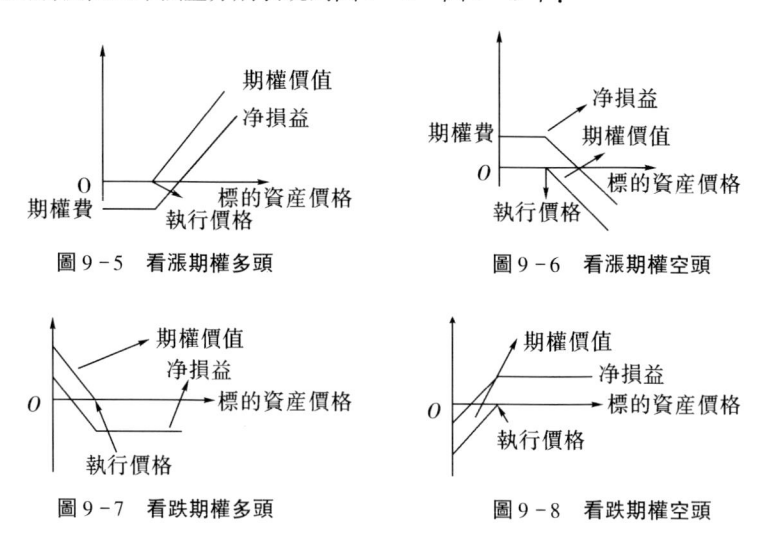

由於期權多頭只有到期選擇執行期權的權利，而沒有必須執行的義務，而期權只有對多頭來說是實值期權時，才會被執行，否則就會到期自然失效。所以，對於看漲期權的多頭來說，期權到期價值為：$\max(S_t - X, 0)$，也就是現價與執行價的差與 0 的較大者；對於看跌期權的多頭來說，期權到期價值為：$\max(X - S_t, 0)$，也就是執行價與現價的差與 0 的較大者。由於期權是零和交易，所以期權空頭的期權價值與多頭正好相反。如果再考慮到期權費，就可以得到期權多空雙方的淨損益，其中多方的淨損益為期權價值減去期權費，期權空方的淨損益為期權價值加上期權費。我們將多空雙方的期權到期價值及淨損益分別表現到圖 9-5~圖 9-8 中：

圖 9-5　看漲期權多頭

圖 9-6　看漲期權空頭

圖 9-7　看跌期權多頭

圖 9-8　看跌期權空頭

從上面的圖中我們也可以看出，對看漲期權多頭來說，只有在標的資產價格高於執行價格，即期權是實值期權時，多頭才會選擇執行期權。此時期權的價值為（標的資產價格 - 執行價格），再減去所支付的期權費，就是它的淨損益。簡單來說，期權價值 $C_t = \max(S_t - X, 0)$，淨損益為 $C_t - C_0$。其可能的最大收益是無限的，發生的最

大損失是 C_0。結合圖 9-5~圖 9-8，得出表 9-4。

表 9-4　　　　　　　　　　期權各方的期權價值及淨損益

	看漲期權多頭	看漲期權空頭	看跌期權多頭	看跌期權空頭
期權價值	$\max(S_t - X, 0)$	$-\max(S_t - X, 0)$	$\max(X - S_t, 0)$	$-\max(X - S_t, 0)$
淨損益	$C_t - C_0$	$C_t + C_0$	$P_t - P_0$	$P_t + P_0$
最大收益	∞	C_0	$X - P_0$	P_0
最大損失	C_0	∞	P_0	$X - P_0$

前面我們說過，遠期合約是定制化私人的合約交易，雙方都面臨著對方違約造成的損失，存在於場外市場中；期貨合約是標準化合約，發生在期貨交易所中，且交易所保證了交易的進行，避免了對方違約的風險。對於期權來說，OTC市場中定制化合約和交易所標準化合約同時存在。也就是說，期權的買賣雙方可以自己安排，訂立條款，建立一個期權合約，場外期權的好處就是期權合約可以「量身定做」，但是期權持有方需要承擔對方違約的風險；或者通過經紀人在期權交易所，交易標準化期權合約。表9-5給出了世界上一些大型的期權交易所。

表 9-5　　　　　　　　　　世界上一些大型的期權交易所

期貨交易所	中文名稱	所在地
Korea Stock Exchange	韓國股票交易所	韓國
Chicago Board Options Exchange	芝加哥期權交易所	美國
Eurex	歐洲期貨交易所	德國和瑞士
American Stock Exchange	美國股票交易所	美國
Pacific Stock Exchange	太平洋股票交易所	美國
Chicago Mercantile Exchange	芝加哥商品交易所	美國
South African Futures Exchange	南非期貨交易所	南非
New York Mercantile Exchange	紐約商品交易所	美國
Korea Futures Exchange	韓國期貨交易所	韓國
Italian Derivatives Exchange	義大利衍生品交易所	義大利
Osaka Securities Exchange	大阪證券交易所	日本
Hong Kong Futures Exchange	香港期貨交易所	中國

期權與其他衍生品的區別主要有以下幾點：

（1）權利與義務不對等。期權又被稱為或有要求權，因為期權持有人只有在有利可圖的情況下才會行權，否則期權只會到期自然失效。由於期權持有者有到期買入或賣出資產的權利，則期權出售者就有隱含的賣出或買入對應資產的義務。也就是說，當期權持有者到期要執行期權，買入資產時，期權出售者就有義務賣出相應的資產；當期權購買者到期要執行期權，賣出資產時，期權出售者就有義務買入相應的資產，而沒有不買的權利。而期貨、遠期和互換合約在到期後，雙方均有交割標的資產或是交換利息的義務，一方也有要求對方交割的權利，雙方的權利和義務是對等的。

（2）簽訂合約時的現金流不同。在合約建立時期權多頭要支付給空頭期權費，但空頭不需要支付給多頭任何費用；通過前面的介紹知道，遠期、期貨和互換合約等在簽訂之時，合約的價值為 0，一方不需要支付任何費用給對方。所以，期權合約與其他的衍生品在合約簽訂之時的現金流不同。

（3）風險與收益不對等。由於期權多頭只有在有利可圖的情況下才會行權，所以期權費也就成了空頭的最大收益。由於期權是零和博弈，空頭的最大收益必然是多頭的最大損失，所以多頭的最大損失額就是期權費，但其盈利卻是可能無限的。期權多頭和空頭所面臨的風險也是不同的。由於多頭的義務就是在期權建立時給予空頭期權費，在多頭支付後，面臨著將來行權時空頭不履行義務的違約風險，但空頭在收取了期權費後，並不面臨對方的違約風險。

二、利率期權的分類

固定收益證券期權即是利率期權，是指以與利率相關的金融工具為基礎資產的期權，主要有債券期權、短期利率期權、期貨期權、互換期權、利率上限和下限等。

（一）債券期權

債券期權是以債券尤其是中長期國債為基礎資產的期權。債券期權的看漲期權賦予期權買方在特定日期或一定期限內以特定價格買入標的債券的權利，債券期權的看跌期權賦予期權買方在特定日期或一定期限內以特定價格賣出標的債券的權利。它主要是在場外交易。

【例】一個剛剛發行的 30 年期面值為 100 美元的美國國債，發行價格為 97.25 美元。以該國債為基礎資產的 3 年期歐式看漲期權，執行價格為 98 美元，面值為 100 萬美元，到期時進行現金結算。假設 3 年後，由於利息下降，債券價格上升為 98.25 美元，債券價格高於執行價格，對期權買方來說是實值期權，買方執行期權，即以 98 美元買入價格為 98.25 美元的國債，可獲利 2,500 美元［1,000,000/100 × (98.25 − 98)］。也就是期權的賣方應支付給買方 2,500 美元，如果不是現金結算而是實物交割的話，可以看成是多頭以 98 美元的價格買入價格為 98.25 美元的國債後，隨即在國債市場上賣出國債，同樣可以獲利 2,500 美元。買方再用 2,500 美元減去購買期權時支付給賣方的期權費後，就是其淨利潤。如果期權到期時，由於利息上升，使得債券價格僅為 97.75 美元，那麼期權買方就不執行期權，期權自然到期失效。

期權到期時是以實物交割還是現金結算是在期權訂立時就已在合約中註明的。而且在期權到期時，國債的到期時間應還有較長一段時間，因為國債的價格隨著到期時間的臨近是逐漸接近面值的，此時價格波動幅度很小。如果期權到期時，國債也快要到期，那麼價格幾乎沒有不確定性，期權也就不存在意義。

（二）短期利率期權

短期利率期權是以短期市場利率為標的資產的期權，主要是歐式期權，且到期時以現金進行結算。短期利率期權又可以分為看漲利率期權和看跌利率期權。看漲利率期權是指期權多頭有權在合約到期時向空頭支付協定固定利率、收取標的浮動利率利

息;看跌利率期權是指期權多頭有權在合約到期時向空頭支付標的浮動利率利息、收取協議固定利率利息。標的浮動利率可以是市場上各種短期利率,如 LIBOR、EURIBOR 等。現以 LIBOR 為例來說明:

前面已介紹過遠期利率協議。遠期利率協議是指合約雙方約定在未來某一時間,交換協議期內某一名義本金上的協議固定利率和標的浮動利率利息額。利率期權則是給予多方交換協議固定利率和標的浮動利率利息額的權利。當預期標的浮動利率 LIBOR 上升時,可以買入看漲利率期權,到期時,如果標的 LIBOR 大於協議固定利率,對多方來說,為實值期權而行權,得到標的利率利息和協議利率利息的差額;相反,如果標的 LIBOR 小於協議固定利率,對多方來說,為虛值期權而放棄行權,期權到期失效。當預期標的浮動利率 LIBOR 下降時,可以買入看跌利率期權,到期時,如果標的 LIBOR 小於協議固定利率,對多方來說,為實值期權而行權,得到協議利率利息和標的利率利息的差額;相反,如果標的 LIBOR 大於協議固定利率,對多方來說,為虛值期權而放棄行權,期權到期失效。

期權的多頭在決定行權時就相當於進入了一個遠期利率協議的多方或空方,期權空頭有義務成為他的交易對手。有關進入遠期利率協議之後的情況在介紹遠期時均已說明,這裡就不再贅述。短期利率期權可以鎖定借款人的最高借款利率為協議利率,因為當標的市場利率高於協議利率時,多方行權,此時應由期權空方向其支付標的市場利率和協議利率的差額,這樣實際借款利率仍為協議利率。當市場利率低於協議利率時,期權到期不執行,實際借款利率為市場利率,低於協議利率,只是損失了期權費,完全避免了市場利率上升給借款人造成的成本上升風險,但期權持有者面臨著空方違約的風險。同樣的,短期利率期權可以鎖定貸款者的最低貸款收益為協議利率,因為當市場利率低於協議利率時,期權多頭有權要求空頭向其支付協議利率和標的市場利率的差額,這樣實際的貸款收益為協議利率。當市場利率高於協議利率時,期權到期不執行而失效,貸款人的實際貸款收益為市場利率,高於協議利率。因此,看跌利率期權避免了由於市場利率下降給貸款者造成的貸款收益下降的風險。

(三) 期貨期權

期貨期權是以期貨合約為標的資產的期權,多為美式期權。看漲期貨期權給予持有者以一個固定的期貨價格成為期貨合約的多頭的權利,也就是賦予期權持有人可以在期權到期前以一定價格買入期貨合約的權利。看跌期貨期權給予持有者以一個固定的期貨價格成為期貨合約的空頭的權利,即期權持有者有權在期權到期前以一定價格賣出期貨合約。協定的固定期貨價格就是執行價格,期貨合約可以是國債期貨、歐洲美元期貨等期貨合約。

期貨期權廣泛存在主要是因為以下幾個方面的原因:

期貨合約的流動性一般要比實物資產流動性好;期貨合約交易也更活躍,可以很容易地在期貨交易所獲得期貨的價格,省去了聯繫交易商去獲得現貨價格的成本;期貨期權的行使一般不涉及期貨合約中標的資產的交割,而大多數是通過在期貨合約到期前進行對沖,比現貨交割容易得多。

比如，一個面值為100萬美元、執行價格為95美元的看漲歐洲美元期貨期權，報價為4美元，合約中標明到期日。看漲期貨期權多頭為了獲得到期以95美元的價格買入歐洲美元期貨合約的權利，應首先支付40,000美元（0.04×1,000,000）給空頭。期權到期時，假設歐洲美元期貨價格為96美元，期權是實值期權，多方行權可以以95美元的價格成為歐洲美元期貨的多頭。如果他現在賣出期貨，可以立即獲得2,500美元〔(96-95)×100×25〕的收益；如果選擇繼續持有期貨，作為期貨合約的多頭，它的收益會隨著期貨價格的變化而隨之改變。

（四）互換期權

互換期權是以互換合約為標的資產的期權。它是指期權多方在支付空方相應的期權費後，所獲得的在未來特定時間以某一約定的固定利率進入互換合約的權利。

【例】某一公司預計在3個月後為匹配公司的資產負債結構需買入3年期的固定利率債券（假設利率為7%），但公司希望通過利率互換（該公司支付6%的固定利率，收到LIBOR的浮動利率）將固定利率資產轉變為浮動利率資產。現在互換市場上的互換合約一般為支付6%的固定利率，收到LIBOR的浮動利率。但公司是在3個月之後才會買入債券，現在簽訂互換合約，與公司的現金流不匹配。如果等到3個月後再簽訂互換合約，又擔心3個月後互換市場中的固定利率支付會上升，因此可以在當前時刻支付一定的期權費給空方後，買入互換期權。該期權給予多頭3個月後以6%的固定利率進入互換合約的權利。如果3個月後，市場中3年期互換利率上升為6.5%，那麼期權持有者將執行期權，以6%的固定利率進入互換合約，公司實際支付的固定利率是低於市場的互換利率的；如果到期3年期互換利率僅為5.5%，那麼公司將選擇不行使期權，而是以市場互換利率簽訂互換合約。所以，互換期權鎖定了公司簽訂互換合約所要支付的最高固定利率，避免了由於互換合約價格的上升而給公司帶來的成本上升。

（五）利率上限和下限

利率上限賦予了期權持有者在期權期限內只要基準利率上升超過某一協議利率時，就有權獲得空頭支付的一定名義本金上的市場基準利率與協議利率的利息差額。它不是一次性的單一支付，而是期權期限內的多次的利息差額支付。合約中協議的固定利率被稱為是利率上限或利率頂（Interest Cap）。利率下限賦予了期權持有者，當市場基準利率下降低於某一協定利率時，有權獲得空方支付的一定名義本金的協議利率和基準利率的利息差額。那個協定的固定利率就是利率下限或利率底（Interest Floor）。特別地，利率上限可以看成是一系列的短期利率看漲期權，每個期權都是相互獨立的，但有著一樣的執行利率，前一個利率期權的到期日就是下一個期權基準利率的重置日；利率下限可以看成是一系列的短期利率看跌期權。

比如，一個基準利率為6個月LIBOR、協議利率為6%的3年期利率上限協議，每年6月份、12月份進行一次利息差額支付及基準利率的重置。在期權有效的3年內，假定某個6月份時的6個月LIBOR為6.5%，超過了協議利率，則多頭有權獲得空頭支付的LIBOR與協議利率的差額，而這筆差額的實際支付是發生在12月份的。同時在12月份再重新確定基準利率，如果12月份時6個月的LIBOR是5.5%，小於協議利率，

對於利率上限多頭來說是空頭期權,從而不執行,下一年的6月份時,再重置LIBOR和重新計算。可以看出,每個期權都是相互獨立的,上一個期權是否執行並不影響下一個期權的執行。

利率上限和利率下限組合起來就形成了利率領子(Interest Rate Collar)。利率領子一般是一個利率上限多頭和利率下限空頭或者是一個利率上限空頭和利率下限多頭的組合。由於利率領子是一個多頭和空頭的組合,所以又被稱為是一個零成本利率領子(Zero-cost Collar),因為多頭所得的期權費可以部分或全部用來抵消買入期權的成本。

利率上限、利率下限和利率領子在利率市場上是非常受歡迎的金融工具,經常被用於利率風險的管理。

三、期權的定價

期權的價值由以下兩部分構成:內在價值(Intrinsic Value)和時間價值(Time Value)。內在價值取決於標的資產現行市價和執行價格的高低,現行市價和執行價格相差越大,則內在價值越大;時間價值是期權價值超過內在價值的部分。它不同於一般意義上的貨幣的時間價值,而是一種等待的價值,是期權買方願意支付超過內在價值的價格,希望標的資產價格的變化可以朝著對自己有利的方向移動。所以,對美式期權來說,離到期時間越遠,時間價值就越大,對歐式期權的影響則要複雜一些。一般來說:

期權價值=內在價值+時間價值

對期權進行定價,主要有以下兩種方法:二叉樹期權定價模型和布萊克—斯科爾斯期權定價模型。二叉樹期權定價模型是在判斷了未來利率走勢後,先得到債券價格的二叉樹結構,再根據債券價格和執行價格的高低關係,得到期權價值的二叉樹結構;布萊克—斯科爾斯(Black-Scholes)期權定價模型則是在假設標的資產價格連續變動等其他條件下對期權定價。

(一)二叉樹期權定價模型

假定一個6個月期限的歐式看漲國債期權,執行價格為98美元,標的國債現在價格為96美元,市場無風險利率為6%。

假設6個月後,國債價格僅有兩種可能:一是市場即期利率下降,債券價格升至100美元;二是市場即期利率上升,債券價格為94美元。見圖9-9。

當國債價格為100美元時,期權是實值期權,此時期權的內在價值為2;若國債價格為94美元,小於執行價格,是虛值期權,不會被執行,期權的價值為0。見圖9-10。

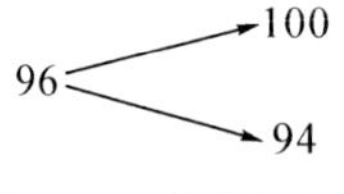

圖9-9 債券價格樹 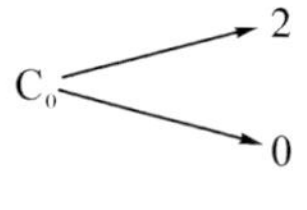　　圖9-10 期權價格樹

現在就是根據期權到期時的價值，算出 C_0 到底為多少？我們給出期權複製和風險中性定價方法兩種計算方法。

1. 期權複製原理

期權複製就是說構造一個和期權到期時現金流完全相同的投資組合。由於未來現金流完全相同，那麼根據無套利原則，該投資組合和期權的價格應該一樣，則構造投資組合的成本就是該期權的價格。

為了構造和期權風險收益完全相同的投資組合，我們假設投資者持有 x 份國債，同時以無風險市場利率借入資金 y 美元，則該投資組合現在價值為 $(96x-y)$ 美元。6個月後，期權到期時，當國債價格為 100 美元時，組合價值為 $(100x-1.03y)$ 美元 [$1.03y$ 是指在 $T=0$ 時刻借入的 y 美元，在 6 個月後應歸還本息共計為 $(1+0.06/2)y=1.03y$ 美元]；當國債價格為 94 美元時，組合價值為 $(94x-1.03y)$ 美元。我們令該組合的到期價值與例中的看漲國債期權的到期價值相同。即：

$100x-1.03y=2$

$94x-1.03y=0$

那麼構造該組合的成本或者說是該組合在 $T=0$ 時刻的價值就應該等於期權的價格。

我們解出上面的兩個等式，得到 $X=0.333,3$，$Y=30.421$。也就是說，投資者在 $T=0$ 時刻持有 0.33 份國債，同時以無風險市場利率借入資金 30.421 美元，就可以在期權到期時獲得與期權完全相同的現金流。那麼該組合在 $T=0$ 時刻的價值為 1.58 美元，這也應該是該看漲國債期權的價格。

2. 風險中性原理

風險中性原理認為，投資者是風險中立者，任何資產的預期收益率都是無風險收益率。因此，期權價值的期望報酬率也應該等於無風險報酬率。所以，我們只需要使期權到期日的期望報酬率等於無風險收益率，算出標的資產價格上升和下降的概率，然後將到期日的期權期望值以無風險收益率折現到 $T=0$ 時刻就是期權今日的價值。

仍以上例說明：

當國債價格上行至 100 美元時，收益率為 4.166,7% [$(100-97)/97$]；當國債價格下行至 94 美元時，它的收益率為 $-2.083,3\%$ [$(94-97)/97$]。我們令國債上行的概率為 P，則下行的概率為 $(1-P)$。由風險中性原理得：

無風險收益率 $=3\%=P\times 4.166,7\%+(1-P)\times(-2.083,3\%)$

解上式，得 $P=81.33\%$，則 $1-P=18.67\%$。

期權在到期日的期望價值為：$P\times 2+(1-P)\times 0=81.33\%\times 2=1.626,7$

將期權的到期日期望價值以無風險收益率折現到 $T=0$ 時刻，即可得到期權的現值為 1.58 美元 $(1.626,7\div 1.03)$。

可以看出，用風險中性原理算出的期權價格與用期權複製原理算出的期權價格是相同的。不管市場上期權價格高於或是低於 1.58，市場上出現的套利行為總能使價格回到 1.58 美元的水平。

我們僅僅給出了期權二叉樹最簡單的情況，即單期二叉樹。如果期權到期期限較長或利率變動情況較為複雜，抑或提高計算精確度的需要，此時如果計算期權價值的時間間隔仍然較長的話，往往結果與現實情況相去較遠。所以，此時需要把原來的間隔時間細化，縮短單期計算時間來對期權的價值進行估算。單期二叉樹模型也就變成了二期二叉樹或是多期二叉樹。比如，在上面的例子中，將計算時間間隔由單一的6個月變為2個3個月期限，這樣就增加了債券價格的可能性，也就提高了計算的精確度。此時只需要將單期二叉樹的計算過程重複兩次就可以。也就是說，在計算出新的資產價格上升和下降的概率後，將6個月後的期權期望價值以無風險收益率折現到3個月時，然後再利用單期模型，求出期權現在的價值。整個過程就是單期模型的兩次應用，從後向前推進行兩次計算而已。如果是有限的多期二叉樹結構的話，只需重複利用單期二叉樹定價模型進行從後向前推算即可。

（二）布萊克—斯科爾斯期權定價模型

在二叉樹定價模型中，如果將期權的計算時間間隔無限細分，債券價格就成了連續分佈，就成了布萊克—斯科爾斯期權定價模型。該模型所涉及的公式較為複雜，且推導過程也十分麻煩，但實用性很強。使用布萊克—斯科爾斯期權定價模型計算出的期權價格與實際期權價格十分接近，因此得到了期權市場交易者的廣泛應用。

布萊克—斯科爾斯期權定價模型是在幾個假定條件下建立的。

假設：

（1）期權是歐式期權，即期權只能在到期日執行；
（2）投資者可以以市場無風險利率進行借貸；
（3）期權和債券交易沒有費用和稅收；
（4）在期權期限內，標的資產不存在券息分配；
（5）標的資產價格變動的標準差 σ 和期權期限內的無風險收益率不變；
（6）標的資產價格的分佈是連續的，且呈對數正態分佈。

布萊克—斯科爾斯期權定價模型有以下三個公式：

$$C_0 = S_0[N(d_1)] - X_e^{-rt}[N(d_2)]$$

$$d_1 = \frac{\ln(S_0 \div X) + [r + (\sigma^2 \div 2)] \times t}{\sigma\sqrt{t}}$$

$$d_2 = d_1 - \sigma\sqrt{t}$$

式中：C_0——看漲期權的現在價格；S_0——標的資產的現在價格；X——期權的執行價格；r——無風險利率；t——期權期限（以年為單位）；σ——標的資產價格變動的標準差；ln——自然對數；$N(d)$——標準正態分佈中標準差小於 d 的概率。

需要注意的是：無風險利率是以連續複利計算的利率，而不僅僅是年複利；標的資產價格變動的標準差經常是使用歷史價格波動率來進行估算的；S_0、X、t 均是在期權合約中註明的；而 ln、$N(d)$ 是可以分別在自然對數表和標準正態分佈表中查出來的。所以，在知道了相關數據後，就可以直接利用公式求出期權價格。

(三) 看漲看跌期權平價關係

在用以上公式求得了歐式看漲期權價格後，我們可以通過看漲看跌期權平價關係來求取歐式看跌期權的價格。

同樣利用無套利定價分析，我們構造兩個組合，分別含有看漲期權和看跌期權，使得它們的到期風險和收益相同，根據一價定理，它們的價格也應一樣，從而得到看漲看跌期權平價關係。

組合1：一份執行價格為 K、期限為 T 的歐式看漲期權，期權價格為 C 和現金 Ke^{-rT}。

組合2：一份價格為 P 的歐式看跌期權和一份標的資產，標的資產的現在價格為 F_0，其中看跌期權的標的資產、執行價格和期限與組合1中的看漲期權相同。

期權到期後，組合1中的 Ke^{-rT} 以無風險利率 r 投資得到 K，組合2中的標的資產價格變為 F_T。如果 T 時刻 $F_T > K$，組合1執行看漲期權，組合1的價值為 F_T，組合2的看跌期權為虛值期權，不會被執行，價值為 F_T；如果 T 時刻 $F_T < K$，看漲期權為虛值期權，而不會被行使，組合1的價值為 K，看跌期權為實值期權，執行期權，組合2價值為 K。

可以看出，不管期權到期時刻的 K 與 F_T 誰大誰小，組合1和組合2的到期價值完全相同，則它們在0時刻的價格也應該相同。組合1在0時刻的價值為 $C+Ke^{-rT}$，組合2在0時刻的價值為 $P+F_0$，則有 $C+Ke^{-rT}=P+F_0$。這也就是我們所說的看漲看跌期權平價關係。我們把 P 移到一邊：$P=C+Ke^{-rT}-F_0$。在知道了這個平價關係中的剩下三個數據後，就可以求得看跌期權的價格。一般來說，利用平價關係來對看跌期權定價時，要求兩期權的標的資產、執行價格、期限等條件應相同。

(四) 對存在券息分配的期權定價

如果在期權期限內，標的資產存在著發放券息的情況，由於券息是屬於資產持有人而不是期權持有人的，所以在進行期權定價時，要從標的資產現值中扣除期權有效期內發放的全部券息的現值。布萊克—斯科爾斯期權定價模型變為：

$$C_0 = S_0 e^{-\delta t}[N(d_1)] - Xe^{-rt}[N(d_2)]$$

$$d_1 = \frac{\ln(S_0 \div X) + [r-\delta+(\sigma^2 \div 2)] \times t}{\sigma\sqrt{t}}$$

$$d_2 = d_1 - \sigma\sqrt{t}$$

式中，δ 是假定券息是連續支付的券息率，其餘字符與無券息分配的標準布萊克—斯科爾斯模型公式中的表達式相同。

在介紹期權定價方法時，一般都假定期權為歐式期權，即只有在到期日才可執行期權。對於可以在到期日前的任意時間均可執行的美式期權來說，由於它存在著可以提前執行期權的權利，所以它的價值至少應該等於相應的歐式期權價值。

對於不分配券息的美式期權，可以直接用布萊克—斯科爾斯期權定價模型對其定價；對於分配股息美式期權，由於分配券息會降低標的資產的價格，情況較為複雜，

所以最好使用本節開頭介紹的二叉樹方法對其進行定價。

(五) 影響期權價值的因素

1. 標的資產的市價

對於看漲期權來說，隨著標的資產價格的上升，期權價值也隨之增加；對於看跌期權來說，隨著標的資產市價的上升，期權價值應下降。

2. 期權的執行價格

執行價格對期權價值的影響與標的資產的市價正好相反。執行價格越高，看漲期權的價值就越低；相反，看跌期權的價值就越高。

3. 標的資產價格的波動性

標的資產價格的波動性越大，價格朝著對自己有利的方向變動的機會也就越大，期權價值也應該增加。比如，對一個看漲期權來說，標的資產價格的波動性加大，說明價格上升或下降的機會均增加。

4. 到期期限

對於美式期權來說，到期期限的延長應增加期權價值，因為標的資產的價格波動性會增加、抓住有利機會及時行權的可能性增加、執行價格的現值減小等。但是對歐式期權來說，情況就比較複雜。因為歐式期權必須要等到到期日才可行權，行權機會並沒有增加；且對於中間付息的債券，價格的下降，有可能會超過時間價值的增加。

5. 無風險利率

無風險利率的升高會使投資於實物資產或期權的成本均上升，但由於期權的槓桿性，投資於實物資產的成本上升得更多，從而購買期權更有吸引力。所以，無風險利率越高，看漲期權的價格越高，看跌期權的價格越低。

6. 期限內券息的發放

期權期限內券息的發放會造成標的資產價格的降低，從而降低看漲期權的價格，提高看跌期權的價格。

本章小結

● 固定收益證券衍生品是其價值依賴於基礎資產如固定收益證券價格或市場利率的一類金融工具，又稱利率衍生品，主要有利率遠期、利率期貨、利率互換和利率期權。

● 遠期利率協議是指合約雙方約定在未來某一時間交換以一定本金計算的合約固定利率利息和市場利率利息的現金流的合約。

● 期貨是在交易所內交易的，且有它獨特的交易規則，如標準化合約、保證金制度、逐日結算制等。在交易場所、交易雙方面臨的違約風險、合約終止等方面也與遠期合約存在不同。

● 歐洲美元期貨是指存放在美國以外銀行的美元。歐洲美元期貨是在芝加哥商品交易所的國際貨幣市場交易的、主要以倫敦銀行3個月期限面值為100萬美元的定期存

款為標的資產的期貨合約，使用 IMM 指數進行報價。
- 中長期國債期貨的標的債券主要是美國財政部發行的償還期限為 2～10 年的中期國債和償還期限超過 10 年的長期國債。
- 在中長期國債期貨中，空方實際進行國債的交割時，有交割債券選擇權、交付日選擇權和野卡選擇權。但這些選擇權都不是免費的，它們的價值均反應到了期貨價格中。
- 對遠期和期貨定價很重要的一點是，交易者在簽訂合約時，均不需要向對方支付任何費用。
- 無套利定價是指對於風險和收益完全相同的兩種產品，它們的價格也應該是相同的。否則市場上會出現套利機會，而正是套利行為又使得兩者價格最終趨於一致。
- 利率互換是指合約雙方約定在一定期限內交換一系列以同種貨幣、相同面值、不同計息方式產生的現金流，不同的計息方式是指一方以固定利率計息、一方以浮動利率計息或者是兩方均以浮動利率計息，但利率水平不一。
- 利率互換的產生原因是比較優勢的存在和利率風險管理的需要。
- 互換的定價主要有利用遠期利率協議和債券組合進行定價兩種方法。這兩種方法均是找到協議利率使得互換現在價值為 0，交易雙方均不需支付對方任何費用。
- 期權是指給予期權持有人權利而不是義務地向期權出售人在特定時間內以約定的價格買入或賣出特定資產的金融工具。
- 期權可以分為實值期權、虛值期權和平價期權。實值期權是指現在行權能給持有者帶來正的現金流的期權；虛值期權是指現在行權能給持有者帶來負的現金流的期權；平價期權是指現在執行期權不能給持有者帶來任何現金流變化的期權。實際上只有實值期權才會被執行。
- 期權與其他衍生品合約主要的區別是權利與義務的不對等和風險與收益的不對等。
- 固定收益證券期權即是利率期權，是指以與利率相關的金融工具為標的資產的期權，主要有債券期權、短期利率期權、期貨期權、互換期權、利率上限和下限等。
- 看漲期貨期權給予持有者以一個固定的期貨價格成為期貨合約的多頭的權利，也就是賦予期權持有人可以在期權到期前以一定價格買入期貨合約的權利。看跌期貨期權給予持有者以一個固定的期貨價格成為期貨合約的空頭的權利，即期權持有者有權在期權到期前以一定價格賣出期貨合約。
- 互換期權是以互換合約為標的資產的期權，是指期權多方在支付空方相應的期權費後，就獲得了在未來特定時間以某一約定的固定利率進入互換合約的權利。
- 利率上限賦予了期權持有者在期權期限內只要基準利率上升超過某一協議利率時，就有權獲得空頭支付的一定名義本金上的基準利率與協議利率的利息差額。利率下限賦予了期權持有者，當基準利率下降低於某一協定利率時，有權獲得空方支付的一定名義本金的協議利率和基準利率的利息差額。
- 期權的價值由以下兩部分構成：內在價值和時間價值。期權的內在價值可以由二叉樹期權定價模型或布萊克—斯科爾斯期權定價模型得到。

● 看漲看跌期權平價關係為 $C + Ke^{-rT} = P + F_0$。
● 影響期權價值的因素有利率相關資產的市價、期權的執行價格、標的資產價格的波動性、到期期限、無風險利率、期限內券息的發放情況等。

練習題

1. 假設一遠期利率協議於42天後到期，名義本金是1,000萬美元，標的利率是137天的LIBOR，做市商對該遠期報價為4.75。如果遠期到期後，市場上137天的LIBOR為4%，則該FRA多頭的現金流為多少？

2. 期貨交易的基本特徵包括（　　）。
   A. 標準化合約　　　　　　　　B. 盯市制
   C. 保證金制度　　　　　　　　D. 逐日結算制

3. 一個面值為10萬美元的中長期利率期貨，某一可交割債券的剩餘期限為15年9個月，息票率為7%，每半年付息，該期貨報價為110-17。
   要求：
   （1）該可交割債券的轉換係數是多少？
   （2）該債券的實際交割價格是多少？

4. 在中長期利率期貨中，空方有哪些選擇權？為什麼要給予他們這些選擇權？

5. 考慮某期貨合約，初始保證金為7美元，維持保證金是4美元。T=0日的結算價格為100美元，某投資者此時買入20份該期貨合約，表9-6中給出了每日該合約的結算價格，完成表9-6中的空白項目。

表9-6

天數T	日初帳戶餘額	追加保證金	結算價格	期貨價格變化	盈虧變化	日末帳戶餘額
0			100.00			
1			100.50			
2			99			
3			97.5			
4			96.5			
5			97			
6			97.5			

6. 互換終止分別有哪幾種情況？
7. 簡述做市商制度對互換的影響。
8. 簡單介紹互換定價的兩種方法。
9. 某一年期互換合約，名義本金是100萬美元，固定利息和浮動利息是3個月一付息，標的浮動利率是3個月的LIBOR，可以根據下面的歐洲美元期貨價格得到。時

間計量為實際天數/360 天，而每季度的實際天數已給出。

表 9-7

季度數	實際天數	歐洲美元期貨價格	3 個月的 LIBOR	當期折現因子
1	90	94.2		
2	91	94		
3	92	93.8		
4	92	93.5		

要求：

（1）補充上表。

（2）根據上表推出的 3 個月 LIBOR，求出一季度末、二季度末、三季度末、四季度末浮動利率方應支付的利息額。

（3）給該互換合約定價，求出協議的固定利率。

（4）根據（3）的答案，給出各季度末固定利率支付方應支付的固定利息額。

（5）如果互換利率不是（3）中的利率，而是 6%。則該互換協議對固定利率支付方的價值為多少？

10. 畫圖並說明看漲/看跌期權多空雙方的期權價值及淨損益。

11. 某投資者買入一執行價格為 50 美元的看漲期權，支付期權費 3 美元。

要求：

（1）分別計算當到期日標的資產價格為 48 美元、52 美元、55 美元時，該期權的到期日價值及該投資者的到期淨損益，並說明期權是平值期權、實值期權還是虛值期權？

（2）對於該期權的空頭來說，以上結果又是怎樣的？

12. 期貨與期權合約的區別分別體現在（　　）。

　　A. 標的物不同　　　　　　　　B. 簽訂合約時的現金流不同

　　C. 權利、義務不同　　　　　　D. 風險、收益不同

13. 利率期權有哪幾種細分類型？

14. 回憶前面介紹的布萊克—斯科爾斯期權定價模型。已知某無息債券看漲期權的 $S_0=90$，$X=92$，$t=1$，$r=5\%$，$\sigma=20\%$。求該看漲期權的價格；如果該債券是有息債券，且連續支付的券息率為 2%，則該看漲期權的價格又該為多少？

15. 如何得到看漲看跌期權平價關係？如果現在有一個看跌期權的標的資產、執行價格、期限等條件均與上例中的看漲期權價格相同。求該看跌期權的價格。

16. 影響期權價值的因素有哪些？

參考文獻

[1] FRANK J FABOZZI. Fixed Income Mathematics [M]. 3th. CFA, IRWIN Professional Publishing, 1993.

[2] FRANK J FABOZZI. Fixed Income Analysis for the Chartered Financial Analyst [M]. Frank J. Fabozzi Associates Publishing, 2000.

[3] FABOZZI. Derivatives and Alternative Investments [M]. Frank J. Fabozzi Associates, 2010.

[4] BLACK, SCHOLES. The Pricing of Options and Corporate Liabilities [J]. Journal of Political Economy, 1973 (3).

[5] RICHARD CANTOR. Introduction of Volatility Score and Expectation Loss [OL]. www. moodys. com, 2008 (4).

[6] FRANK J FABOZZI. The Handbook of Fixed Income Securities [M]. 6th. New York：McGraw－Hill Trade Publishing, 2000.

[7] FRANK J FABOZZI. Handbook of Mortgage Backed Securities [M]. 5th. New York：McGraw－Hill Trade Publishing, 2001.

[8] SURESH M SUNDARESAN. Fixed Income Markets and Their Derivatives [M]. Columbia University, 2008.

[9] FRANK J FABOZZI. Bond Markes：Analysis and Strategies [M]. 5th. Frank J. Fabozzi Associates Publishing, 2010.

[10] 潘席龍. 固定收益證券分析 [M]. 成都：西南財經大學出版社, 2007.

[11] 林清泉. 固定收益證券 [M]. 武漢：武漢大學出版社, 2005.

[12] 約翰·赫爾. 期權、期貨及其他衍生產品 [M]. 7版. 王勇, 索吾林, 譯. 北京：機械工業出版社, 2009.

[13] 弗蘭克·J. 法博齊. 債券組合管理（上、下）[M]. 2版. 駱玉鼎, 高玉澤, 等, 譯. 上海：上海財經大學出版社, 2004.

[14] 湯震宇, 徐寒飛, 李鑫. 固定收益證券定價理論 [M]. 上海：復旦大學出版社, 2004.

[15] 弗蘭克·J. 法博齊. 固定收益證券手冊 [M]. 6版. 任若思, 李焰, 等, 譯. 北京：中國人民大學出版社, 2005.

[16] 姚長輝. 固定收益證券——定價與利率風險管理 [M]. 北京：北京大學出版社, 2006.

[17] 類承曜. 固定收益證券 [M]. 2版. 北京：中國人民大學出版社, 2008.

［18］蘇瑞什·M.桑德瑞森.固定收益證券市場及其衍生產品［M］.2版.龍永紅，等，譯.北京：中國人民大學出版社，2006.

［19］段愛明.國外通貨膨脹指數化債券的發展情況及對中國的借鑑［J］.財經界，2009（12）.

［20］張彥.國外通脹指數債券的發展、運作機理及借鑑［J］.證券市場導報，2006（2）.

［21］張旭陽.通貨膨脹保護債券機理與分析［J］.證券市場導報，2004（10）.

［22］俞令瑋.固定收益證券投資及利率風險管理［J］.網路財富，2008（13）.

［23］程文衛.通貨膨脹對固定收益證券到期收益率和信用利差的影響：基於中國的實證研究［J］.中央財經大學學報，2009（7）.

［24］孫慶瑞，戴立洪，歐陽剛.證券公司固定收益產品創新研究［J］.證券市場導報，2003（4）.

［25］劉琳琳.債券投資組合利率風險管理的久期免疫策略［J］.內蒙古科技與經濟，2006（20）.

［26］王敏，瞿其春，張帆.債券組合的風險價值［J］.運籌與管理，2003（3）.

［27］李啓亞.金融衍生產品與中國資本市場的發展［J］.經濟研究，2000（2）.

［28］陳磊.中國個人住房抵押貸款的風險及防範措施［J］.黑龍江對外經貿，2010（6）.

［29］王石.中國金融衍生品研究與中國期貨市場實踐［D］.長春：吉林大學，2006.

［30］曾軍.中國國債問題研究［D］.成都：四川大學，2003.

［31］布魯斯·塔克曼，安杰爾·塞拉特.固定收益證券［M］.（原書第三版）中文版.範龍振，林祥亮，戴思聰，等，譯.北京：機械工業出版社，2014.

附　表

附表1　1元複利終值系數表（FVIF表）

n/i (%)	1	2	3	4	5	6	7
1	1.010	1.020	1.030	1.040	1.050	1.060	1.070
2	1.020	1.040	1.061	1.082	1.103	1.124	1.145
3	1.030	1.061	1.093	1.125	1.158	1.191	1.225
4	1.041	1.082	1.126	1.170	1.216	1.262	1.311
5	1.051	1.104	1.159	1.217	1.276	1.338	1.403
6	1.062	1.126	1.194	1.265	1.340	1.419	1.501
7	1.072	1.149	1.230	1.316	1.407	1.504	1.606
8	1.083	1.172	1.267	1.369	1.447	1.594	1.718
9	1.094	1.195	1.305	1.423	1.551	1.689	1.838
10	1.105	1.219	1.344	1.480	1.629	1.791	1.967
11	1.116	1.243	1.384	1.539	1.710	1.898	2.105
12	1.127	1.268	1.426	1.601	1.796	2.012	2.252
13	1.138	1.294	1.469	1.665	1.886	2.133	2.140
14	1.149	1.319	1.513	1.732	1.980	2.261	2.579
15	1.161	1.346	1.558	1.801	2.079	2.397	2.759
16	1.173	1.373	1.605	1.873	2.183	2.540	2.952
17	1.184	1.400	1.653	1.948	2.292	2.693	3.159
18	1.196	1.428	1.702	2.206	2.407	2.854	3.380
19	1.208	1.457	1.754	2.107	2.527	3.026	3.167
20	1.220	1.486	1.806	2.191	2.653	3.207	3.870
25	1.282	1.641	2.094	2.666	3.386	4.292	5.427
30	1.348	1.811	2.427	3.243	4.322	5.743	7.612
40	1.489	2.208	3.262	4.801	7.040	10.286	14.974
50	1.645	2.692	4.384	7.107	11.467	18.420	29.457

附表1（續1）

n/i（%）	8	9	10	11	12	13	14
1	1.080	1.090	1.100	1.110	1.120	1.130	1.140
2	1.166	1.188	1.210	1.232	1.254	1.277	1.300
3	1.260	1.295	1.331	1.368	1.405	1.443	1.482
4	1.360	1.412	1.464	1.518	1.574	1.630	1.689
5	1.469	1.539	1.611	1.685	1.762	1.842	1.925
6	1.587	1.677	1.772	1.870	1.974	2.082	2.195
7	1.714	1.828	1.949	2.076	2.211	2.353	2.502
8	1.851	1.993	2.144	2.305	2.476	2.658	2.853
9	1.999	2.172	2.358	2.558	2.773	3.004	3.252
10	2.159	2.367	2.594	2.839	3.106	3.395	3.707
11	2.332	2.580	2.853	3.152	3.479	3.836	4.226
12	2.518	2.813	3.138	3.498	3.896	4.335	4.818
13	2.720	3.066	3.452	3.883	4.363	4.898	5.492
14	2.937	3.342	3.797	4.310	4.887	5.535	6.261
15	3.172	3.642	4.177	4.785	5.474	6.254	7.138
16	3.426	3.970	4.595	5.311	6.130	7.067	8.137
17	3.700	4.328	5.054	5.895	6.866	7.986	9.276
18	3.996	4.717	5.560	6.544	7.690	9.024	10.575
19	4.316	5.142	6.116	7.263	8.613	10.197	12.056
20	4.661	5.604	6.727	8.062	9.646	11.523	13.743
25	6.848	8.623	10.835	13.585	17.000	21.231	26.462
30	10.063	13.268	17.449	22.892	29.960	39.116	50.950
40	21.725	31.409	45.259	65.001	93.051	132.78	188.88
50	46.902	74.358	117.39	184.57	289.00	450.74	700.23

附表1（續2）

n/i（%）	15	16	17	18	19	20	25	30
1	1.150	1.160	1.170	1.180	1.190	1.200	1.250	1.300
2	1.323	1.346	1.369	1.392	1.416	1.440	1.563	1.690
3	1.521	1.561	1.602	1.643	1.685	1.728	1.953	2.197
4	1.794	1.811	1.874	1.939	2.005	2.074	2.441	2.856
5	2.011	2.100	2.192	2.288	2.386	2.488	3.052	3.713
6	2.313	2.436	2.565	2.700	2.840	2.986	3.815	4.827
7	2.660	2.826	3.001	3.185	3.379	3.583	4.768	6.276
8	3.059	3.278	3.511	3.759	4.021	4.300	5.960	8.157
9	3.518	3.803	4.108	4.435	4.785	5.160	7.451	10.604
10	4.046	4.411	4.807	5.243	5.696	6.192	9.313	13.786
11	4.652	5.117	5.624	6.176	6.777	7.430	11.642	17.922
12	5.350	5.936	6.580	7.288	8.064	8.916	14.552	23.298
13	6.153	6.886	7.699	8.599	9.596	10.699	18.190	30.288
14	7.076	7.988	9.007	10.147	11.420	12.839	22.737	39.374
15	8.137	9.266	10.539	11.974	13.590	15.407	28.422	51.186
16	9.358	10.748	12.330	14.129	16.172	18.488	35.527	66.542
17	10.761	12.468	14.426	16.672	19.244	22.186	44.409	86.504
18	12.375	14.463	16.879	19.673	22.091	26.623	55.511	112.46
19	14.232	16.777	19.748	23.214	27.252	31.948	69.389	146.19
20	16.367	19.461	23.106	27.393	32.492	38.338	86.736	190.05
25	32.919	40.874	50.658	62.669	77.338	95.396	264.70	705.64
30	66.212	85.850	111.07	143.37	184.68	237.38	807.792	2,620.0
40	267.86	378.72	533.87	750.38	1,051.7	1,469.8	7,523.2	36,119.0
50	1,083.7	1,670.7	2,566.2	3,927.4	5,988.9	9,100.4	70,065	497,929

附表2　1元複利現值系數表（PVIF 表）

n/i（%）	1	2	3	4	5	6	7	8	9
1	0.990	0.980	0.971	0.962	0.952	0.943	0.935	0.926	0.917
2	0.980	0.961	0.943	0.925	0.907	0.890	0.873	0.857	0.842
3	0.971	0.942	0.915	0.889	0.864	0.840	0.816	0.794	0.772
4	0.961	0.924	0.888	0.855	0.823	0.792	0.763	0.735	0.708
5	0.951	0.906	0.863	0.822	0.784	0.747	0.713	0.681	0.650
6	0.942	0.888	0.837	0.790	0.746	0.705	0.666	0.630	0.596
7	0.933	0.871	0.813	0.760	0.711	0.665	0.623	0.583	0.547
8	0.923	0.853	0.789	0.731	0.667	0.627	0.582	0.540	0.502
9	0.914	0.837	0.766	0.703	0.645	0.592	0.544	0.500	0.460
10	0.905	0.820	0.744	0.676	0.614	0.558	0.508	0.463	0.422
11	0.896	0.804	0.722	0.650	0.585	0.527	0.475	0.429	0.388
12	0.887	0.788	0.701	0.625	0.557	0.497	0.444	0.397	0.356
13	0.879	0.773	0.681	0.601	0.530	0.469	0.415	0.368	0.326
14	0.870	0.758	0.661	0.577	0.505	0.442	0.388	0.340	0.299
15	0.861	0.743	0.642	0.555	0.481	0.417	0.362	0.315	0.275
16	0.853	0.728	0.623	0.534	0.458	0.394	0.339	0.292	0.252
17	0.844	0.714	0.605	0.513	0.436	0.371	0.317	0.270	0.231
18	0.836	0.700	0.587	0.494	0.416	0.350	0.296	0.250	0.212
19	0.828	0.686	0.570	0.475	0.396	0.331	0.277	0.232	0.194
20	0.820	0.673	0.554	0.456	0.377	0.312	0.258	0.215	0.178
25	0.780	0.610	0.478	0.375	0.295	0.233	0.184	0.146	0.116
30	0.742	0.552	0.412	0.308	0.231	0.174	0.131	0.099	0.075
40	0.672	0.453	0.307	0.208	0.142	0.097	0.067	0.046	0.032
50	0.608	0.372	0.228	0.141	0.087	0.054	0.034	0.021	0.013

附表 2（續 1）

n/i（%）	10	11	12	13	14	15	16	17	18
1	0.909	0.901	0.893	0.885	0.877	0.870	0.862	0.855	0.847
2	0.826	0.812	0.797	0.783	0.769	0.756	0.743	0.731	0.718
3	0.751	0.731	0.712	0.693	0.675	0.658	0.641	0.624	0.609
4	0.683	0.659	0.636	0.613	0.592	0.572	0.552	0.534	0.516
5	0.621	0.593	0.567	0.543	0.519	0.497	0.476	0.456	0.437
6	0.564	0.535	0.507	0.480	0.456	0.432	0.410	0.390	0.370
7	0.513	0.482	0.452	0.425	0.400	0.376	0.354	0.333	0.314
8	0.467	0.434	0.404	0.376	0.351	0.327	0.305	0.285	0.266
9	0.424	0.391	0.361	0.333	0.300	0.284	0.263	0.243	0.225
10	0.386	0.352	0.322	0.295	0.270	0.247	0.227	0.208	0.191
11	0.350	0.317	0.287	0.261	0.237	0.215	0.195	0.178	0.162
12	0.319	0.286	0.257	0.231	0.208	0.187	0.168	0.152	0.137
13	0.290	0.258	0.229	0.204	0.182	0.163	0.145	0.130	0.116
14	0.263	0.232	0.205	0.181	0.160	0.141	0.125	0.111	0.099
15	0.239	0.209	0.183	0.160	0.140	0.123	0.108	0.095	0.084
16	0.218	0.188	0.163	0.141	0.123	0.107	0.093	0.081	0.071
17	0.198	0.170	0.146	0.125	0.108	0.093	0.080	0.069	0.060
18	0.180	0.153	0.130	0.111	0.095	0.081	0.069	0.059	0.051
19	0.164	0.138	0.116	0.098	0.083	0.070	0.060	0.051	0.043
20	0.149	0.124	0.104	0.087	0.073	0.061	0.051	0.043	0.037
25	0.092	0.074	0.059	0.047	0.038	0.030	0.024	0.020	0.016
30	0.057	0.044	0.033	0.026	0.020	0.015	0.012	0.009	0.007
40	0.002	0.015	0.011	0.008	0.005	0.004	0.003	0.002	0.001
50	0.009	0.005	0.003	0.002	0.001	0.001	0.001	0	0

附表2（續2）

n/i (%)	19	20	25	30	35	40	50
1	0.840	0.833	0.800	0.769	0.741	0.714	0.667
2	0.706	0.694	0.640	0.592	0.549	0.510	0.444
3	0.593	0.579	0.512	0.455	0.406	0.364	0.296
4	0.499	0.482	0.410	0.350	0.301	0.260	0.198
5	0.419	0.402	0.320	0.269	0.223	0.186	0.132
6	0.352	0.335	0.262	0.207	0.165	0.133	0.088
7	0.296	0.279	0.210	0.159	0.122	0.095	0.059
8	0.249	0.233	0.168	0.123	0.091	0.068	0.039
9	0.209	0.194	0.134	0.094	0.067	0.048	0.026
10	0.176	0.162	0.107	0.073	0.050	0.035	0.107
11	0.148	0.135	0.086	0.056	0.037	0.025	0.012
12	0.124	0.112	0.069	0.043	0.027	0.018	0.008
13	0.104	0.093	0.055	0.033	0.020	0.013	0.005
14	0.088	0.078	0.044	0.025	0.015	0.009	0.003
15	0.074	0.065	0.035	0.020	0.011	0.006	0.002
16	0.062	0.054	0.028	0.015	0.008	0.005	0.002
17	0.052	0.045	0.023	0.012	0.006	0.003	0.001
18	0.044	0.038	0.018	0.009	0.005	0.002	0.001
19	0.037	0.031	0.014	0.007	0.003	0.002	0
20	0.031	0.026	0.012	0.005	0.002	0.001	0
25	0.013	0.010	0.004	0.001	0.001	0	0
30	0.005	0.004	0.001	0	0	0	0
40	0.001	0.001	0	0	0	0	0
50	0	0	0	0	0	0	0

附表3 1元年金終值系數表（FVIFA表）

n/i（%）	1	2	3	4	5	6	7
1	1.000	1.000	1.000	1.000	1.000	1.000	1.000
2	2.010	2.020	2.030	2.040	0.050	2.060	2.070
3	3.030	3.060	3.091	3.122	3.153	3.184	3.215
4	4.060	4.122	4.184	4.246	4.130	4.375	4.440
5	5.101	5.204	5.309	5.416	5.526	5.637	5.751
6	6.152	6.308	6.468	6.633	6.802	6.975	7.135
7	7.214	7.434	7.662	7.898	8.142	8.384	8.654
8	8.286	8.583	8.892	9.214	9.549	9.897	10.260
9	9.369	9.755	10.159	10.583	11.027	11.491	11.978
10	10.462	10.950	11.464	12.006	12.578	13.181	13.816
11	11.576	12.169	12.808	13.486	14.207	14.972	15.784
12	12.683	13.412	14.192	15.026	15.917	16.870	17.888
13	13.809	14.680	15.618	16.627	17.713	18.882	20.141
14	14.947	15.974	17.086	18.292	19.599	21.051	22.550
15	16.097	17.293	18.599	20.024	21.579	23.276	25.129
16	17.258	18.639	20.157	21.825	23.657	25.637	27.888
17	18.430	20.012	21.762	23.698	25.840	28.213	30.840
18	19.615	21.412	23.414	25.645	28.132	30.906	33.999
19	20.811	22.841	25.117	27.671	30.539	33.760	37.379
20	22.019	24.297	26.870	29.778	33.066	36.786	40.995
25	28.243	32.030	36.459	41.646	47.727	54.865	63.249
30	34.785	40.588	47.575	56.085	66.439	79.058	94.461
40	48.886	60.402	75.401	95.026	120.80	154.76	199.64
50	64.463	84.579	112.80	152.67	209.35	290.34	406.53

附表3（續1）

n/i（%）	8	9	10	11	12	13	14	15
1	1.000	1.000	1.000	1.000	1.000	1.000	1.000	1.000
2	2.080	2.090	2.100	2.110	2.120	2.130	2.140	2.150
3	3.246	3.278	3.310	3.342	3.374	3.407	3.440	3.473
4	4.506	4.573	4.641	4.710	4.779	4.850	4.921	4.993
5	5.867	5.985	6.105	6.228	6.353	6.480	6.610	6.742
6	7.336	7.523	7.716	7.913	8.115	8.323	8.536	8.754
7	8.923	9.200	9.487	9.783	10.089	10.405	10.730	11.067
8	10.637	11.028	11.436	11.859	12.300	12.757	13.233	13.727
9	12.488	13.021	13.579	14.164	14.776	15.416	16.085	16.786
10	14.487	15.193	15.937	16.722	17.549	18.420	19.337	20.304
11	16.645	17.560	18.531	19.561	20.655	21.814	23.045	24.349
12	18.977	20.141	21.384	22.713	24.133	25.650	27.271	29.002
13	21.495	22.953	24.523	26.212	28.029	29.985	32.089	34.352
14	24.215	26.019	27.975	30.095	32.393	34.883	37.581	40.505
15	27.152	29.316	31.772	34.405	37.280	40.417	43.842	47.580
16	30.324	33.003	35.950	39.190	42.753	46.672	50.980	55.717
17	33.750	36.974	40.545	44.501	48.884	53.739	59.118	65.075
18	37.450	41.301	45.599	50.396	55.750	61.725	68.394	75.836
19	41.446	46.018	51.159	56.939	63.440	70.749	78.969	88.212
20	45.762	51.160	57.275	64.203	72.052	80.947	91.025	102.44
25	73.106	84.701	98.374	114.41	133.33	155.62	181.87	212.79
30	113.28	136.31	164.49	199.02	241.33	293.20	365.79	434.75
40	259.06	337.89	442.59	581.83	767.09	1,013.7	1,342.0	1,779.1
50	573.77	815.08	1,163.9	1,668.8	2,400.0	3,459.5	4,994.5	7,217.7

附表3（續2）

n/i (%)	16	17	18	19	20	25	30
1	1.000	1.000	1.000	1.000	1.000	1.000	1.000
2	2.160	2.170	2.180	2.190	2.200	2.250	2.300
3	3.506	3.539	3.572	3.606	3.640	3.813	3.990
4	5.066	5.141	5.215	5.291	5.368	5.766	6.187
5	6.877	7.041	7.154	7.297	7.442	8.207	9.043
6	8.977	9.207	9.442	9.683	9.930	11.259	12.756
7	11.414	11.772	12.412	12.523	12.916	15.073	17.583
8	14.240	14.773	15.327	15.902	16.499	19.842	23.858
9	17.519	18.285	19.086	19.923	20.799	25.802	32.015
10	21.321	22.393	23.521	24.701	25.959	33.253	42.619
11	25.773	27.200	28.755	30.404	32.150	42.566	56.405
12	30.850	32.824	34.931	37.180	39.581	54.208	74.327
13	36.786	39.404	42.219	45.244	49.497	68.760	97.625
14	43.672	47.103	50.818	54.841	59.196	86.949	127.91
15	51.660	56.110	60.965	66.261	72.035	109.69	167.29
16	60.925	66.649	72.939	79.850	87.442	138.11	218.47
17	71.673	78.979	87.068	96.022	105.93	173.64	285.01
18	84.141	93.406	103.74	115.27	128.12	218.05	371.52
19	98.603	110.29	123.41	138.17	154.74	273.56	483.97
20	115.38	130.03	146.63	165.42	186.69	342.95	630.17
25	249.21	292.11	342.60	402.02	471.98	1,054.8	2,348.8
30	530.31	647.44	790.95	966.7	1,181.9	3,227.2	8,730.0
40	2,360.8	3,134.5	4,163.21	5,519.8	7,349.9	30,089	120,393
50	10,436	15,090	21,813	31,515	45,497	280,256	156,976

附表4　1元年金现值系数表（PVIFA表）

n/i (%)	1	2	3	4	5	6	7	8	9
1	0.990	0.980	0.971	0.962	0.952	0.943	0.935	0.926	0.917
2	1.970	1.942	1.913	1.886	1.859	1.833	1.808	1.783	1.759
3	2.941	2.884	2.829	2.775	2.723	2.673	2.624	2.577	2.531
4	3.902	3.808	3.717	3.630	3.546	3.465	3.387	3.312	3.240
5	4.853	4.713	4.580	4.452	4.329	4.212	4.100	3.993	3.890
6	5.795	5.601	5.417	5.242	5.076	4.917	4.767	4.623	4.486
7	6.728	6.472	6.230	6.002	5.786	5.582	5.389	5.206	5.033
8	7.652	7.325	7.020	6.733	6.463	6.210	5.971	5.747	5.535
9	8.566	8.162	7.786	7.435	7.108	6.802	6.515	6.247	5.995
10	9.471	8.983	8.530	8.111	7.722	7.360	7.024	6.710	6.418
11	10.368	9.787	9.253	8.760	8.306	7.887	7.499	7.139	6.805
12	11.255	10.575	9.954	9.385	8.863	8.384	7.943	7.536	7.161
13	12.134	11.348	10.635	9.986	9.394	8.853	8.358	7.904	7.487
14	13.004	12.106	11.296	10.563	9.889	9.295	8.754	8.244	7.786
15	13.865	12.849	11.938	11.118	10.380	9.712	9.108	8.559	8.061
16	14.718	13.578	12.561	11.652	10.838	10.106	9.447	8.851	8.313
17	15.562	14.292	13.166	12.166	11.274	10.477	9.763	9.122	8.544
18	16.398	14.992	13.754	12.659	11.690	10.828	10.059	9.372	8.756
19	17.226	15.678	14.324	13.134	12.085	11.158	10.336	9.604	8.950
20	18.046	16.351	14.877	13.590	12.462	11.470	10.594	9.818	9.129
25	22.023	19.523	17.413	15.622	14.094	12.783	11.654	10.675	9.823
30	25.808	22.396	19.600	17.292	15.372	13.765	12.409	11.258	0.274
40	32.835	27.355	23.155	19.793	17.159	15.046	13.332	11.925	10.757
50	39.196	31.424	25.730	21.482	18.256	15.762	13.801	12.233	10.962

附表4（續1）

n/i (%)	10	11	12	13	14	15	16	17	18
1	0.909	0.901	0.893	0.885	0.877	0.870	0.862	0.855	0.847
2	1.736	1.713	1.690	1.668	1.647	1.626	1.605	1.585	1.566
3	2.487	2.444	2.402	2.361	2.322	2.283	2.246	2.210	2.174
4	3.170	3.102	3.307	2.974	2.914	2.855	2.798	2.743	2.690
5	3.791	3.696	3.605	3.517	3.433	3.352	3.274	3.199	3.127
6	4.355	4.231	4.111	3.998	3.889	3.784	3.685	3.589	3.498
7	4.868	4.712	4.564	4.423	4.288	4.160	4.039	3.922	3.812
8	5.335	5.146	4.968	4.799	4.639	4.487	4.344	4.207	4.078
9	5.759	5.537	5.328	5.132	4.946	4.472	4.607	4.451	4.303
10	6.145	5.889	5.650	5.426	5.216	5.019	4.833	4.659	4.494
11	6.495	6.207	5.938	5.687	5.453	5.234	5.029	4.836	4.656
12	6.814	6.492	6.194	5.198	5.660	5.421	5.197	4.988	4.793
13	7.103	6.750	6.424	6.122	5.842	5.583	5.342	5.118	4.910
14	7.367	6.982	6.628	6.302	6.002	5.724	5.468	5.229	5.008
15	7.606	7.191	6.811	6.462	6.142	5.847	5.575	5.324	5.092
16	7.824	7.379	6.974	6.604	6.265	5.954	5.668	5.405	5.162
17	8.022	7.549	7.102	6.729	6.373	6.047	5.749	5.475	5.222
18	8.201	7.702	7.250	6.840	6.467	6.128	5.818	5.534	5.273
19	8.365	7.839	7.366	6.938	6.550	6.198	5.877	5.584	5.316
20	8.514	7.963	7.469	7.025	6.623	6.259	5.929	5.628	5.353
25	9.077	8.422	7.843	7.330	6.873	6.464	6.097	5.766	5.467
30	9.427	8.694	8.055	7.496	7.003	6.566	6.177	5.829	5.517
40	9.779	8.951	8.244	7.634	7.105	6.642	6.233	5.871	5.548
50	9.915	9.042	8.304	7.675	7.133	6.661	6.246	5.880	5.554

附表4（續2）

n/i（%）	19	20	25	30	35	40	50
1	0.840	0.833	0.800	0.769	0.741	0.714	0.667
2	1.547	1.528	1.440	1.361	1.289	1.224	1.111
3	2.140	2.106	1.952	1.816	1.696	1.589	1.407
4	2.639	2.589	2.362	2.166	1.997	1.849	1.605
5	3.058	2.991	2.689	2.436	2.220	2.035	1.737
6	3.410	3.326	2.951	2.643	2.385	2.168	1.824
7	3.706	3.605	3.161	2.802	2.508	2.263	1.883
8	3.954	3.837	3.329	2.925	2.598	2.331	1.992
9	4.163	4.031	3.463	3.019	2.665	2.379	1.948
10	4.339	4.192	3.571	3.092	2.715	2.414	1.965
11	4.486	4.327	3.656	3.147	2.752	2.438	1.977
12	4.611	4.439	3.725	3.190	2.779	2.456	1.985
13	4.715	4.533	3.780	3.223	2.799	2.469	1.990
14	4.802	4.611	3.824	3.249	2.814	2.478	1.993
15	4.876	4.675	3.859	3.268	2.825	2.484	1.995
16	4.938	4.730	3.887	3.283	2.834	2.498	1.997
17	4.988	4.775	3.910	3.295	2.840	2.492	1.998
18	5.033	4.812	3.928	3.304	2.844	2.494	1.999
19	5.070	4.843	3.942	3.311	2.848	2.496	1.999
20	5.101	4.870	3.954	3.316	2.850	2.497	1.999
25	5.195	4.948	3.985	3.329	2.856	2.499	2.000
30	5.235	4.979	3.995	3.332	2.857	2.500	2.000
40	5.258	4.997	3.999	3.333	2.857	2.500	2.000
50	5.262	4.999	4.000	3.333	2.857	2.500	2.000

國家圖書館出版品預行編目(CIP)資料

固定收益證券 / 楊韌 主編. -- 第二版.
-- 臺北市：崧博出版：崧燁文化發行, 2018.09
　面；　公分

ISBN 978-957-735-431-0(平裝)

1.證券投資 2.債券 3.投資分析

563.53　　　　107014893

書　　名：固定收益證券
作　　者：楊韌 主編
發行人：黃振庭
出版者：崧博出版事業有限公司
發行者：崧燁文化事業有限公司
E-mail：sonbookservice@gmail.com
粉絲頁　　　　　網　　址
地　　址：台北市中正區重慶南路一段六十一號八樓815室
8F.-815, No.61, Sec. 1, Chongqing S. Rd., Zhongzheng Dist., Taipei City 100, Taiwan (R.O.C.)
電　　話：(02)2370-3310　傳　真：(02) 2370-3210
總經銷：紅螞蟻圖書有限公司
地　　址：台北市內湖區舊宗路二段121巷19號
電　　話：02-2795-3656　傳真：02-2795-4100　網址：
印　　刷：京峯彩色印刷有限公司（京峰數位）

　　本書版權為西南財經大學出版社所有授權崧博出版事業有限公司獨家發行電子書及繁體書繁體版。若有其他相關權利及授權需求請與本公司聯繫。

定價：400 元
發行日期：2018 年 9 月第二版
◎ 本書以POD印製發行